Als die Göttin keltisch wurde

Claire French-Wieser

Als die Göttin keltisch wurde

Ursprung und Verfall einer alteuropäischen Mythologie

edition amalia

Für Jack und unsere Kinder
Edith, Henry und John

French-Wieser, Claire:
Als die Göttin keltisch wurde.
Ursprung und Verfall einer
alteuropäischen Mythologie.
Bern 2001
ISBN 3-905581-11-6

2001

Printed in Switzerland and Germany
http://www.amalia.ch

INHALT

Einleitung

VORKELTISCHES BEWUSSTSEIN

Kurt Derungs

I

Eine „Unvergessliche Fahrt in die Bretagne" verspricht das bunte Plakat im Schaufenster des Tourismusbüros, denn dort lebten „Asterix und Obelix", die heldenhaften Kelten, inmitten der riesenhaften Hinkelsteine, welche die tapferen Keltenkrieger gegen die römischen Heere warfen. Nach dem ersten Seufzer vergewisserte ich mich dieser Ausschreibung und tatsächlich, sie hing nicht in der Luft sondern an der Plakatsäule. Auch träumte ich nicht, denn der Name der Veranstalter stand - natürlich mit keltischen Lettern - rosig auf einem Hintergrund voller aufrechter Steine der Bretagne. Bretagne? Aber was hat denn Stonehenge in der Bretagne bzw. auf dem Plakat zu suchen? Nun ja, Stein ist Stein, werden sich die Veranstalter gesagt haben, zu denen ich nun näher an den Verkaufsstand rückte. Ich fragte die mit einem keltischen Kreuz geschmückte Frau, wie denn die tonnenschweren Steine (Megalithe) gegen die Römer geworfen wurden. Die Frau lächelte mir freundlich zu und erklärte, sie sei hier nur Aushilfe, doch in ein paar Minuten komme der Besitzer des Verkaufsstandes zurück, der könne mir sicher über Meteorite (!) in der Bretagne Bescheid geben, da er auch die Reisen dorthin begleite. Ich holte tief Luft und wartete beharrlich auf den „Fachmann". Nach drei Minuten kam tatsächlich ein gutgekleideter Herr in Krawatte ohne Keltenkreuz-Anhänger, jedoch mit einem Lächeln eines Tourismusmanagers. Er hatte eine unangenehme Art, sehr nahe bei den Leuten zu stehen, so dass einige dieser geschwätzigen Anhänglichkeit unbewusst mit einem fluchtartigen Schritt zurück begegneten. Ich zeigte ihm das Werbeplakat und wiederholte meine Frage, worauf er antwortete, dass die Druiden der Kelten über geheime Zauberkräfte verfügten und die Steine bearbeiteten. Die Druiden seien auch Geomanten gewesen und hätten die schweren Steine mit Hilfe der Erdkräfte bewegt. Diese Energie, von denen sich die Druiden auch ernährten, sei von verschiedenen Fachleuten gemessen worden und heisse Boviseinheit. Ausserdem kenne er persönlich einen Druiden, den Bruno, bei dem er schon ein paar Mal im Sommerseminar und in der Schwitzhütte war. Der habe ihm das alles einmal ausführlich erklärt und so sei er auf die Idee mit den Reisen in die Bretagne gekommen. Der Bruno, der mit Bran, dem obersten Gott der Kelten in Verbindung stehe, sagt auch, dass die Druiden die ersten Schamanen waren. Als die Römer Stonehenge eroberten, hätten die Druiden-Schamanen vorher die heiligsten Steine in die Bretagne mitgenommen und dort wieder aufgerichtet. - Ich bedankte mich beim Verkaufsleiter für die tiefschürfenden Hinweise, der mir noch die Adresse von Bruno geben wollte, doch ich verliess fluchtartig das Tourismusbüro, indem ich auf meinen Zug in fünf Minuten hinwies.

Leider stehen solche Vorfälle nicht vereinzelt da, sondern sind nur die Spitze eines marktschreierischen Eisberges, wo historische Kenntnisse und religionsgeschichtliche Zusammenhänge unwichtig sind. Denn fürs Geschäft ist der Kopf nicht gefragt sondern die Aura, das Geheimnis, mit dem alle Banalitäten verkauft werden können. Dies geschieht nicht nur am Verkaufsstand des Tourismusbüros. Auch die offizielle Lehrmeinung beteiligt sich an der physischen und spirituelle Ausbeutung der vorkeltischen Megalithkultur. Dazu wiederum ein Beispiel aus der Bretagne. Dort gesellte ich mich zu einer Reisegruppe, die in Locmariaquer der Gemeinde Carnac aus dem Bus stieg und von einem fachkundigen Begleiter erwartet wurde. Der Archäologe führte nach der Begrüssung die Gruppe zu einem Ganggrab, zur Megalithanlage mit dem neueren Namen „Table des Marchands“. In dieser Grosssteinanlage befindet sich ein verzierter Tragstein in anthropomorpher Form, wie es bei Menhiren oft vorkommt. Auf der Frontseite sehen wir verschiedene Muster, jedoch besonders zahlreiche „Ähren“ oder „Halme“ in einer geometrischen Anordnung. In der Fachliteratur werden diese manchmal als „Krummstäbe“ gedeutet. Nun erklärt der begleitende Archäologe der Gruppe fröhlich, dass diese „Ähren“ auf dem Stein Bischofsstäbe seien, die hier eingraviert wurden. Niemand widersprach, doch einige runzelten ihre Stirn. Am Schluss der archäologischen Deutungen meldete sich dann doch eine Frau aus der Reisegruppe und fragte den Begleiter, warum er die Verzierungen des sakralen Steines für „Bischofsstäbe“ halte, da diese Steinanlage, wie alle übrigen Megalithstätten, sicher aus vorchristlicher Zeit stammen würde. Etwas nervös spitzte der Archäologe seinen Mund und erklärte dann mit einer Handbewegung, dass man in der Fachwelt übereingekommen sei, dass es sich um eine Art Bischofsstäbe handeln muss. Da hörten wir plötzlich die Hupe des Reisebuses, und die Gruppe schickte sich an, das vorgeschichtliche Ganggrab zu verlassen.

II

Wir sind uns oft nicht bewusst, mit welcher Selbstverständlichkeit Dinge behauptet werden, ohne diese zu hinterfragen. Dies gilt sowohl für das Christentum wie auch für ein Keltentum, die beide substantiell jeweils von ihren vorhergehenden Kulturen leben und diese schamlos vereinnahmen. Diese Veränderungsprozesse sind ein fester Bestandteil der europäischen Religionsgeschichte, nur haben wir es uns angewöhnt, alles gleichwertig auf einer Mattscheibe anzuschauen, anstatt die Geschichte dreidimensional in ihrer sozialhistorischen Tiefe zu betrachten. Demnach haben wir es beim Thema „Kelten" in groben Zügen und rückblickend als erstes mit einer *interpretatio moderna* zu tun. Diese Art der Deutung interpretiert mit einer abendländischen Gelehrsamkeit der Neuzeit und projiziert diese in den Text oder in die archäologischen Funde. So werden die Steinreihen von Carnac zu einem römischen Heer, das dort versteinert worden sein soll. Es liegt auf der Hand, dass dann gewiefte Tourismusmanager oder selbsternannte „Brunos" alias „Branos" nur noch das Ihrige dazu tun müssen, bis alles miteinander vermischt werden kann. Auf der gleichen Linie liegt auch die Deutung der Steinreihen als Landeplatz für Ausserirdische, was nicht weniger Gläubige findet als die Behauptung, die Druiden hätten die Megalithsteine gesetzt und bearbeitet. Gerade letzteres ist durch die neuzeitliche Keltomanie des 18., 19. und 20. Jahrhunderts stark verbreitet und hat das Bild der Kelten und Druiden nachhaltig geprägt. Denn diese haben mit den alten Steinstätten ebenso wenig zu tun wie Julius Cäsar oder die katholische Kirche, weil die Megalithkultur um tausende Jahre älter ist als Druiden, Römer und Christen.

Damit sind wir schon bei der nächsten, umdeutenden und geschichtsfälschenden Institution, bei der *interpretatio christiana*. Diese Art von Interpretation zeigt uns, dass vorchristliche Bauten und Glaubensinhalte zurechtgedeutet wurden, um die „Heiden" dem „wahren Licht" zuzuführen. Ein Beispiel dafür ist der Gralskelch, der in der christlichen Vereinnahmung zum Abendmahlskelch umfunktioniert wurde, wobei das sakrale Blut zum Blut Jesu und die keltische Lanze zum römischen Requisit eines Longinus übergeht. Ebenso wurden aus sakralen Megalithstätten christliche Kapellen oder an heiligen Steinen ist mit aller Entschlossenheit ein katholisches Kreuz angebracht. Auch sollten wir nicht vergessen, dass viele keltisch-vorkeltische Überlieferungen über Jahrhunderte hinweg einer moralisierenden Mönchskultur ausgesetzt waren, die eine strenge Zensur handhabte. Gerade darum sind uns volkskundliche Quellen so wichtig, die oft in Widerspruch zur gelehrten Tradition stehen. Jedoch liegt es auf der Hand, dass die Volks- und Subkultur durch die obrigkeitliche Verfolgung allmählich zerfiel, so dass nur noch Bruchstücke aufzuspüren sind. Allgemein ist jedoch festzustellen, dass die Christianisierung recht oberflächlich geschah. Das sehen wir am Beispiel der Göttin Brigit, die eine Priesterin gleichen Namens besass und dann zur hl. Brigit bzw. Klosterfrau wurde. Ähnliches erkennen wir bei der hl. Odilie, die ebenfalls auf eine spirituelle Frau und Göttin zurückgeht. Solche „Segnungen" widerfahren auch den männlichen Gestalten der keltischen Mythologie. Bezeichnend dafür ist der hl. Gobin, der auf den Schmiedegott Gobniu zurückgeht, oder die etwas weniger durchsichtige Umgestaltung des Gottes Lugh-Merkur zum Missionsengel und Dämonentöter Michael.

Dass die interpretatio christiana noch lange nicht ausgestorben ist und sogar in der „objektiven" Fachwelt weiterwirkt, zeigt das Beispiel der „Bischofsstäbe" an der mindestens 4000 Jahre alten Megalithstätte in der Bretagne. Aus der Sicht der Kirche ist in dieser Region vielleicht die Missionierung noch notwendig, denn die zahlreichen Kultgesänge zu Ehren der hl. Anna erinnern doch eher an die paneuropäische Grosse Göttin Ana oder Dana, die auch hier die ehemalige Landschaftsgöttin darstellt und im Bewusstsein des Volkes weiterlebt.

Eng mit der christlichen Umdeutung verbunden ist die mittelalterliche *interpretatio chrétiensia*, die sich des westeuropäisch-keltischen Stoffes und der mündlichen Erzählungen bediente und sie zu einem höfischen Epos umfunktionierte. Namen wie Chrétien de Troyes (*Parzival*, *Ywain, Lancelot*), Wolfram von Eschenbach (*Parzival*) und Gottfried von Strassburg (*Tristan und Isolde*) sind uns bestens bekannt. Hier wird die gesamte keltische Mythenschicht verritterlicht und höfisiert, erscheinen patriarchale Kriegerkönige wie Artus als edle Herrscher der Gralssuche und die Landschaftsgöttin bzw. Landeskönigin nur noch als schöne Dame für das Gruppenbild. Beispiel dafür ist die funktionslose Gwenhwyfar im Epos *Lancelot*, die von verschiedenen Rittern hin- und hergeraubt wird. Einzig ihr bezeichnender Name, die „Weisse (Mond-Göttin)", weist sie noch als ehemalige Landeskönigin und Herrin des Landes aus, die sich ihren König durch ein heiliges Ritual der Initiation und Hierogamie einmal selbst wählte. Dies ist auch der Fall bei der Landeskönigin Laudine im Epos *Ywain*, die sich durch die interpretatio christiana et chrétiensia eine gehörige Portion Moral der Frau gefallen lassen muss, weil sie den „Mörder" ihres Gatten heiratet. Dass diese Heirat dann eine kirchlich-christliche ist - in einer Zeit, wo es diese Art von Heirat noch gar nicht gab -, sei nur nebenbei bemerkt. Übersehen haben die Interpreten aber wiederum, dass es sich auch hier um eine Hierogamie von Landesherrin und einem männlichen Partner handelt, der sich mit einer sakralen Frau und Göttin (Laudine, Llew-dine = die Weisse) vereinigt, um durch sie Thron und Land für eine gewisse Zeit zu gewinnen, wie es vorher schon ihr „Ehemann" bzw. Sturmritter getan hat. Mit diesem mythologischen Hintergrund entschleiern und befreien wir den alten Erzählstoff von der Moralisierung und Christianisierung. Dabei gelangen wir zu dem, was einmal in ganz Europa die spirituelle Grundlage war, nämlich zur Landschaftsgöttin und ihren vielfältigen Namen und Gestalten, seien diese die Weisse Göttin, Brigit oder Ana/Dana.

Die antiken Geographen und Ethnographen interessierten sich nicht sehr eingehend für die „Barbaren" des westlichen und nördlichen Europas. Die Flüchtigkeit ihrer Beschreibungen spricht für sich, dazu schreiben sie meistens nur voneinander ab und vermischen das Ganze mit Meinungen und Phantasien, um dem Geschmack ihres Publikums entgegenzukommen. So benützt Tacitus seine *Germania* dazu, der römischen Dekadenz den Spiegel vor das Gesicht zu halten, und der Feldherr Cäsar seinen Bericht *Gallischer Krieg*, den Eroberungs- und Vernichtungskrieg in Gallien gegenüber dem Senat in Rom zu rechtfertigen. Dass er dabei „die Feinde" systematisch aufbaut und für seine Propagandamaschinerie mit der Anzahl der gegnerischen Menschen astronomisch hin- und herjongliert, sei nur nebenbei erwähnt. Wichtig ist ihm die gallische Beute an Gold und Land für seine machtpolitischen Pläne in Rom. Für das keltische Volk, die plebs, interessierte er sich kaum, denn dieses bestand aus Bauern, Leibeigenen und Sklaven. Er kam mit der Herrenschicht der keltischen Bevölkerung in Kontakt, mit dem Kriegeradel und der Priesterkaste der Druiden. Seine religionsgeschichtlichen Hinweise sind äusserst dürftig und zusammenhanglos, ebenso seine ethnographischen Bemerkungen, die der römische Mann oft als Kuriositäten beschreibt. So berichtet er im Buch V,14 von einem vorkeltischen Brauch, der in Britannien bei gewissen Volksschichten überlebt hat: „Je zehn oder zwölf haben die Frauen unter sich gemeinsam, besonders Brüder mit Brüdern und Väter mit Söhnen. Aber die bei ihnen geborenen Kinder gelten als Väter derer, denen zuerst das Mädchen zugeführt wurde."

Der *interpretatio romana* muss solches unverständlich bleiben, denn es handelt sich hier um eine Art Schwestern-Brüder-Gruppenehe bzw. Polyandrie mit einem geregelten, gegenseitigen Hilfssystem, das auf mutterrechtliche Zeiten hinweist. Ebenso dürftig ist die Nennung von keltischen

Gottheiten, die Cäsar im *Gallischen Krieg* VI,17 mit griechisch-römischen vergleicht und gleichsetzt. Diese sind: Merkur, Apoll, Mars, Jupiter und Minerva. Doch der Vergleich hinkt. Fraglich ist auch, ob die trivialen antiken Gottheiten noch etwas über das ursprüngliche Wesen der gallischen Gottheiten aussagen können. Soweit wir es rückzuschliessen vermögen, steht hinter Merkur der lichte Lugh (leuk = weiss), der mit dem nordeuropäischen Loki und dem latinisierten Lucifer verwandt ist. Diese dürften alle aus vorkeltischer (und vorgermanischer) Zeit stammen und nach der keltischen bzw. germanischen Eroberung entsprechend vereinnahmt worden sein. Das gleiche Schicksal teilt der nun keltische Belenus, der zu Apoll wurde, und seine Göttin Belena. Mars wiederum deckt verschiedene lokale Heroen ab, die in ganz Gallien mit Namen wie Camulos, Cernunnos oder Smertos erscheinen und oftmals ein weibliches Pendant (Rosmerta, Cernunna) besitzen. Ausserdem war Mars früher kein Kriegsgott, sondern ein Fruchtbarkeitsheros und Gott des Ackerbaues. Diesem Aspekt dürfte er in Gallien am ehesten entsprechen. Zu Jupiter gesellt sich der „gute Gott" Dagda und seine „Tochter" Brigit, die in der interpretatio romana als Minerva erscheint. Aus der Landschaftsgöttin Sul von Bath im heutigen Südengland wurde ebenfalls eine Minerva. Dabei wird eine vorkeltische Göttin mit einem römischen Vokabular (sol, soleil) interpretiert, so dass aus Sul und ihrem Namen eine Sonnengöttin wird, was bis heute in der Fachliteratur unhinterfragt erscheint.

III

Nebst den bisherigen skizzierten Umdeutungsprozessen (Interpretationen) ist nun eine weitere zu nennen, die noch kaum eine grössere Beachtung gefunden hat: die *interpretatio celtica*. Sie ist nicht zu verwechseln mit der neodruidischen und neokeltischen Bewegung der Neuzeit, die ein Sammelsurium von all den beschriebenen *interpretationes* ist und diese sogar noch undifferenziert weiter fördert. Die Rede ist von der eisenzeitlich-keltischen Eroberung der mittel- und westeuropäischen Gebiete, die von einer bronzezeitlichen und neolithischen Bevölkerung besiedelt waren. Diese Autochthonen oder Vorbevölkerung des Alten Europa unterscheidet sich wesentlich von den kriegerischen und nachrückenden „Kelten", wie wir die Leute der frühen (800 v.u.Z.) und späten (ab 400 v.u.Z.) Eisenzeit mit einem allgemeinen Begriff nennen wollen. Die Kelten entwickelten sich aus einem indoeuropäischen Patriarchalisierungsprozess heraus, der über mehrere Jahrhunderte hinweg dauerte, immer wieder neue Gebiete und Völker unterwarf und in eine ständische Klassengesellschaft mit einer elitären Herrenschicht eingliederte. Dabei kam es zu Vermischungen und Interferenzen in der Glaubenswelt und auf sozialer Ebene. Was überlebte, war jeweils das patriarchale, in verschiedene Schichten eingeteilte Herrschaftssystem, jedoch in ganz unterschiedlicher Ausprägung.

Die indoeuropäischen und eisenzeitlichen Eroberer bildeten nur eine dünne Schicht gegenüber der Masse der alteuropäischen Bevölkerung. Jedoch waren sie waffentechnisch den alteingesessenen Ackerbauer/innen und Seefahrer/innen überlegen, denn schon die patriarchalen Griechen sagten von sich: „Der Krieg ist der Vater aller Dinge." Die keltischen Kriegerkönige setzten sich dann mit ihrem Gefolge nach der blutigen Eroberung mit befestigten Anlagen in die Mitte der Besiegten und liessen sich deren Ernten und Früchte zukommen. So beuteten sie die Masse der Bevölkerung aus, um weitere Kriege führen zu können. Der Kriegeradel verband sich mit den Landesköniginnen der alteuropäischen Bevölkerung, d.h. die Sakralkönigin wurde umgebracht oder vergewaltigt, was in den Augen der Eroberer einer Heirat gleichkam. Gegen aussen für das Volk entstand das pseudomythische Bild einer Legitimation des Kriegerkönigs durch „Hochzeit", was ideologisch ein geschickter Schachzug war, um sich die Masse der Bevölkerung gefügig zu machen. Das ist der sozialhistorische Hintergrund, warum König Artus und andere Herrscher so erpicht sind, die Landeskönigin, und sei sie noch so schattenhaft, in ihre Gewalt zu bringen, denn sie verkörpert das Land und ihre Menschen. Wer die Landesherrin besitzt, beherrscht in frühpatriarchaler Zeit Land und Leute der Autochthonen.

Und wie reagierten diese? Sie blieben ihrer Landeskönigin und Sakralpriesterin treu und sahen im frühpatriarchalen Thronfolger, dem Eroberer-König, den Nachfolger des eigentlichen vorhergehenden Sakralkönigs der Landesherrin. Andererseits versuchten die Landesköniginnen der kriegerischen Invasion mit der bewährten Haltung der Integration zu begegnen, was ihnen da und dort vorerst auch gelang. So heirateten sie „freiwillig" einen frühpatriarchalen Kämpfer, um ihn in ihre höherstehende Zivilisation zu integrieren. Dies ist zum Beispiel der Fall, wenn wir die Epen von *Ywain* in ihrer sozialgeschichtlichen Tiefe lesen. Die alteuropäische Landeskönigin Laudine/Lunete in einer Doppelgestalt und ihr Ritter/Herr der Tiere/Sturmreiter in einer Dreigestalt stehen dem frühpatriarchal sozialisierten Ywain gegenüber, den es nach „Abenteuer" dürstet. Ywain besiegt den ehemaligen männlichen Partner der Laudine, den Sturmreiter, und wird durch die Hochzeit mit der Landeskönigin dessen Nachfolger in einem weltlich-sakralen Amt.

Mit den eisenzeitlichen Eroberen kamen aber nicht nur Kriegerkönige in die Landschaften der Göttin, sondern auch eine Priesterkaste. Diese bemächtigte sich allmählich der wichtigsten sakralen Stätten der Vorbevölkerung, wobei sie besonders das Wissen der vorkeltischen Priesterinnen und sakralen Frauen vereinnahmte und zu dem umgestaltete, was wir allgemein mit dem Druidentum verbinden. Die Autochthonen des Alten Europa kannten schamanistische Praktiken und totemistische Vorstellungen, die in einigen Nischen bis in die gallo-römische Zeit und subkulturell bis ins Mittelalter überlebten. Genauso überlebten in diesen Nischen aber auch Inhalte einer mutterrechtlich-matriarchalen Mythologie, wie die Verehrung der hl. Anna, der Schwarzen Madonna und den drei heiligen Frauen noch im Mittelalter bezeugen, wenn auch in einem christlich-patriarchalen Umfeld. So berichtet uns Pomponius Mela II,6 im 1. Jahrhundert n.u.Z. von einer geheimnisvollen Insel mit alteuropäischen Praktiken des Schamanismus und Totemismus der Frauen, obwohl wir auch seine Ausführungen mit dem Vorbehalt einer interpretatio romana zu lesen haben: „Die Insel Sena - sie liegt im mare britannicum [Ärmelkanal] gegenüber der Küste der Osismi - ist berühmt wegen eines gallischen Orakels, dessen Priesterinnen neun zu ewiger Jungfräulichkeit verpflichtete Frauen sind. Sie werden Gallicenes genannt, und man schreibt ihnen die übernatürliche Macht zu, durch ihre magischen Kräfte Winde und Gewitterstürme zu entfesseln, sich je nach Belieben in dieses oder jenes Tier zu verwandeln, als unheilbar geltende Leiden zu kurieren und schliesslich, die Zukunft voraussagen zu können. Ihre Heilmittel und Wahrsagungen gewähren sie ausschliesslich denjenigen, die sie eigens zu diesem Zweck aufsuchen.“

Dass diese Frauen im römischen Sinn „Jungfrauen“ sind, ist sehr unwahrscheinlich, denn Strabo IV,4 berichtet von einer ähnlichen Insel der Frauen, die jeweils auf das Festland kämen und sich dort mit ihren Männern vergnügten. Es handelt sich hier um die jahreszeitliche Feier der Heiligen Hochzeit, die in der christlichen Repression zur „Teufelsbuhlschaft“ wird. Ebenso sind es in diesem Bericht noch Priesterinnen, die Wind und Wetter hervorrufen können, also mit dem Kosmos und der Natur in Verbindung stehen, die aber in der weiteren europäischen Geschichte in einem mittelalterlich-neuzeitlichen Unterdrückungsprozess als „Hexen“ kriminalisiert werden. 1500 Jahre vorher, bei Pomponius Mela, sind sie noch sakrale Frauen.

Für uns am interessantesten ist der sogenannte dritte Stand der eisenzeitlichen Bevölkerung, die plebs, wie es Cäsar nennt. Hier finden wir die Masse, die Ackerbauer/innen, die grösstenteils aus der alteuropäischen, bronzezeitlichen und neolithischen Bevölkerung besteht, die allmählich zu Sklaven wird, und die zugezogene keltische Bauernschicht mit ihren Herren. Seit frühpatriarchaler Zeit geschieht nun ein indoeuropäischer und in Westeuropa besonders keltischer Verschmelzungsprozess, in dem eine dünne erobernde Dominante mit militärischer Schlagkraft sich mit der Masse der eroberten Vorbevölkerung arrangiert und zu dem wird, was die antiken Ethnographen „keltisch" nennen. Vor allem aber bei der plebs, für die sich meistens kein Geograph interessiert, finden wir einen hohen Grad des Verschmelzungsprozesses, wobei die alteuropäische Bevölkerung und ihre mutterrechtliche Mythologie überwiegt. Aus dieser Schicht entsteht zum Beispiel die gallo-römische Matronaverehrung, die in Westeuropa so zahlreich vertreten ist.

Was wir also in der Antike „Kelten" nennen, ist aus einem längeren Verschmelzungsprozess einer indoeuropäischen, patriarchalen Gesellschaft und einer alteuropäischen, matriarchalen Gesellschaft entstanden, wobei noch deutliche Züge der matriarchalen Mythologie und des mutterrechtlichen Sozialwesens erkennbar sind, je weiter wir nach Westeuropa blicken. Und in Westeuropa finden wir auch die grossartigen Steinanlagen (Megalithkultur) wie Avebury, Silbury, Stonehenge, Newgrange und Carnac, die der alteuropäischen und ganz sicher vorkeltischen Bevölkerung zu verdanken sind, welche in der Grosssteinarchitektur eine mindestens 3000 Jahre alte Tradition besass, als die eisenzeitlichen Eroberer in die Landschaften der Göttin eindrangen.

IV

Die alteuropäisch-vorkeltische Mythologie, die wir durch eine historisch-kritische und sozialgeschichtliche Lesart der Mythen, Epen, Namen, Bräuche und archäologischen Funde erschliessen können, kannte keine Kriegsgötter oder tyrannische Allväter, wie wir dies von den Griechen, Römern, Semiten oder Indern her gewohnt sind. Die Alteuropäer verehrten eine Grosse Ahnfrau, eine Schöpfergöttin des Kosmos, der Erde und der Gestirne, die sie in den Erscheinungen der Allnatur, in Bergen, Flüssen, Steinen, Tieren, im Mond und im Meer etc., immer wieder erkannten. Ihre Namen sind so vielfältig wie die Sterne am Nachthimmel, doch gemeint ist immer die Eine in tausend Gestalten. Allgemein wird sie oft einfach die Weisse Göttin genannt, so zum Beispiel Gwenhwyfar oder Hen Wen, wobei durch die patriarchale *interpretatio celtica* beide zu Weissen Gespensterfrauen werden. Weiss, hell oder glänzend ist auch bezeichnend für die Mondgöttin (manchmal auch Sonnengöttin), die als Belena (bhel = weiss), als Leukothea (leuk = weiss), als Albhe (alb =

weiss) oder als weisse Hindin erscheint. Eine ihrer schönsten Bergmythologien ist das mitteleuropäische *Bel*chensystem, das durch den keltischen Vereinnahmungs- und Verschmelzungsprozess in die Hände der Druiden überging. Dennoch ist im Elsass immer noch die Rede von einer Leukothea > Otilia oder von einer Brigit, deren Name im englischen Wort bright (hell, weiss) oder im Ortsnamen Breis-gau wiederkehrt.

Die vorkeltische Mythologie überliefert besonders eine göttliche Ahnfrau mit dem Namen Ana oder Dana, die eine paneuropäische Göttin war. Nach ihr nennen sich die Danaiden im alten Palästina und die Tuatha Dé Danann im vorkeltischen Irland. Aber auch im minoischen Kreta finden wir eine Danaë, in Nordafrika eine Tanit und in Europa die Donau, den Fluss Dôn oder das Land Dänemark. Im Kult der drei heiligen Frauen, im Matronakult, heisst sie in gallo-römischer Zeit Ambeth oder Anabeth, was durch die interpretatio christiana zur hl. Anna wurde. Eine ihrer heiligsten Landschaften Irlands, das Boyne-Tal in der Nähe von Newgrange, ist nach ihrem sakralen Tiersymbol benannt, denn Boyne meint Bo-Vinda, die Weisse Kuh. Ihr zugesellt ist ein Fruchtbarkeitspartner, der „gute Gott" Dagda, der nach seinem Tod in der Unterwelt fröhliche Feste feiert, bis er durch die Göttin wiedergeboren wird als Oengus, d.h. Sohn. Das verjüngte Double der Göttin Dana/Ana ist Brigit. Sie gilt in der interpretatio celtica als „Tochter" des Dagda, der dann auch noch zum „Ehemann" der Dana avanciert. Doch der alteuropäisch-mythologische Hintergrund ist klar: Dana/Brigit ist eine Mutter-Tochter-Doppelgestalt (in der interpretatio christiana erscheint sie als Anna/Maria), die Landschaftsgöttin und Herrin des Landes, mit einem zyklisch sterbenden und wiederkehrenden, männlichen Partner Dagda bzw. Oengus, die beiden sich abwechselnden Vorgänger-Nachfolger im Jahreslauf.

Das Volk der Göttin Dana, die Tuatha Dé Danann, soll mit Schiffen nach Irland gekommen sein. Sie waren also geschickte Seefahrer/innen, die sich auf dem Meer, an der Küste und dem Flusslauf entlang fortbewegten. Sie stammen wahrscheinlich aus dem Mittelmeergebiet, und eine Verwandtschaft mit den vorkeltischen Iberern scheint durchaus möglich. Gemäss der keltischen Überlieferung brachten sie den Krönungsstein von Tara, den Stein von Fal (Lia Fal) mit, die Lanze von Lug, das Schwert von Nuada und den Kessel des Dagda. Betrachten wir diese interpretatio celtica etwas genauer, so können wir die Dinge rückschliessen: Das vorindoeuropäische und vorkeltische Volk der Göttin Dana bringt einen „Kessel" der unerschöpflichen Fruchtbarkeit und der Wiedergeburt mit, der den heiligen Schoss der Ahnfrau symbolisiert. Es ist der heilige Gral, den Dagda als Zeichen seiner Wahl zum männlichen Partner der Göttin von ihr erhalten hat. Die „Lanze" des Lugh dürfte ursprünglich eine

Keule gewesen sein, mit der die männlichen Fruchtbarkeitspartner zusammen mit der Göttin „Regen machen". Das Schwert wiederum erinnert an die Labrys, die kretische Doppelaxt, mit der die Göttin Leben nahm aber auch wieder auferstehen liess. Und was bedeutet der Lia Fal, der Stein des Schicksals? In Tara wurde der zukünftige König und männliche Partner der Sakralkönigin erwählt. Dieser musste sich zum Stein nach Tara begeben, und wenn der Stein bzw. die Landschaftsgöttin aufschrie, so war er der richtige und von ihr inthronisiert. Vorher musste er oft noch eine Initiation bestehen, indem ihm die Landschaftsgöttin als hässliche Alte erschien, die von ihm einen Kuss verlangte. Tat er dies ohne Zögern, so umarmte ihn die schönste Frau der Welt, die sich verwandelte Landesherrin, die ihn nach Tara schickte.

Tara selbst ist eine Art Zentrum der Welt, und so ist der Lia Fal ein Omphalos, ein Nabelstein, der die Mitte der Erde, d.h. ganz konkret den Nabel der Landschaftsgöttin bezeichnet. Ein alter Name von Tara war auch Temair, worin wir die Schwarze-Erdgöttin erkennen. Lia ist das keltische Wort für Stein, während fal nichts mit phallus zu tun hat, sondern von einem vorindoeuropäischen Wort für „Stein", pal, abstammt. Lia Fal ist demnach eine doppelte Übersetzung Stein-Stein, eine Erscheinung in der Namensforschung, die nicht selten vorkommt.

Betrachten wir die symbolischen Gegenstände der Tuatha Dé Danann noch einmal und bringen diese in Verbindung mit den vier zyklischen Jahresfesten, die ebenfalls auf dieses Volk zurückgehen, so lässt sich eine harmonische Abfolge im heiligen Jahreskreis der Göttin feststellen: Der Lia Fal, der Krönungsstein, bezeichnet die Initiation des männlichen Partners der Landeskönigin. Die „Keule" (Lanze) des Regenmachens verdeutlicht die Heilige Hochzeit der Sakralpriesterin mit ihrem König, das Schwert seine Zeit der Wandlung und den Gang in die Unterwelt, wobei dann der Schoss-Kessel und heilige Gral die wunderbare Wiedergeburt des Königs durch die Ahnfrau versinnbildlicht, was im Ritualablauf eines Vegetationsjahres auch einem agrarischen Zyklus entspricht.

V

In Wales, gegenüber der Insel Irland, hiess die Landschaftsgöttin Dôn oder auch Modron, d.h. Matrona (Muttergöttin). Dôn ist eine Variante von Dana oder Ana der Tuatha Dé Danann in Irland, deren Name unter anderem auch „Mutter" bedeutet, eine alte Anrede für die göttliche Ahnfrau. Bezeichnenderweise werden in Wales verschiedene heilige Hügel Y Mamau genannt, d.h. die Mütter. Die Landschaft Wales war demnach genauso wie in Irland die Göttin selbst oder Flaithius, d.h. die Landesherrin oder Lady Sovereignty, wie sie in der englischen Fachliteratur übersetzt wird. Und wie auf der Grünen Insel war auch sie die Königsmacherin für ihren männlichen Partner.

Ein weiterer Name für Dôn ist Rhiannon, die in der interpretatio celtica eindimensional zur „Pferdegöttin" wird. Ihr alter Name Rigantona ist aber recht umfassend und wird mit „Grosse Königin" übersetzt. Damit rückt sie in die Nähe der irischen Morrigain, eine Bezeichnung, die aus drei Wörtern besteht: mor (gross), rig (Königin) und ain (Ana), die zusammen die „Grosse Königin Ana" bedeuten. In der interpretatio celtica wird sie als Kriegsgöttin und Nachtmahre hingestellt. Doch es besteht kein Zweifel, dass auch sie die umfassende Landschaftsgöttin war, die zudem als Dreifaltige erscheinen konnte: als Badb, Nemain/Macha und Morrigain.

Eine verjüngte Gestalt der Dôn-Modron ist Branwen oder Bronwen, d.h. die Weissbrüstige. Sie besitzt einen wundersamen Kessel der Fruchtbarkeit und Wiedergeburt, den heiligen Gral und Schoss, den wir schon beim Volk der Göttin Dana vorfanden. Ihr männlicher Partner ist ihr Brudergatte Bran, der wie der vorkeltische Dagda in Irland ein Vegetationsheros war, der den schönen Tod erlebte und eine wunderbare Wiedergeburt durch die „Grosse Königin".

Im Verlauf der mythischen Geschichte hat Dôn-Modron-Branwen viele männliche Heroen auf sich versammelt, die mit ihr in Beziehung stehen. Allgemein sind diese einfach ihre „Söhne", so wie die Frauen ihre „Töchter" sind. Somit ist also jeder Heros der Göttin ein „Mabon", d.h. Sohn oder Sohn der Göttin, wie ihn die walisische Mythologie überliefert. Daher ist es völlig richtig, die Erzählungen und Tradierungen, wie sie uns in Wales begegnen, als „Mabinogion" zu bezeichnen, denn sie berichten in ihrer mythischen und sozialhistorischen Tiefe nichts anderes als vom „Sohn" (den „Söhnen") und der Göttin des Landes. Kritisch gelesen, erkennen wir anhand verschiedener Motive und Ereignisse eine vorkeltische und vorindoeuropäische Mythologie eines Volkes der Göttin, das durch frühpatriarchale Eroberungen in Bedrängnis und Not geriet. Diese Eroberer werden recht genau beschrieben, so zum Beispiel in den *Parzival*-Überlieferungen. Dort erscheinen die „keltischen" Roten Ritter, denen der junge Sohn Parzival nacheifern will, so dass es seiner „Mutter" das Herz bricht. Denn diese haben etwas unglaublich Schreckliches getan: Sie haben die Landschaft mit Krieg überzogen, d.h. im Denken der damaligen Zeit die Göttin vergewaltigt. Genau dieses Sinnbild wird Parzival im Gralsschloss vorgeführt: Der heilige Schoss-Gral mit einer bluttriefenden Lanze.

In der *Parzival*-Mythe besiegt der junge Held die Roten Ritter, doch wir kennen den Verlauf der patriarchalen Geschichte nur zu gut. Immer mehr Invasionen überziehen das Land mit Krieg und Ausbeutung, seien dies nun Kelten, Römer oder Germanen (Angelsachsen). Aber auch das Christentum brachte keine Linderung, sondern etablierte sich genauso als machtvolle Institution am Hof der Könige. Diese Vorgänge berichten uns vielschichtig die Überlieferungen des Mabinogion, trotz aller beschriebenen Umdeutungen.

1

GÖTTINNEN UND GÖTTER

Die technischen und militärischen Leistungen der Kelten sind bekannt. Worüber wir weniger unterrichtet sind, ist ihre Glaubenswelt, also das, was hinter ihren Erfolgen stand. Nun versichert uns zwar Julius Cäsar in seinem Bericht vom „Krieg in Gallien" erstens, dass die Kelten ein äusserst frommes Volk gewesen seien, und zweitens, dass sie dieselben Götter verehrten wie die Römer, nur unter anderen Namen. Das Erstere stimmt, das Letztere nicht. So hatten die Kelten zum Beispiel keinen besonderen Kriegsgott, wie die Römer ihren Mars. Aber weil Mars ursprünglich auch bei den Römern ein Gott der Ackerbauern gewesen war, nannten sie bei ihren Eroberungen jeden keltischen Stammesgott „Mars" mit dem betreffenden Stammesnamen als Attribut: z.B. Mars Latobius in Kärnten. Aber gerade für den Krieg war, zumindest bei den Inselkelten, immer die Göttin zuständig. Dagegen hatten sie keine Liebesgöttin, wie die römische Venus, was ihnen entweder als Mangel an Kultur oder an Erotik angekreidet wurde. Dazu schreibt die französische Keltologin Marie-Louise Sjoestedt: „Das Fehlen einer Liebesgöttin bei den Kelten ist merkwürdigerweise mit keltischer Keuschheit erklärt worden... Dies ist verfehlt, da die meisten keltischen Göttinnen einen deutlich sexuellen Charakter tragen. Doch hier eine Göttin zu suchen, die ausschliesslich für Sexualität zuständig ist, hiesse die keltische Mythologie mit fremdem Massstab messen."[1]

Römische und keltische Mythologie sind also nicht unbedingt kongruent. Wie Heide Göttner-Abendroth schreibt, waren auch keltische Göttinnen immer verschiedene Manifestationen der einen, dreifachen Göttin: Jungfrau, Mutter und weise Alte.[2] Vor allem aber war sie das Land, die Erde und das lebenspendende Wasser. Dies bedeutet, dass die Kelten in der Nachfolge der von ihnen eroberten Stämme die Erde und vor allem ihr eigenes Stammland, als eine weibliche Gottheit betrachteten. Sie war das Land selbst und daher von den Menschen aus gesehen die Herrin und Mutter des Landes. Dabei war sie auch das, was wir heute die Souveränität über das Land nennen. Sie war Lady Sovereignty, in einem viel konkreteren Sinn als sich noch heute katholische Länder unter die Schutzherrschaft Marias stellen. Die eigentliche Besitz- und Regierungsmacht über ein Land lag ursprünglich in Vertretung der Landes- und Stammesgöttin bei der Königin und nicht beim König, dem im vorkeltischen Europa nur eine beschützende und priesterliche Rolle zukam, was zum Beispiel in den Regeln des Schachspiels heute noch deutlich zum Ausdruck kommt. Wie wir aus der Regierung der Eleanor von Aquitanien ersehen, bestand diese staatspolitische Idee, wenn auch abgeschwächt, in keltischen Ländern bis ins Mittelalter, obwohl ihre mythologischen Wurzeln von den Machthabern längst vergessen waren. Das Abhängigkeitsverhältnis des Königs von der Stammesgöttin und von der Königin als ihrer Priesterin wurde in den keltischen Ländern des Kontinents erst durch Rom und dann durch die salfränkische Rechtsverfassung ausgeschaltet, während es in Frankreich und England viel länger erhalten blieb. Hier liegt die eigentliche Wurzel mittelalterlichen Frauendienstes, was in den letzten Kapiteln dieses Buches zu besprechen sein wird.

Der Kulturhistoriker Jan de Vries erwähnt in seinem Buch über Keltische Religion, dass die Kelten als die ersten Indoeuropäer nördlich und westlich der Alpen die matriarchalen Völker der Jungsteinzeit überlagert hätten. Dort heisst es: „Die Bevölkerung des Neolithikums, die eine ausgesprochen agrarische Kultur besass, ist aller Wahrscheinlichkeit nach, wie die meisten agrarischen Völker der Frühzeit, mutterrechtlich organisiert gewesen. Deshalb finden wir - und zwar bei den Kelten wie bei den Germanen - Anzeichen dafür, dass eine patriarchalische Struktur eine mutterrechtliche überlagert hat. Immerhin gibt es bei den Kelten zahlreichere und deutlichere Spuren der mutterrechtlichen Gesellschaftsstruktur als bei den Germanen. Dieser Umstand bestätigt unsere Meinung, dass die Kelten nur eine ziemlich dünne Oberschicht gebildet haben und deshalb, je länger je mehr, dem Einfluss der unterworfenen Bevölkerung ausgesetzt gewesen sind.“[3]

Der irische Historiker Eoin MacNeill nennt sicher die Dinge beim richtigen Namen, wenn er schreibt: „Die (keltische) Invasionsmacht bestand aus Männerverbänden ohne Frauen. Sie nahmen sich die Frauen des eroberten Landes als Kriegsbeute. Diese an persönliche Freiheit gewohnten Frauen werden sich kaum ohne weiteres in einen niedrigeren Status gefügt haben, als den, den sie gewohnt waren. Nun kann man einen Mann zur Sklaverei zwingen, indem man ihn mit dem Tod droht, aber um mit einer Frau in einer Lebensgemeinschaft zu leben, muss ein Übereinkommen mit ihr zustande kommen. Kein Mann kann eine Ehe mit ständiger Vergewaltigung führen, besonders dann nicht, wenn es sich um starke, freiheitsgewohnte Frauen handelt."[4] Dies war also die Lage der Frauen in den von Kelten eroberten Ländern. Dazu kommt die Tatsache, dass es sich bei den keltischen Eroberern durchwegs um eine militärische Elite handelte, deren Lebenselement der Krieg und die Jagd war. Um im eroberten Land überhaupt leben zu können, brauchten sie die bäuerliche Urbevölkerung, sowohl deren Arbeit als auch deren landwirtschaftliche Erfahrung. Diese aber hing aufs engste mit der Göttin und ihrem Heiligen Jahr zusammen.

Der französische Keltologe Jean Jacques Hatt gibt uns ein ziemlich genaues Bild der keltischen Religion in ihrem Zusammenhang mit der eroberten Bevölkerung Galliens.[5] Dabei kommt er zu folgendem Ergebnis: „Das regionale Studium der (keltischen) Kulte zeigt im römischen Gallien zwei Kategorien von Kulten und Gottheiten: a) einen Götterhimmel mit drei (männlichen) Hauptgottheiten. Er findet sich in jenen Gebieten, in denen die Kelten seit Beginn der Jüngeren Bronzezeit (oder auch früher) ansässig waren: Elsass-Lothringen, südliche Champagne, Pariser Becken. b) einen Gott und eine Göttin, die mehrere Funktionen ausüben und deren Kult in der Provence, in den alpinen Zonen, in den Zentral-Pyrenäen, bei den Treveri an der Mosel, bei den Sequani in Burgund und im Westen vorherrschte. Dieser Gott übt mehrere Funktionen aus, denn er ist zugleich Gott des Himmels und der Berge, der Gewässer und der menschlicher Tätigkeiten, der Gemeinschaft und des einzelnen, des Schutzes des Reichtums und der Toten. Sein Kult ist sehr eng an gewisse Heiligtümer und regionale Stammesgruppen gebunden. Die erste religiöse Struktur ist offenbar jenen Gegenden eigen, in denen die Kelten vorherrschten. Die zweite begegnet uns dort, wo eine vorkeltische Bevölkerung überwog. Deshalb glauben wir, dass die verschiedenen Übergriffe und Funktionsvermischungen auf wechselseitige Einflüsse zwischen den ursprünglichen keltischen und vorkeltischen Kulten herrühren."[6]

Welche Funktion die Göttin in der zweiten Kategorie innehatte, lässt Hatt offen. Es scheint sich hier also um die bewährte Methode der Verheiratung der Göttin des eroberten Stammes mit dem Stammesgott der Eroberer zu handeln, von der Robert Graves und Heide Göttner-Abendroth berichten.[7] Hatts Stillschweigen ist typisch für Mythographen der alten Schule. Als ihr Vertreter würde Hatt der Göttin wahrscheinlich eine rein ornamentale Rolle zusprechen, besonders da er den Schutz der „Berge, Gewässer und menschlicher Tätigkeiten", also alles, was einst unter der Schutzherrschaft der Göttin stand, ihrem von den Kelten eingeführten göttlichen Gemahl zuschreibt. Doch weiss auch Hatt, dass dies nicht immer so war und dass die vorkeltische Bevölkerung einen anderen Kult gehabt haben muss, der sich in frühester Zeit mit dem patriarchal-keltischen vermischte, denn er fügt vorsichtig hinzu: „Vielleicht hat diese Wechselwirkung schon sehr früh eingesetzt, besonders im Laufe der Schöpfungsperiode keltischer Kultur und Religion zu Beginn des 5. Jahrhunderts v. Chr.“[8]

Was vorher war und wie sich Eroberer und Eroberte mit dem Zusammenprall beider Religionen auseinandersetzten, interessiert ihn nicht. Er spricht von einer Wechselwirkung zwischen zwei verschiedenen Kulten, vermeidet es aber peinlichst, der Göttin dabei eine Rolle zuzuschreiben, ja sie auch nur zu erwähnen. Leider ist dieses Vorgehen typisch für die meisten Fachgelehrten. Ihrer Meinung nach spielte die Göttin nur eine untergeordnete Rolle im sogenannten Fruchtbarkeitskult der jungsteinzeitlichen Stämme, die die Kelten unterwarfen. Aber schon auf den nächsten Seiten vermittelt uns Hatt ein ganz anderes Bild. Er unternimmt es nämlich, die Bildersprache des Gundestrup-Kessels aus dem ersten Jahrhundert v.u.Z. zu entziffern.[9] Hier seine etwas gekürzte Erklärung der wichtigsten Götterdarstellungen auf den Platten des keltischen Kultkessels:

„Platte 1 Taranis: Taranis... hält in der Rechten ein Rad, das keltische Symbol des Blitzes und Attribut seiner Macht... Das Rad wird auf die Erde fallen und dort mit den Mächten der Unterwelt, symbolisiert durch die Schlange mit dem Widderkopf, zusammenprallen... Platte 2: Esus-Cernunnos, der Gott mit dem Hirschgeweih: Hier ist Esus in der Gestalt des Cernunnos die Hauptfigur, wiedergegeben in der üblichen Sitzstellung mit untergeschlagenen Beinen... Er ist bartlos und trägt auf dem Kopf ein mächtiges Hirschgeweih. Ein Ring schmückt seinen Hals, einen zweiten hält er in der rechten Hand - den seiner Frau, der Muttergöttin, von der er getrennt ist. Seine linke Hand ergreift die Schlange mit dem Widderkopf. Rechts neben ihm ein Hirsch, links ein Wolf. Über dem Hirsch ein kleiner Stier. Hirsch und Stier waren bei den Kelten zu gewissen Festen Gegenstand der jährlichen Opfer, die das Wohlergehen der Verstorbenen sichern sollten. Die andere Hälfte der Platte zeigt die Reise der menschlichen Seele in das keltische Paradies. Ein kleiner Mann verkörpert den Verstorbenen und schwimmt unter dem Schutz des Esus (Cernunnos) rittlings auf einem Delphin zu den Inseln der Seligen. Er entkommt den Begierden der gefrässigen Raubtiere, die den ‚schlechten Tod’ symbolisieren.

Platte 3: Die Muttergöttin zwischen Taranis und Esus: Die Muttergöttin wird hier zwischen ihrem ersten Gemahl Taranis und ihrem zweiten Gemahl Esus dargestellt. Die Gestalt zu ihrer Rechten ähnelt nämlich dem Taranis auf Platte 1, und die zu ihrer Linken ähnelt - abgesehen von dem Hirschgeweih - der Zentralfigur auf Platte 2. Die Muttergöttin, Taranis und Esus tragen ein Stirnband - Symbol der Verlobung ? Platte 4: Die Muttergöttin als Herrin des Himmels: Die Muttergöttin, Gemahlin des Taranis, erscheint hier als oberste Göttin des Himmels. Sie wird von zwei Elefanten flankiert. Diese symbolisieren ihre schützende Funktion für den Krieger auf dem Schlachtfeld, denn oft dienten Kelten als Söldner in griechischen oder karthagischen Heeren, und dort wurden Kriegselefanten als 'Panzer' eingesetzt. Zur Rechten und zur Linken symbolisieren Rosetten den Himmelsraum. Unter ihr schreitet ein Raubtier nach rechts, flankiert von zwei Greifen: Die Göttin bemüht sich, die zerstörerische Macht ihres blitzeschleudernden Gemahls Taranis mit Hilfe des Belenos-Apollo zu mässigen. Platte 5: Die Muttergöttin auf dem Weg in die Unterwelt: Die Muttergöttin macht sich auf den Weg, um unter der Erde ihren zweiten Gemahl Esus-Cernunnos wieder zu treffen. Zu ihrer Rechten erdrosselt Hercules-Smertrius das wilde Raubtier, das Taranis ihr gesandt hat, um sich zu rächen. Zu ihrer Linken jubelt derselbe Smertrius über seinen Sieg."[10] -

Hatt setzt also den keltischen Esus mit dem vorkeltischen Cernunnos gleich, ein Vorgehen, das in Anbetracht von weit älteren Cernunnos-Darstellungen auf Felsbildern (z.B. in Val Camonica) fragwürdig ist. Durch diese Gleichsetzung kommt er zu dem Schluss, dass Taranis der erste Gemahl der Muttergöttin war, und sie ihn verliess, um mit Cernunnos zu leben. Hier erscheint der alte jahreszeitliche Mythos, wonach die Göttin zwischen Himmel und Erde (im Sommer) und Unterwelt (im Winter) hin- und herwandert, als Ehedrama konkretisiert. Dagegen war es ursprünglich so, dass die Göttin die Macht über Himmel, Erde und Unterwelt innehatte, wobei Cernunnos ihr Partner, Hercules-Smertrius der alljährlich geopferte Heros/Geliebte der Göttin war, wie Robert Graves schreibt.[11]

Trotz der patriarchalen Deutungsweise ist Hatts Entzifferung der Platten des Gundestrup-Kessels für unser Argument wichtig, denn abgesehen von seinem Kunst- und Kultwert vermittelt uns der Gundestrup-Kessel die älteste keltische Darstellung der Vermischung von matriarchaler Göttinreligion und patriarchaler Religion der keltischen Götterdreiheit Taranis-Esus-Teutates, wie wir sie unter anderen Namen überall in der indoeuropäischen Götterlehre wiederfinden. In den irischen Heldensagen und im walisischen Mabinogion finden wir die letzten Spuren dieser Vermischung in literarischer Form, während sie in den Gundestrup-Bildern den Verfall der Göttinreligion einleiten.

Das Jahr der Göttin

Schon vor Jahrtausenden war der bäuerliche Kalender, geprägt vom Jahr der Göttin, die Lebensgrundlage der Menschen. Daran wagten weder die Kelten und ihre Druiden noch ein Jahrtausend später die christliche Kirche etwas zu ändern. Nur die Namen der Jahresfeste wurden geändert und anderen Gottheiten geweiht. Es musste also auch hier zu einem Kompromiss zwischen Eroberern und Eroberten gekommen sein, was einem Kompromiss zwischen den Göttern der Eroberer und der Göttin des eroberten Landes gleichkam.

Dabei ist zu bemerken, dass die Kelten ihre Zeit nach Nächten zählten und Feste immer in der Nacht vor dem betreffenden Datum begannen. Das Jahr der Göttin beginnt in der Nacht zum ersten Februar (gälisch Imbolc), wenn der Schnee schmilzt und die jungen Lämmer geboren werden. Dies ist die Zeit, wenn die Göttin die Anderswelt oder Unterwelt verlässt und auf die Erde zurückkehrt, damit Leben und Wachstum von Neuem beginnen können. Die Jugend bereitet ihr den Weg, indem sie mit Mummenschanz und Lärminstrumenten böse Geister vertreibt und die Frauen des Landes ziehen ihr mit Räucherwerk und brennenden Kerzen entgegen. Heute noch feiert die Kirche dieses alte Fest als „Maria Lichtmess“, christlich getarnt als Fest der „Reinigung Marias“.[12]

Das nächste grosse Fest im Kalender der Göttin beginnt in der Nacht vom 30. April zum 1.Mai, mit der berühmt-berüchtigten Walpurgisnacht. In alter Zeit hiess das Fest Beltain (gäl. Beltain, Fest der Sonnenfeuer). In dieser Nacht standen nach keltischem Glauben die Tore zur Anderswelt, offen und die Göttin erwählte sich ihren irdischen Jahreskönig. Alle waren zu diesem Freudenfest geladen, und die Feier dauerte eine ganze Woche. In christlicher Zeit wurde der 1. Mai zum Festtag der Heiligen Walburga, einer angelsächsischen Missionarin im Frankenreich erklärt. Walburga, die Schwester des hl. Willibald, kam 748 aus England nach Heidenheim, ins damalige Frankenreich, und wurde dort 754 zur Äbtissin ernannt. Sie starb 779. Auf der Hochebene Ehrenbürg bei Forchheim, wo sich das Maienfest archäologisch seit der Jungsteinzeit nachweisen lässt, wird dasselbe Fest als das „Walberla“, also als das Fest zu Ehren der „kleinen Walburga“ - aber ursprünglich zu Ehren der Göttin - auch heute noch während der ganzen ersten Maiwoche gefeiert. Es scheint, dass sich in diesem Stammland der Frankenkönige die Bevölkerung nicht von ihren vorchristlichen Bräuchen abbringen liess, während dasselbe Fest anderswo als Hexentreiben verfolgt wurde. Die Walpurgisnacht, also die Nacht vor dem Tag der Heiligen Walburga, war ursprünglich die Nacht, in der das grosse Frühlingsfest der Göttin begann. Es hatte also garnichts mit sündhaftem Teufelstreiben zu tun.

Das dritte grosse Fest des Jahres war das Schnitterfest oder Erntedankfest am 1. August, heute noch Schweizer Nationalfeiertag und Feiertag aller englischen Banken. In Irland feiert das Volk an diesem Tag Lughnasad (Lunasa oder Lammas), das Erscheinen des Sonnenhelden Lugh, der das Land der Göttin Erin vom Frondienst des fomorischen Ungeheuers Balor befreite (vgl. Kap. 7). Im angelsächsischen Teil Englands singen die Schnitter ein Lied von John Barleycorn (Gerstenkorn), der an diesem Tag sein Leben zum Wohl der Menschen lassen muss, das heisst geerntet wird.

Das letzte grosse Fest der Göttin beginnt in der Nacht vom 31. Oktober zum 1.November. Auch in dieser Nacht stehen die Tore zur Anderswelt offen: Die Göttin verlässt die Erde, um die „dunklen Monate“ des Jahres bei ihrem Gefährten, dem gehörnten Cernunnos, zu verbringen. Das Land wird öd und leer, die Zeit der Jagd beginnt. Deshalb ist Cernunnos mit dem Hirschgeweih auch ein Gott der Jagd. In England heisst er Cern der Jäger, in Wales Arawn (sprich Araun). Er ist es, der mit seinen weissen, rotohrigen Hunden die wilde Jagd anführt.[13] Dies ist auch die Zeit, wo der von der Göttin erwählte Jahreskönig geopfert wird, und dies geschieht meistens durch einen inszenierten Jagdunfall, wofür sich in Geschichte und Mythologie zahlreiche Beispiele finden: Attis, Adonis, Diarmuid, Siegfried, der Normannenkönig Rufus. Selbst wenn dieses Königsopfer nicht mehr stattfindet, so weiss die Sage doch noch von der Erscheinung eines wunderbaren Hirsches zu berichten, der den Helden auf einer Jagd in die Anderswelt entführt (z.B. den Gotenkönig Theoderich, Dietrich von Bern) oder ihn durch sein wunderbares Auftreten zum Christentum bekehrt, wie die Heiligen Hubertus und Eustachius (vgl. Kap. 6). Noch in der Literatur des Mittelalters ist das Erscheinen des weissen Hirsches ein Motiv, das die Berufung des Helden in die Anderswelt, d.h. in das Reich der Göttin, symbolisiert. Weil zu dieser Jahreszeit die Tore der Anderswelt offenstehen, können Lebende und Tote miteinander verkehren. Deshalb erklärte die Kirche dieses Datum zum Fest Allerheiligen und Allerseelen.

Die Götter der Kelten

Zum Unterschied von Cäsars Bericht hören wir in den Beschreibungen antiker Autoren, dass die Kelten eine Dreiheit von Göttern verehrten, denen auch Menschen geopfert wurden. Esus, das heisst „der Herr und Meister", scheint ein Gott des Waldes gewesen zu sein, der später, wie berichtet, mit dem vorkeltischen Cernunnos, dem Gefährten der Göttin identifiziert wurde. Taranis, ein Donnergott, ist mit dem germanischen Thor oder Donar zu vergleichen, denn taran ist gälisch Donner. In Gallien hiess er Sucellos, „der gute Dreinschläger", und wurde mit einem Hammer an einem langen Stab abgebildet. Der Charakter des dritten Gottes, Teutates, ist schwer zu deuten, denn der Name Teutates (Toutatis) bedeutet nichts anderes als „Gott des Stammes". Es ist möglich, dass der eigentliche Name von Teutates einst ebenso streng geheim gehalten wurde wie der Name Jehovas. So hatten viele keltischen Stämme ihren Teutates und verehrten ihn unter Hinzusetzung eines Ehrentitels: Toutiorix - Stammeskönig; Albiorix - Weltkönig; Catorix - Schlachtenkönig; Loucetios - der Leuchtende etc. In Gallien allein sind nicht weniger als 374 Götternamen bezeugt, von denen 300 nur ein einziges Mal vorkommen. Die beiden Namen des Sonnengottes, Grannos und Belenos, erscheinen am häufigsten. Belenos, der für die Römer mit Apollo identisch war, soll übrigens auch in Aquileja ein grosses Heiligtum gehabt haben.

Ein jugendlicher Gott, der von den Römern ebenfalls mit Apollo gleichgesetzt wurde, war der gallische Maponos, der bei den Inselkelten Mabon hiess. Sein eigentlicher Name war Mab ap Modron/Matrona, „der Sohn (oder der Junge) der Grossen Mutter". Er war der vaterlose Sohn der Göttin, ein Gott des Frühlings und der Pflanzenwelt und ein Jäger wie Cernunnos. Wie Apollo war er ein Musiker und Sänger, der immer seine Harfe bei sich trug, und wie Apollo war er ein Gott der Heilkunst. Merkwürdig ist, dass in keltischen Mythen erzählt wird, er sei gleich nach seiner Geburt entführt und in der Anderswelt gefangen gehalten worden. Der älteste schriftliche Bericht von den Taten der Männer um König Arthur, Culhwch und Olwen erzählt auch von Mabons Befreiung (vgl. Kap. 8).

Der griechische Historiker Diodorus Siculus (1. Jahrhundert v.u.Z.) erwähnt einen Bericht seines Kollegen Hecateus aus dem 6. vorchristlichen Jahrhundert, der eine Identität Maponos mit Apollo durchaus wahrscheinlich macht. Hecateus schreibt: „Gegenüber der Küste Galliens liegt im Norden eine Insel, nicht kleiner als Sizilien. Sie wird von den Hyperboräern bewohnt, die nach dem Nordwind so genannt werden. Die Insel hat gutes Klima und fruchtbaren Boden, dessen Ertrag zweimal jährlich geerntet werden kann. Nach der Überlieferung soll (die Göttin) Latona dort geboren sein, und aus diesem Grund verehren die Bewohner der Insel (ihren Sohn) Apollo vor allen anderen Göttern. Man kann sagen, dass sie Apollos Priester sind, denn sie dienen ihm täglich mit Gesängen und zollen ihm alle Ehre. Auf dieser Insel befindet sich ein herrlicher Hain Apollos und ein grossartiger Rundtempel, der mit vielen Votivgaben geschmückt ist. Dort ist auch eine Stadt, die demselben Gott geweiht ist. Die meisten ihrer Bewohner sind Harfenspieler, die ständig in Apollos Tempel musizieren und Hymnen singen, worin sie Apollos Taten preisen... Die Hyperboräer sprechen eine merkwürdige Mundart und haben eine besondere Beziehung zu den Griechen, besonders zu den Athenern und den Bewohnern von Delos. Man sagt, diese Freundschaft gehe auf uralte Zeiten zurück."[14]

Der Raub des neugeborenen Sohnes der Göttin bildet den zweiten Teil des ersten Zweiges des Mabinogi und soll, dem walisischen Forscher W. J. Gruffydd zufolge, der Urmythos der Inselkelten sein (vgl. Kap. 4). Aber ist Maponos wirklich ein keltischer Gott? Obwohl sein Name rein keltisch ist, zählt er, der neueren Mythenforschung zufolge, wie Cernunnos eher zu den vorkeltischen Gottheiten der matriarchalen Epoche. Cäsar berichtet, dass die Kelten vor allen anderen Göttern Merkur verehrten, dessen grösstes Heiligtum sich auf dem Puis du Dôme in der Auvergne befand. Wie die meisten Heiligtümer, die Lugos/Lugh geweiht waren, wurde auch dieses Heiligtum später dem kriegerischen Erzengel Michael geweiht. Heute heisst es bezeichnenderweise Mont Saint Michel wie die meisten ehemaligen Lugh/Merkur-Tempel. Mit Merkur ist jedenfalls der bereits erwähnte Lugh gemeint, ein Sonnenheros und Beherrscher aller Zauber- und sonstigen Künste. Ihm verdanken die Städte London (Lug-dunum), Leyden und Lyon ihren Namen. Ihm sind auch die grossen Sommerfeste im Monat August geweiht. Lughs Waffe ist die feurige Lanze, die uns noch in den Geschichten des Arthur-Zyklus begegnet. Doch seinen ärgsten Feind, seinen Grossvater, den Riesen Balor mit dem vernichtenden Auge, tötet er mit der Urwaffe der Iren, der Steinschleuder, wie David den Goliath. Lugh Samildanach, d.h. der Allkundige, der zu allem Geschickte, erscheint im irischen Buch der Landnahme als jugendlicher Gott des Krieges und aller Zauberkünste. Wir werden ihn in abgeschwächter Form im walisischen Lleu wiederfinden.

Älter als Lugh ist der irische Dagda mit dem Beinamen Eochaid Ollachair, d.h. Eochaid Allvater. Dagda bedeutet „der gute Gott", gut nicht im Sinn von gütig, sondern im Sinne von „tüchtig zu allen Taten". Dagda steht im Gegensatz zu Lugh. Er gehört einer viel älteren, urtümlicheren Schicht an. Alt, dick und von bäuerlicher Plumpheit verbindet er sich mit den starken irischen Muttergöttinnen: mit der dreifachen Morrigan und mit Boann, der Göttin des heiligen Boynflusses. Aus letzterer Verbindung entspringt Aengus/Oengus, der irische Gott der Jugend und der Liebe. Dagda ist allwissend und ständig auf das Wohl seines Volkes bedacht. Mit seiner gewaltigen Keule kann er jeden Feind erschlagen, aber auch jeden Krieger zu neuem Leben erwecken. Er ist der Stammesgott par excellence. Ein weiterer irischer Gott ist Mannanan mac Llyr. Wie sein Vater Llyr ist auch er ein Gott des Meeres. Sein Reich ist die Irische See und die Insel Man. Im Dritten Zweig des Mabinogi werden wir ihm stark verändert unter dem Namen Manawydan wieder begegnen.

Die Göttin in Irland und Britannien

Die älteste Schicht der keltischen Göttin finden wir im irischen Buch der Landnahme. Dort begegnet uns die paneuropäische Muttergöttin Dana, Danu oder Ana/Anu. Später wurde dieser alte Name zu Don und schliesslich in Irland und Schottland als männlicher Name für einen Gott gebraucht. Dana jedoch ist die Göttin des vornehmsten der irischen Gründungsstämme, der Tuatha De Danaan, also des „Stammes der Göttin Dana“. Sie wird nach bewährtem Muster mit Dagda verheiratet, der auch ihren wunderbaren Kessel des Lebens, den *Pair Dedani,* vereinnahmt. Nach dem Sieg einer neuen Immigrationswelle in Irland, der iberischen Milesier, verblasst ihr Bild sehr bald. Doch ist sie Mutter eines ganzen Göttergeschlechts, das sich unter leicht verändertem Namen auch in Britannien, im Norden von Wales, wiederfindet und im Vierten Zweig des Mabinogi die Hauptrolle spielt.

Oft wird Dana auch mit Modron/Matrona, der Grossen Mutter identifiziert. Da Irland von verschiedenen Völkerschaften aus dem mediterranen Gebiet besiedelt wurde, finden wir auch verschiedene Schichtungen der irischen Götterwelt. Immer aber tritt uns zuerst eine dreifache Erdgöttin entgegen: Erin, die der Insel den Namen gab, mit ihren beiden Schwestern Banba und Fodla. Diese Dreiheit geht mit dem Sieg der aus Spanien eingewanderten Milesier unter. Später begegnen wir der irischen „Kriegs“-Göttin ebenfalls in dreifacher Gestalt. Ihre Namen sind Morrigan (Mor Rigan „Grosse Königin“), Badbh (Krähe) und Macha (Feld, Plan). Die dreifache Morrigan (plural Morrigna) ist die Lenkerin der Schlachten, deren Ausgang sie durch ihren Zauber entscheidet.

Als nächstes erscheint in der Mythologie Lady Sovereignty, die dem zukünftigen König einen mit roter Flüssigkeit gefüllten Kelch reicht und ihn damit zum rechtmässigen König erklärt. Lady Sovereignty stellt sich dem erwählten Helden gewöhnlich unter dem Namen Erin vor. In späteren Sagen ist es der Gott Lugh, der ihr den Auftrag erteilt, dem erwählten Helden den Königstrunk zu reichen. Doch nur derjenige ist des Thrones würdig, der auch die „hässliche“ Seite der Göttin akzeptiert. So wird von König Niall Noighiallach erzählt, dass er als junger Mann mit seinen Brüdern auf der Jagd sehr durstig wurde. Die nahe Quelle aber wurde von einer hässlichen Alten bewacht, die für einen Trunk Wasser einen Kuss verlangte. Einer nach dem anderen gingen Nialls Brüder zu der Quelle und kamen durstig zurück, weil sie sich weigerten, die Alte zu küssen. Aber Niall gab ihr nicht nur den verlangten Kuss, sondern schlief auch noch mit ihr. Am Morgen hatte sie sich in eine wunderschöne junge Frau verwandelt, die sich die „unabhängige Herrin“ (Sovereignty) von Irland nannte und sprach: „Weil du dich nicht vor mir gescheut hast, als ich dir alt und hässlich erschien, sollst du Hochkönig von Tara werden, und alle deine Nachkommen nach dir...“[15]

Von allen irischen Göttinnen wurde sicher Brigid am meisten geliebt, und wie Dana wurde auch sie in ganz Europa verehrt. Möglicherweise war sie auch mit Dana identisch, denn Brigid (in Britannien Brigantia, in Wales Bride genannt) ist kein Name, sondern bedeutet „die Hohe, die Glänzende“. Brigid ist stammverwandt mit dem Wort *„perachta“* „glänzend“, und deshalb auch mit Frau Perchta (Berta). Die Städte Bregenz am Bodensee, das alte Brigantium in Portugal und viele andere Städte tragen ihren Namen. Brigid ist die Beschützerin der Mütter, besonders der Gebärenden, und des häuslichen Herdes. Sie gilt als Erfinderin der Ogham-Schrift, der Dichtung, der Heilkunst und der Schmiedekunst. Ihr heiliges Feuer im Eichenhain von Kildare wurde später von christlichen Nonnen übernommen und erlosch erst in der Zeit Heinrich VIII. und der kalvinistischen Bilderstürmer. Als Heilige Brigid lebt sie in der irischen Heiligenlegende als „unserer Lieben Frau Wehmutter“, und ihre Hagiographie ist eine der reichsten unter den christlichen Heiligen.

Auch Medb/Maeve, d.h. „die Berauschende“, die kriegerische Königin von Connacht und Protagonistin des Tain oder des Rinderraubes von Cooley, scheint ursprünglich eine Göttin gewesen zu sein. Von den mönchischen Redaktoren des Rinderraubs wird sie als mannstolle, rücksichtslose Intrigantin geschildert, die alle schlechten menschlichen Eigenschaften in höchster Potenz in sich vereint, aber immerhin als kompetente Heerführerin und mutige Kriegerin gelten konnte. Dabei war sie so schön, dass Männer „drei Viertel ihrer Kraft verloren“, wenn sie ihre Gestalt erblickten. Bezeichnend für ihren ursprünglich göttlichen Charakter ist das „Kissengespräch“ mit ihrem Gatten Aillil, dem König von ihren Gnaden. Hier zitiert sie die Tugenden des Königs, die sie bewogen, ihn zu heiraten und damit zum König zu machen: Freiheit von Eifersucht, Freiheit von Feigheit und Freiheit von Habsucht und Geiz. Genau das sind auch die Tugenden, die der Mythologe George Dumezil als die Funktionen der drei indoeuropäischen Hauptgötter und des sie vertretenden Königs aufzählt: 1. Gelassenheit als Funktion des Priesters, 2. Mut als Funktion des Kriegers und Beschützers und 3. Grosszügigkeit im Geben als Funktion des göttlichen Fürsorgers. In ehemals keltischen Ländern gelten diese drei königlichen Tugenden auch heute noch als die drei höchsten Tugenden eines Mannes.

Eine spät auftretende keltische Göttin in Gallien und Britannien ist die Pferdegöttin Epona/Rigantona/Rhiannon, d.h. die Grosse Stute oder die Grosse Königin, die laut Robert Graves viel mit der griechischen pferdeköpfigen Demeter gemeinsam hat.[16] Ihr gelang, was keiner anderen keltischen Göttin gelang: die Aufnahme in das römische Pantheon. Als Pferdegöttin wurde sie besonders von den keltorömischen Kavallerieschwadronen verehrt, und ihre zahlreichen Altäre wurden überall dort gefunden, wo Pferde und andere Lasttiere einst ihre Stallungen hatten. Auf diese Weise wurde Epona auch zur Schutzgöttin aller Reisenden, Händler und Fuhrleute im römischen Reich. Wie wir sehen werden, wurde sie in Britannien mit der Muttergöttin Matrona/Modron identifiziert. Im Ersten und im Dritten Zweig des Mabinogi erscheint sie als Rhiannon.

Die umworbene Göttin

Wie Heide Göttner-Abendroth schreibt, wird der Übergang von Matriarchat zum Patriarchat häufig durch eine Heirat des Stammesgottes mit der Göttin der besiegten Bevölkerung erzielt. Wie in Irland, so auch in Gallien. Dort finden wir drei Götterpaare immer wieder auf Altären und Weihestätten dargestellt: Rosmerta mit Mercurius/Lugh, Nantosuelta mit Sucellos/Dispater (dem Gott mit dem Hammer, Taranis) und Sirona mit Apollo, als Götterpaar der Gesundheit und Heilkunst besonders an Heilquellen. Die am häufigsten genannten Göttinnen Galliens waren Rosmerta und Nantosuelta und im östlichen Gallien sowie im Rheinland die Tres Matrones, die Drei Grossen Mütter.

Der Name Rosmerta bedeutet „Grosse Fürsorgerin“, während Nantosuelta meist mit „fliessendes Wasser“ übersetzt wird. Die Heiligkeit des Wassers ist also hier als Göttin personifiziert und hat nichts mit ihrem göttlichen Gemahl zu tun, wie Hatt schreibt. Neben diesen allgemein bekannten Hauptgöttinnen gab es eine Vielzahl örtlich verehrter „Landesmütter", genau wie die ländliche Bevölkerung heute noch ihre speziellen Wallfahrtsheiligtümer hat, die einer bestimmten Erscheinungsform der Gottesmutter geweiht sind und dem Strom nichtgläubiger Touristen häufig verborgen bleiben.

Es muss also irgendwann einmal zu einem Kompromiss zwischen dem patriarchalen Götterglauben der Eroberer und dem Glauben an eine Göttin im Sinne matriarchaler Mythologie gekommen sein. Sicher ging ein solcher Wechsel nicht kampflos vonstatten, und es mag Generationen gedauert haben, bis er vollzogen war. Wie ein solches Übergangsmuster entstanden sein könnte, ist an den Darstellungen des Gundestrup-Kessels abzulesen.[17] Dabei ist die Darstellung der Göttin zwischen den beiden um sie kämpfenden Göttern Taranis und Esus-Cernunnos hervorzuheben. Diese mythische Situation wollen wir festhalten, denn sie wird uns fortan immer wieder in der keltischen Mythologie begegnen. Wir finden hier drei Motive, die sich noch in der keltischen Literatur des Mittelalters wiederfinden: 1. das Hin- und Hergehen der Göttin und ihres Heros zwischen dem Diesseits und der Anderswelt, 2. der Krieg der Götter um die Göttin und 3. der Kampf des Heros, in diesem Fall Smertrius, für die Göttin.

Auf der siebten Platte des Gundestrup-Kessels ist der Auszug eines Kriegsheers dargestellt. Hatt ist der Meinung, dass es sich um ein Heer handelt, das der Gott Teutates sammelte, um die Göttin und ihren ersten (rechtmässigen) Gemahl Esus-Cernunnos zu unterstützen. Hauptmotiv ist hier die Läuterungszeremonie des Heeres mit der Darstellung eines Menschenopfers durch Ertränken und das Einbringen des symbolischen Opferbaums. Diese Szene bezieht sich zugleich auf ein zu Ehren der Muttergöttin und des Esus jährlich stattfindenden Festes. Die Episode gehört zu dem übergreifenden Thema des Kampfes zwischen den Göttern um die Person der Göttin. Bei diesem Jahresfest, dessen Reste sich heute noch in ländlichen Gegenden Europas finden, gab es militärische Aufmärsche mit Musik, Tier- und in ältester Zeit auch Menschenopfer. Ein mit den Wurzeln ausgerissener Baum wurde in einer Militärparade feierlich mitgetragen, um dann als Opfer an die Erde in einem tiefen Schacht versenkt zu werden. Dieser Ritus sollte die Verbindung zwischen der Welt der Lebenden und der Welt der Toten sowie mit den Mächten der Unterwelt beschwören. Archäologische Zeugnisse dafür sind die tiefen Schächte in den „Viereckschanzen" Süddeutschlands und die puits funeraires Südwestfrankreichs, die in Wirklichkeit ebenfalls Opferschächte waren. Dieses Fest der Lebenden für die Toten fand sicher am Ende des landwirtschaftlichen Jahres am 1. November statt, ein Datum, das wir heute noch als Allerheiligen und Allerseelen feiern. Unter dem Namen *Halloween* oder *All Hallows' Evening* feiert man es in Amerika heute noch als Kinderfest.

Hatts Analyse zeigt deutlich die Verschränkung matriarchaler und patriarchaler Vorstellungen. Die Göttin in ihrer Gestalt als Himmelsgöttin flieht vor dem gewalttätigen Taranis, dem Donnerer, zu ihrem ersten Gemahl, Cernunnos, dem Gott der Unterwelt. Dieser gehörnte Gott ist sehr alt. Wir finden ihn bereits auf einer Darstellung aus dem Grabungsgebiet von Mohenjo-Daro im Industal, die aus dem 3. vorchristlichen Jahrtausend stammt, sowie auf einer berühmten Felszeichnung aus Val Camonica in der Provinz Brescia/Brixia, also einer Stadt, die ebenfalls der Göttin Brigit geweiht war. Es ist also nicht richtig, wenn Hatt behauptet, Taranis sei der erste, Esus/Cernunnos der zweite Gemahl der Göttin gewesen. Vom Standpunkt der mythologischen Entwicklung aus gesehen war genau das Gegenteil der Fall: Cernunnos war der alte Partner und Beschützer der Göttin, eine Art Erdgeist, Herr des Waldes und der Tiere, während Taranis/Donar/Thor als patriarchaler Himmelsgott erst mit den indoeuropäischen Eroberungen auftaucht. Wie gallische Altäre zeigen, gehen viele irdische Segenspenden der Göttin durch die Hände dieses gehörnten Gottes, was sein späteres Umfunktioniertwerden zum Teufel erklärt.[18] Trotz seines hohen Alters erscheint er als „grüner Ritter", als „wilder Mann" oder als „schwarzer Riese" selbst noch in mittelalterlichen Ritterepen.

Die Darstellungen des Gundestrup-Kessels gehören neben keltischen Münzen und Altären zu den besten archäologischen Zeugnissen für den Übergang von matriarchalen zu patriarchalen Glaubensformen. Leider sind uns aus dieser Zeit keine schriftlichen Denkmäler der keltischen Glaubenswelt erhalten, weil sich die keltische Priesterschaft hartnäckig gegen eine schriftliche Niederlegung wehrte. Mit dem letzten Druiden starb auch das Wissen um die keltische Götterwelt und ihre Kosmogonie. In Wales kamen im vorigen Jahrhundert Manuskripte aus dem 16. Jahrhundert zum Vorschein, die ihr Finder, Iolo Morganwg, als Teile der verschollenen Druidenlehre unter dem Titel Barddas „Bardenlehre" herausgab, doch wird ihre Echtheit von Keltologen bezweifelt.[19] Mit dem beginnnenden Christentum gingen irische und walisische Mönche daran, neben den Evangelien und Messbüchern auch die Götter- und Heldensagen ihrer Vorfahren vor der Vergessenheit zu retten und niederzuschreiben. So kamen wir in den Besitz der sagenhaften irischen Besiedlungsgeschichte, genannt *Lebor Gabala,* Das Buch der Landnahme und einer Reihe von Helden-Zyklen, aus denen wir viel über die Göttin(nen) Irlands und die Stellung der irischen Frau entnehmen können. Leider wurde vieles davon christlich gefärbt, besonders was die Stellung der Frauen betrifft.

Die hier behandelten Geschichten aus der Mabinogion-Sammlung wurden verhältnismässig spät, wahrscheinlich Mitte des 12. Jahrhunderts niedergeschrieben. Die Handschriften wurden im *Weissen Buch von Rhydderch* (1300-1325) und im *Roten Buch von Hergest* (1375-1425) wiederentdeckt. Die Autorschaft ist nicht geklärt, doch könnte es sich zumindest bei den *Vier Zweigen des Mabinogi* aus stilistischen Gründen um die Arbeit von adeligen Frauen handeln. Verglichen mit den gewaltigen Leidenschaften der irischen Heldensagen sind *Die Vier Zweige* zahm und „zivilisiert", so dass französische Autoren behaupteten, sie seien auf normannischen Einfluss zurückzuführen. Doch ist inzwischen erwiesen, dass es sich um authentisches Sagenmaterial der brythonischen Kelten handelt, die vor der Invasion der Jüten und Angelsachsen in den westlichsten Teil der britischen Insel, nach Wales, geflohen waren. Ein anderer Teil der keltischen Bevölkerung Südenglands besiedelte in gut organisierter Auswanderung die heutige Bretagne, wo die alte brythonische Sprache zum Ärger der Franzosen heute noch gesprochen wird.

Vor zwanzig Jahren erschien eine moderne Fassung der Mabinogion-Geschichten der Amerikanerin Evangeline Walton. In diesen romanhaften Nacherzählungen wird zum ersten Mal dargestellt, wie der Schock der ersten Invasion durch patriarchale Kelten auf die matriarchale neolithische Bevölkerung Britanniens gewirkt haben muss.[20] Dabei wird klar, dass auch die damalige neolithische Bevölkerung Mittel- und Westeuropas einen ähnlichen Kulturschock erlebt hat, bevor sich das patriarchale Prinzip in unseren Breiten durchsetzte. Der Schock wiederholte sich für die unteren Klassen bei der Einführung des Christentums und während der Zeit der Hexenverfolgungen, denn die sogenannten „Hexen" waren schliesslich nur die allerletzten Anhängerinnn der alten Religion der Muttergöttin. Die aufmerksame Lektüre der Mabinogion-Erzählungen vermittelt uns einen Einblick in den Zusammenstoss der indoeuropäischen, keltischen Götter mit der dreifachen Göttin Alteuropas in ihren verschiedenen Manifestationen. Der Niederschlag dieses Zusammenpralls findet sich in der patriarchalen Gesetzgebung und hatte einen erheblichen Statusverlust der Frau zur Folge. Nun bedeutet die Verehrung einer Göttin nicht unbedingt erhöhten Status für die Frauen der betreffenden Gesellschaft, kann sich aber auf das weibliche Selbstbild entsprechend auswirken. Es wird daher angebracht sein, die soziale Stellung der Frau nach der keltischen Landnahme näher zu untersuchen.

2

DIE KELTISCHE FRAU

Wir haben erwähnt, dass die Verehrung einer Göttin keineswegs eine bevorzugte Stellung der Frau zur Folge hat. Beweise dafür gibt es genügend. Wir brauchen nur an den Tempel der Pallas Athene in Athen und die schändliche Unterdrückung der Athenerinnen zu denken. Oder an die tiefe Marienverehrung und gleichzeitige Unterdrückung der Frau in katholischen Ländern.

Nun ist über die Stellung der keltischen Frau zwar viel geschrieben worden, doch die Autoren konnten zu keinem übereinstimmenden Ergebnis kommen. Dies ist auch nicht verwunderlich, wenn man bedenkt, dass sich das Einflussgebiet der Kelten über ganz Europa erstreckte und ihre Stämme über ein Jahrtausend die Geschichte dieses Erdteils beeinflussten. Es ist also zu erwarten, dass wir sowohl räumlich als auch zeitlich die verschiedensten Verhältnisse vorfinden. Daher ist es auch falsch, über die Keltin im Allgemeinen zu sprechen, wie es meistens geschieht. So waren zum Beispiel Irinnen und Schottinnen vor der Christianisierung viel freier als die Frauen in Wales. Im piktischen Schottland nannten sich Männer sehr häufig nach der Mutter, und heute noch werden dort Frauen zu Clanältesten (Chieftains) gewählt, wie erst vor einigen Jahren die Chefin des Clans Chisholm. Und warum wird in Literaturgeschichten nie erwähnt, dass Goethes Muse, Frau von Stein, eine Schottin war, also aus einem Land stammte, wo Frauen eine bevorzugte Stellung einnehmen und daher ihr Potential besser entfalten können.

Die grossartigen Frauengräber, die in Südwestdeutschland und im Osten Frankreichs gefunden wurden, sprechen zwar eine beredte Sprache über den Reichtum und die hohe Stellung der Bestatteten, sind aber einmalig im keltischen Raum und sagen nichts über das Leben ihrer sozial niedriger stehenden Zeitgenossinnen. Es bestanden grosse Unterschiede zwischen Arm und Reich, zwischen den Frauen der herrschenden Familien, den freigeborenen Bäuerinnen und den unfreien Mägden. Geschichtsschreiber berichten nur selten über die mittlere und untere Schicht des Volkes. Einmal heisst es von Hannibal, dass er bei seinem Zug durch Gallien die Matrones, die älteren Frauen der Oberschicht, als Schiedsrichterinnen bei Übergriffen seiner Truppen einsetzte. Doch dürfen wir sicher sein, dass es sich um führende Frauen der betreffenden Stämme handelte, vielleicht um Königinnen oder die Frauen der Stammeshäuptlinge. Dabei dürfen wir nicht vergessen, dass auch in Karthago Frauen eine hohe soziale Stellung einnahmen. Von Tomyris, der Königin der Massagetes wird berichtet, dass sie den Perserkönig Cyrus in freier Feldschlacht stellte und im Zweikampf tötete, um ihren Sohn zu rächen, der in persischer Gefangenschaft ermordet worden war.

Von britannischen Königinnen kennt die Geschichte Cartismandua, die ihren Gemahl den Römern auslieferte, um ihrem Volk einen Kampf mit den überlegenen Römern zu ersparen. Als Gegenpol dazu erscheint Boudicea (Budicca), die Königin der Icenii, die den Aufstand der südbritischen Stämme gegen die römischen Legionen anführte. Sie wurde zwar besiegt, aber ihr Aufstand kam Rom doch sehr teuer zu stehen. Boudicea wäre vielleicht auch nie gegen die Römer angetreten, wenn deren Übergriffe nicht so unmenschlich gewesen wären. Sie selbst wurde von den Legionären ausgepeitscht und musste zusehen, wie ihre beiden jungen Töchter von ihnen vergewaltigt wurden. Das war die „Kultur“, die die Römer laut Virgil den „Barbaren“ im Norden Europas brachten.

Dem gegenüber steht ein Auszug der Berichte von Tacitus: „Ihre (der Kelten) Hochzeitsbräuche verdienen höchstes Lob. Nicht die Braut ist es, von der ein grosses Heiratsgut erwartet wird, sondern der Ehemann. Aber seine Geschenke sind keine Schmucksachen, sondern ein Joch Ochsen, ein gesatteltes Pferd, Schild, Schwert und Lanze... Alle Stämme haben eine grosse Verehrung für die Mutter der Götter. Sie glauben fest, dass sie am Wohl und Wehe der Menschen teilnimmt und die Stämme, die sich ihrer Obhut anvertrauen, regelmässig besucht... Dies ist eine Zeit grosser Festlichkeiten, und wo immer sie sich naht, herrscht Jubel und Freude... Das Band, das Schwestern verbindet, ist heilig, und die Kinder der Schwester werden mehr geliebt als die eigenen.“[21]

Jean Markale schreibt eingehend über die sexuelle Freiheit der Keltin[22], doch beschränken sich seine Bemerkungen ausschliesslich auf Irland. Tatsächlich scheint die sexuelle Freiheit der Frau auf der Grünen Insel grösser als in allen anderen keltischen Ländern gewesen zu sein. Ob dies daher kommt, dass Irland nicht römisiert wurde oder, wie Linguisten behaupten, wenigstens teilweise von Nordafrika her besiedelt wurde, mag dahingestellt sein. Tatsache ist, dass in Irland die erste, grosse europäische Liebesliteratur entstand, die nirgends in der Welt ihresgleichen hat: *Deirdre und Naoise*, *Grania (Grainne) und Diarmiud*, *Tristan und Isolde* beschreiben die ersten, grossen erotischen Leidenschaften der Weltliteratur. Deirdre und Grania wählen sich ihre Partner, und zwar ursprünglich gegen deren Willen, zwingen sie zur Aufgabe ihrer Verpflichtungen, zum Treuebruch an ihrem König und zu einem vogelfreien Leben, das nur in einer Tragödie enden kann. Es überrascht uns heute, wenn wir in der irischen Heldensage Stellen finden, in denen Frauen Krieger auffordern, ihre nackten Körper für sie zur Schau zu stellen. Weibliche Nacktheit dagegen war tabu, „weil sie Männer schwach macht." Einer der ersten legendären Besiedler Irlands, Partholon, stirbt „an einer Überzahl von Frauen". Aber der Fall Irland ist eine Ausnahme im keltischen Bereich. In Wales wurde von Frauen Zurückhaltung erwartet, und zum Unterschied von Irland war hier jungen Mädchen vorehelicher Geschlechtsverkehr nicht erlaubt.

Wie in Indien so waren auch nach den alten keltischen Stammesgesetzen acht verschiedene Formen der Ehe vorgesehen. Es gab u.a. Ehe auf Probe, Ehe „auf Jahr und Tag" und „Ehe durch kriegerische Eroberung", wovon noch im Mabinogi von Culhwch und Olwen die Rede ist. Ehen wurden meistens von den Familien, besonders von den Vätern der jungen Leute gestiftet, wobei das von beiden Partnern einzubringende Heiratsgut die Hauptrolle spielte. Wie aus dem Epos vom *Rinderraub von Cooley* zu ersehen ist, hat stets der reichere Partner, ob Mann oder Frau, das Recht über wichtige Angelegenheiten zu entscheiden. Die Kelten hatten kein Wort für Hochzeit oder Trauung, auch keinen entsprechenden Ritus wie von den Germanen berichtet wird. Da Ehen nur als Vertrag und nicht als religiöses Gelübde betrachtet wurden, waren sie verhältnismässig leicht zu lösen, wobei jeder Partner das eingebrachte Heiratsgut mit der Hälfte des erzielten Gewinns wieder an sich nehmen konnte. Bei Scheidungen folgten die Kinder dem Elternteil ihrer eigenen Wahl. Kleinkinder blieben wohl bei der Mutter, grössere Kinder waren nach keltischem Brauch sowieso bei befreundeten Familien als Pflegekinder (*fosterlings*) untergebracht.

Dieser Kindertausch unter befreundeten Familien hiess *fosterage* und spielte eine wichtige Rolle im Sozialgefüge keltischer Stämme. Einerseits stärkte es die Familienbande, denn Pflege-Geschwister standen oft treuer zusammen als Geschwister aus derselben Familie. Andererseits verhinderte es, dass Kinder von den eigenen Eltern allzusehr verwöhnt wurden, und legte den Pflegeeltern die Pflicht auf, die Kinder in allen Fertigkeiten auszubilden, die zu ihrem Stand gehörten. Dagegen waren Eltern verpflichtet, den Pflegeeltern ein entsprechendes Lehrgeld zu bezahlen, dessen Höhe sich nach dem Stand der Familie richtete. Ganz allgemein wurden Kinder mehr zu Sippe und Stamm als zu ihren Eltern gehörig betrachtet, und ausser in Erbangelegenheiten spielte Legitimität keine Rolle. Frauen wünschten sich viele Kinder, denn die Säuglingssterblichkeit war hoch. Doch beweisen mittelalterliche Dokumente, dass Familienväter mit sieben Söhnen von der Sippe und später sogar von der Kirche schwer getadelt wurden; denn da alle Söhne erbberechtigt waren, wurde der Landbesitz in den Familien immer kleiner und schliesslich unrentabel, und die Armut war nicht mehr abzuwenden. In Wales waren Töchter nur dann berechtigt, Land zu erben, wenn sie keine Brüder hatten. In Irland konnten sie Land erben, mussten aber im Kriegsfall mit an der Verteidigung teilnehmen oder sich von einem Mann vertreten lassen.

Wie in den Alpen so war auch in Wales die Sömmerung von Rindern und Schafen auf höher gelegenen Weiden der Brauch. Der Anbau von Getreide und Hackfrüchten spielte eine geringere Rolle. Jahrhundertelang litt die Bevölkerung von Wales an Raubüberfällen durch benachbarte Kleinkönige. Bei solchen Überfällen floh die Bevölkerung mit ihren Kindern und ihrer spärlichen Habe in die Wälder und überliess ihre leichtgebauten Hütten der Brandschatzung. Wie schwer dieser jahrhundertelange Kleinkrieg besonders für die Frauen war, erfahren wir aus der Dichtung *Canu Heledd* (*Das Lied von Heledd*) aus dem neunten Jahrhundert. Diese Dichtung des Barden Llywarch Hen, die wir im *Buch Taliesin* finden, beschreibt das traurige Los einer Edelfrau, Heledd von Powys, deren Brüder im Kampf gegen die Sachsen fielen. Ihr Klagelied wird heute noch als Volkslied gesungen:

„Meine Brüder sind tot auf einen Schlag, Cynan, Cyndyllan, Cynwraith, Sie kämpften für Tren, die zerstörte Stadt... Die weisse Stadt zwischen Tren und Trafal, Die Felder waren rot von Blut. Cyndyllans Halle, schwarz ist ihr Dach, Seit der Sachse erschlug Powys Cyndyllan und Elfan. Ich klage nicht um Ffreners Tod, Um mich selber wein' ich, schwach und krank, Ich bewein' meine Brüder und mein Land. Heledd die Falkin ward ich genannt, O Gott, wem gab man meiner Brüder Pferde, Meiner Brüder Land?"

Heledd singt vom tragischen Los der Adeligen, deren Familie eine militärische Niederlage erlitt, wobei alle Männer erschlagen wurden. In einer der langen Stanzen beschreibt der Dichter Heledd im zerfetzten Gewand, wie sie in die Berge flieht und dabei ihre einzige Kuh vor sich hertreibt. Sie erinnert sich an glückliche Tage, an ihre Pferde, ihr rotes Kleid und die gelben Federn auf ihrem Hut. Jetzt schläft sie auf rauhem

Ziegenfell und denkt an das feine Linnen, das sie zuhause gewohnt war. Sie muss ihren Stolz überwinden und bei den Ärmsten des Landes Zuflucht suchen.

Legitime Eheschliessungen durch Priester der Kirche wurden erst sehr spät, im 11. und 12. Jahrhundert eingeführt. So leicht die keltischen Stämme die Lehren des Christentums aufnahmen, so schwer fiel ihnen die Einhaltung der kirchlichen Ehevorschriften. Die diesbezüglichen Briefe der Bischöfe an Rom sind voll der Klagen über „die Unmoral ihrer Herde“. Die keltische Sage erzählt von Helden, die aus der Liebe von Bruder und Schwester geboren wurden, und der Vierte Zweig des Mabinogi scheint ausdrücklich darauf hinzuweisen. Allerdings bemüht sich der keltische Gesetzgeber, die sexuelle Integrität der Frau, auch der Sklavin, zu wahren. Doch wo wäre dies einem Gesetzgeber je gelungen? Keltologen schreiben mit Begeisterung, wie gut die Rechtslage der keltischen Frau im Vergleich mit dem der Römerin war. Dies ist nur richtig, soweit es sich um die Frauen und Töchter reicher Familien handelt. Für die niederen Stände sieht dies wohl etwas anders aus.

Mutterrechtliche Spuren

Über das sogenannte „keltische Matriarchat“ ist viel geschrieben worden. Das Endergebnis aller Studien ist, dass es ein Matriarchat im eigentlichen Wortsinn von „Herrschaft der Mutter“ nicht gegeben hat. Nun finden wir in der irischen Heldensage mehrere Helden, die sich nach der Mutter nennen (Matrilinearität). Und im Ersten Zweig des Mabinogi erbittet sich Pwyll die Erlaubnis, seine Braut gleich nach der Hochzeit mit in sein Land nehmen zu dürfen, was darauf schliessen lässt, dass auch bei den Kelten die Frau ursprünglich wenigstens für einige Zeit nach der Hochzeit im Elternhaus verblieb (Matrilokalität).

Ein Autor, der sich eingehend mit der Stellung der keltischen Frau befasst hat, ist Josef Weisweiler: „Im Bereich von Religion und Spiritualität wird die Frau bei den Inselkelten, und besonders in Irland bevorzugt... Obwohl ein Matriarchat im engeren Sinn für den keltischen Bereich abgelehnt wird, muss doch zugegeben werden, dass die keltische Kultur ihre Wurzeln in den mütterlichen Werten sieht, die aus der chthonischen Glaubenswelt stammen. Zwar kennen die Kelten kein Matriarchat im streng legalen Sinn (wie es Bachofen verstand), doch ist bei ihnen die Verehrung der Mutter eine unumstössliche Tatsache. Sie gründet auf dem Kult der Muttergöttin in Gallien, in Irland, in Wales und in der Bretagne.

Der Mythos der Erdgöttin bildet den Rahmen für die keltische Psyche und die Entwicklung der keltischen Kultur."[23]

Leider findet diese Beschreibung der kulturtragenden Rolle der Frau in den keltischen Rechtsweistümern keine Bestätigung. Sie sind, wie alle Gesetzbücher, durchweg von patriarchalem Geist erfüllt. Doch anders als die Römerin oder gar die Griechin war die freie Keltin besitzfähig und besass juristische Handlungsfähigkeit, sogar gegen den eigenen Gatten. Trotzdem ist sie ihm juristisch unterlegen. Dabei fällt auf, dass irische Gesetzbücher der Frau weitaus mehr Rechte einräumen als walisische. Die unter dem Titel Cyfreithiau y Gwragedd (Rechte der Frauen) zusammengefassten Texte stammen allerdings erst aus dem 13. und 14. Jahrhundert. Um diese Zeit hatte die Kirche schon erheblichen Einfluss auf die Gesetzgebung, was sich auf die Stellung der Frau ungünstig auswirken musste. So erfahren wir bereits in den Ritterromanzen um König Arthur aus dem elften und zwölften Jahrhundert, dass die Frau sich vor Gericht nicht mehr selbst vertreten kann. In unentschiedenen Rechtsfällen benötigt sie einen Vertreter, der bereit ist, sich einem Gottesurteil zu unterwerfen, d.h. einen Zweikampf auf Leben und Tod mit ihrem Rechtsgegner zu führen.

Es ist aber wichtig darauf hinzuweisen, dass das walisische Frauenrecht der Verletzung des weiblichen Schamgefühls (pudor) einen besonderen Platz einräumt. Der Gesetzgeber sieht sowohl den Brautpreis als auch die Morgengabe als Entschädigung für die Verletzung dieses Schamgefühls bei der Defloration. Dies kommt klar zum Ausdruck, wenn es sich um Entschädigung der vergewaltigten Frau, besonders der Jungfrau, handelt.[24] Die Abgaben werden im sogenannten Iowerth-Text mit einem Gegenwert von zehn Milchkühen angegeben. Andere Texte setzen sie gleich hoch wie das Wergeld für einen König, nämlich ein silberner Stab, ein goldener Teller oder eine goldene Tasse. Ist der Angeklagte zahlungsunfähig, so verurteilt ihn der Cyfnerth Text zur Entmannung, ein Urteil, das später durch die Gesetzgebung von König Hywel Da („Hywel dem Guten") widerrufen wurde.[25] Verglichen mit der Behandlung der vergewaltigten Frau im Alten Testament, wo sie, und nicht etwa ihr Vergewaltiger, zum Tod verurteilt wird, zeigt sich das keltische Gesetz als nicht nur humaner sondern auch gerechter: Der Schutz der sexuellen Integrität der Frau und die strenge Bestrafung seiner Verletzung sind hier oberster Rechtsgrundsatz. Auch hier zeigt uns der Vierte Zweig des Mabinogi die keltische Grundeinstellung.

Natürlich spielt für den Gesetzgeber auch die soziale Stellung der Frau eine grosse Rolle. Der Unterschied zwischen Freien und Unfreien ist bezeichnend und zeigt sich in der Festsetzung der Reparationsgelder für

Ehrbeleidigung oder Körperverletzung, wie sie in der Gesetzgebung von Hywel Dda festgelegt wurden: Schwangerschaft von Unfreien sah der Gesetzgeber als Arbeitsverlust für ihren Herrn, wofür dieser vom Vater des Kindes Schadenersatz einklagen konnte. Das walisische Recht war also ein Recht, das von Männern der besitzenden Klasse und für ihre Bedürfnisse geschrieben war. Es besass kein Strafrecht, sondern laborierte mit Ehrenpreisen bzw. Schmerzensgeldern und Wergeld. Diese Strafgelder waren schwer einzutreiben, mit Ausnahme derjenigen, die für den König und den Adel vorgesehen waren. Aber es ist interessant, dass Rechtshistoriker bei der Beschreibung mittelalterlicher Verhältnisse in Wales immer wieder auf *Die Vier Zweige* und auf *Culhwch und Olwen* verweisen, weil in diesen Erzählungen die mittelalterlichen Gepflogenheiten und Rechtsbräuche von Wales am klarsten ersichtlich sind. Zusammenfassend kann wiederholt werden, was die Rechtshistorikerin Morfydd E. Owen als bezeichnend zitiert: 1. Der Frau wird im Allgemeinen eine schuldtragende Rolle zugeschrieben. Sie lebt in ständiger Verfremdung (in der Familie ihres Mannes) und wird kaum je vollständig in seine Familie integriert. 2. Vom Rechtsstandpunkt aus wird sie als Objekt betrachtet und ist daher nicht rechtsfähig. Obwohl sie in der Gesellschaft eine wichtige Rolle spielt, bleibt sie juristisch in ständiger Abhängigkeit. 3. Sie wird als „unrein" betrachtet und gilt als gefährlich für ihre Gesellschaft. Dies ist eine Folge ihrer physiologischen Abhängigkeit von den Naturgesetzen. Ihre „Reinheit" zu bewahren gilt deshalb als äusserst wichtige Aufgabe und ihre Jungfräulichkeit gibt ihr eine gewisse Vormachtstellung, die bewahrt werden muss. 4. Der Frau fällt die Rolle der genetrix zu, und Gebärunfähigkeit wird entsprechend bestraft. Die Ehe bildet den Kern einer weitgespannten gesellschaftlichen Vernetzung, und das Ehepaar ist nie von der Gesellschaft getrennt, sondern unterliegt stets der Kontrolle der Gruppe oder Sippengemeinschaft, in der es lebt.[26]

Natürlich darf nicht übersehen werden, dass zu jedem gegebenen Zeitpunkt Altes und Neues in den Gesetzbüchern aufscheint, und wir dürfen annehmen, dass manche Gesetze Zustände widerspiegeln, die auf sehr alte Gepflogenheiten verweisen und deren eigentlicher Zweck verlorenging. So wird zum Beispiel der Brautpreis, den der junge Ehemann zu entrichten hat, allgemein dahin gedeutet, dass bei den Kelten Frauenkauf üblich war. Doch lag seine ursprüngliche Bedeutung einzig in dem hohen Wert, den die Frau für ihre Familie oder Sippe darstellte. Es war eine Bezahlung für ihre Arbeitskraft und für ihre zu erwartenden Kinder, die ursprünglich zu ihrer Sippe gehörten. All dies war mit der Höhe des Brautpreises, der sowohl an die Familie der Braut wie auch an den König zu entrichten war, gutzumachen. Die Braut selbst hatte Anrecht auf einen entsprechenden Cowyll, ein Brautgeschenk ähnlich der germanischen Morgengabe, das aber in keltischen Ländern vor der Brautnacht zu entrichten war. Die Habe besteht zum Teil aus ihrer Aussteuer und zum Teil aus dem Besitz, den der Bräutigam in die Ehe einbringt und von dem ihr, im Falle der Scheidung, die Hälfte zusteht. Nach dem Buchstaben des Gesetzes scheint dies für die Frau sehr günstig zu sein. Doch dürfen wir nicht vergessen, dass es sich bei diesem Besitz nur um bewegliche Habe, besonders um Viehbestand handelt, denn erstens war die mittelalterliche Wirtschaft in Wales weitgehend bargeldlos, und zweitens durften walisische Frauen keinen Grundbesitz erben, der doch im Mittelalter die einzige Produktionsgrundlage war.

Diese Bestimmung unterschied die Rechtslage walisischer Frauen grundsätzlich von der der angelsächsischen Frau, die als Witwe den Besitzstand ihres verstorbenen Mannes übernehmen konnte. Ja, es geht noch weiter: Das walisische Gesetz bestimmt, dass eine Witwe binnen neun Tagen nach dem Tod des Gatten den ehelichen Haushalt zu verlassen hat. Wohin sie aber gehen soll, steht nirgends geschrieben. Solche Bestimmungen muten uns hart und grausam an und sind ohne Kenntnis der alten keltischen Glaubensgrundsätze unverständlich. Dadurch nämlich, dass der Kelte nach dem Paradigma der Erdgöttin eine freie Frau mit ihrem Grundbesitz identifizierte, erschien sie ihm gleichzeitig als lockende Beute: die Königstochter, die ihren Freier zum König macht. Der Rechtsgrundsatz: „Wer die Königin hat, hat das Land“ spielte nicht nur in der Politik, sondern auch im bäuerlichen Leben eine wichtige Rolle. Wir dürfen nicht vergessen, dass in jenen Jahrhunderten allgemein das Faustrecht galt und Witwenentführungen nicht selten waren. So wissen wir z.B. von der streitbaren Eleanor von Aquitanien, dass sie nach ihrer Scheidung von König Ludwig auf dem Weg in ihr angestammtes Herzogtum wiederholt von Glücksrittern überfallen wurde, die sich mit ihrer Person auch ihr reiches Herzogtum sichern wollten. Nur der Mut und die Treue ihrer Gefolgschaft rettete sie vor den gewaltsamen Freiern. Die Gestalt der reichen Erbin hat also im walisischen Frauengesetz keinen Platz. Dafür steht zu hoffen, dass sowohl die Söhne als auch die Sippe, eingedenk der keltischen Mutterverehrung, der Witwe einen Ehrenplatz in ihrem Haus einräumten.

Abschliessend können wir sagen: Historiker und Soziologen sind sich darüber einig, dass die in der Mabinogion-Sammlung enthaltenen Geschichten den besten Einblick in die soziale Stellung der keltischen Frau im Mittelalter ermöglichen. Gleichzeitig unterscheidet sich dieses Bild grundsätzlich vom Bild der Irin, wie es die irischen Heldensagen übermitteln, obwohl Wales noch im späten Mittelalter genau wie Irland ständig von Kleinkriegen heimgesucht war. Aber zum Unterschied von Irland, das auch kriegerische Frauen kannte, ist die Waliserin nicht kriegstüchtig. Sie ist vorwiegend Mutter und auch in kriegerischen Zeiten stets zuerst auf das Wohl ihrer Kinder bedacht. Obwohl hie und da als Waffenträgerin eingesetzt, ist doch stets die Pflege der Gesundheit und die Erziehung ihrer Kinder ihre vornehmste Aufgabe. Das kleine Volk der Waliser, Rest der einstigen keltischen Bevölkerung Britanniens, das sich „die Insel der Mächtigen“ nannte, brauchte körperlich und geistig starke Frauen. Doch Landesrecht und Landesbrauch gaben ihnen kaum die Möglichkeit, sich zu entfalten. Bei aller Hochachtung vor ihren Frauen waren die Cumry, wie sich die Waliser selbst nennen, durchaus patriarchal eingestellt. Wie wir sehen werden, zeigt sich das vor allem in ihren Nationalepen, in den *Vier Zweigen des Mabinogi*, in *Culhwch und Olwen*, und in den Drei Romanzen, die alle in der Mabinogion-Sammlung enthalten sind. Literaturforscher sind sich zudem einig, dass es sich bei den Frauengestalten dieser Erzählungen durchwegs um einstige Göttinnen handelt.

3

WALES UND DAS *MABINOGI*

Wales ist ein ganz eigenes Land. Arm, ausgebeutet, als Hinterwäldler verachtet haben die Waliser (sie nennen sich selbst Cymry, die Kameraden) jahrhundertelang normannische und englische Herrschaft ertragen, die ihr Volkstum und ihre Sprache vernichten wollten. Die Engländer haben ein altes Vorurteil gegen die Waliser. Sie nennen sie Taffies (weil so viele von ihnen David heissen) und halten sie für dumm, falsch und unverlässlich.

Die walisische Sprache jedoch ist eine der ältesten Europas, verwandt mit dem Umbrisch-Foskischen, weshalb man sich oft ans Italienische erinnert fühlt, wenn man sie hört. Obwohl auch Irisch als keltische Sprache gilt, können sich Iren und Waliser nicht verstehen, wohl aber Waliser und Bretonen. Es gab eine Zeit, da Walisisch (Cymrisch) auf der ganzen britischen Insel gesprochen wurde. Heute sind es kaum noch eine halbe Million Menschen, die an dieser Sprache festhalten und ihre Literatur pflegen. Wo sonst noch in Europa gibt es Sängerfeste (hier Eisteddfodd genannt), an denen schon Kinder mit eigenen Darbietungen teilnehmen und ausländische Künstler nur willkommen sind, wenn sie mit den Leistungen der Einheimischen konkurrieren können?

DIE GÖTTIN UND DIE BARDEN

Wales, das alte Gales, die Heimat Parzivals, ist auch die heimliche Wiege abendländischer Literatur. In vorrömischer Zeit war Anglesey im Nordwesten des Landes das geistige Zentrum der Druiden. Zweimal mussten die Römer die Insel erobern, bis der letzte Widerstand des mächtigen Priesterordens der Kelten gebrochen war. Die Erben der Druiden waren die Barden. Auch sie hatten ursprünglich der druidischen Rangordnung angehört. Als Dichter und Verkünder von Recht und Wahrheit überlebten sie die römische Besatzung um einige Jahrhunderte und blieben noch lange die berufsmässigen Wahrer keltischer Tradition. In der Bergwildnis von Eryri in Snowdonia sollen noch im dreizehnten Jahrhundert adelige Dichter in den Orden der Göttin Ceridwen eingeweiht worden sein (vgl. Kap.11). Ein keltischer Barde war ein hochgebildeter Mann. Für seine Arbeit galt noch nicht der Unterschied von Kunst und Handwerk. Er nannte sein Tun *cerd dafod*, die Kunst der Zunge. Aber er war auch ein *gweledydd*, das heisst ein Seher. Immer wieder lesen wir in seinen Versen das Wort *gwelais*, „ich sah..." Das walisische Wort *gwawd* bedeutet „Gedicht", „Lied" und ist verwandt mit dem Lateinischen *vates* für Zukunftsseher, Prophet. Aber dieser Prophet hatte viel vom Schamanen, dessen Inspiration sich bis zur Ekstase steigern konnte. Die Muse des Barden hiess *Awen*, das im Englischen *awe* „ehrfürchtige Schauer" enthalten ist. Die keltische Bedeutung war Eingebung, Verzückung und Ekstase. Sir Ifor Williams, der grosse alte Mann unter den Kennern walisischer Literatur, interpretiert die Funktion der Barden folgendermassen:

„Erstens: Der Barde war ein Künstler und als solcher zögerte er nicht, für seine Arbeit einen Lohn zu verlangen. Zweitens war er ein Seher, und er hatte ein klares Auge. Er sah den Krieger in glänzender Rüstung, das Land in seiner Schönheit und die Menschen in ihren Schwächen. Das alles formte er mit Worten zu poetischer Gestalt, ausgerichtet nach Versmass, Assonanz und nach allen Regeln keltischer Dichtkunst, zu der schon sehr früh der Reim gehörte. Er war auch ein Meister des Harfenspiels und daher ein Spielmann. Drittens: Die Verzückung (engl. *frenzy*). Hier haben wir ein Element des Übernatürlichen, des Dämonischen, das an Manie oder Wahnsinn grenzt und sowohl dem Genie wie dem Scharlatan eigen ist. Aus dieser dunklen Quelle stammt die Masse walisischer Dichtung, die wir unter dem Namen *darogan*, d.h. 'Prophezeihungen', zusammenfassen. Hier hüllt sich der Barde in den Federmantel des keltischen Sehers, und seine Voraussagen haben für das Volk eine gewaltige Autorität. Es sind von den Göttern inspirierte Reden, von gleicher oder sogar von grösserer Heiligkeit wie die der Propheten Israels. Merlin und Taliesin sind die beiden Grossen dieser Tradition, und manche behaupten, es handle sich nur um zwei verschiedene Namen für dieselbe Gestalt."[27]

Der Weg zum Bardentum war lang und schwierig. Die Lehrzeit konnte bis zu zwanzig Jahren dauern und war genau vorgeschrieben. Der junge Postulant kam zu den alten Meistern, die ihre Schulen tief in den Wäldern von Wales oder Irland hatten. Während der dunklen Zeit des Jahres, von November bis Mai, lebten die Schüler auf Kosten ihrer Eltern in den einsamen Dichterkollegien. Im Sommer zogen sie dann mit einem erfahrenen Barden zum Hof eines Adeligen, wo sie sich durch Gelegenheitsgedichte und Geschichtenerzählen ihren ersten Lohn verdienen konnten. Der Winter aber diente einem intensiven Training. In diesen sechs Monaten arbeiteten die Lehrlinge ohne Unterbrechung zehn Stunden täglich, sieben Tage wöchentlich, nach einem strengen Stundenplan, aber ganz ohne Papier und Feder. Ein immenser Lehrstoff war zu memorieren: Versmasse, Reim- und Stabreimformen, Paraphrasen, Metaphern und Symbole mussten dem Gedächtnis eingeprägt werden. Dazu standen Götterlehre und Heldengeschichte, Geomantik, Astronomie, Astrologie, Genealogie, Heraldik und Stammesrecht auf dem Lehrplan, ganz zu schweigen von dem riesigen Repertoire an Sagen und Erzählungen, deren Titel nach Themen geordnet in langen Listen zusammengefasst waren. Das Schwerste aber waren die praktischen Übungen. Täglich am späten Nachmittag wurde jedem Schüler ein Thema zugeteilt, worüber er ein Gedicht zu verfassen hatte. In der Dunkelheit seiner kleinen, fensterlosen Zelle hatte er seine Verse zu prosodieren und zu memorieren, um sie später, so gegen Mitternacht, in der Halle dem Meisterbarden vorzutragen und seine Kritik, selten sein Lob entgegenzunehmen. Die Härte und Strenge einer solchen Lehrzeit ist für uns heute schwer zu begreifen. Aber die Freundschaft unter den Zöglingen, verbunden mit einem guten Schuss keltischen Humors bewirkte, dass sich später die Meisten daran als an die glücklichste Zeit ihres Lebens erinnerten. Nach acht Jahren einer solchen strengen Lehre erfolgte die Ernennung zum Barden, die meist auch mit einer einträglichen Stellung an einem der vielen kleinen Höfe in keltischen Ländern verbunden war. Das Hauptziel dieser Schulung war die Überlieferung des alten Wissens an die Jugend, und zwar mit der grösstmöglichen Genauigkeit.[28]

Die bardischen Kollegien in Irland und Wales erreichten ihre höchste Stufe in vorrömischer und vorchristlicher Zeit. Leider hatten die folgenden Jahrhunderte mit ihren Verfolgungen und fremden Überfällen zur Folge, dass ein Grossteil der alten Weisheit verloren ging, missverstanden oder falsch übersetzt wurde. Ursprünglich war es aber die Absicht der Barden gewesen, ein möglichst hohes literarisches Niveau zu erreichen und ihre Zuhörer anzuspornen, ihnen dahin zu folgen. Hatte es ein junger Mann schliesslich zum Barden gebracht, so standen ihm zwei Möglichkeiten offen. Er konnte als Hofbarde bei einer adeligen Familie Beschäftigung finden. Dort würde man ihn mit einem kleinen Gut belehnen, so dass er daran denken konnte, eine Familie zu gründen. Er hatte aber auch die Möglichkeit, vier weitere Jahre seine Studien zu betreiben und sie mit der höchsten Bardenweihe abzuschliessen. Acht weitere Jahre intensivsten Naturstudiums eröffneten ihm den Weg zum höchsten Grad druidischer Wissenschaft und Weisheit. So gerüstet waren die Barden von grösstem politischen Wert für Wales wie für Irland. Sie entzündeten die Herzen von Generationen trotz Niederlage, Demütigung und nationaler Unterdrückung. Immer wieder feuerten sie die Männer zu höchstem Heldenmut an und beschworen sie, ihr angestammtes Land zurückzugewinnen, bis schliesslich 1485 ein Fürst aus dem walisischen Haus Tudor als König Heinrich IV. die Krone Britanniens gewann und seinen Sohn Arthur nannte.

Ein guter Barde war mehr als ein vollendeter Dichter, Erzähler und Harfenspieler. Er hatte Gälisch und Walisisch zu beherrschen. Später kamen noch Latein und Französisch dazu. Als Diener eines adeligen Hauses musste er sich in den Genealogien des Landes auskennen und genau wissen, wer wen bei welcher Gelegenheit besiegt hatte. Ausserdem waren Barden gute Juristen, denn die keltischen Rechtsweistümer waren lange nicht schriftlich niedergelegt, sondern in Versform abgefasst und wurden deshalb bei Gerichtsfällen von einem Barden mündlich vorgetragen. Die vornehmste Aufgabe der Barden war es jedoch, das Wissen um die alte Götterwelt ihres Volkes an die junge Generation weiterzugeben. Es ist eine Tatsache, dass die keltische Religion auf den britischen Inseln viel länger erhalten blieb als auf dem Festland. Vielleicht kam es daher, dass keine der beiden Inseln je weder eine Christenverfolgung noch eine Verfolgung von Seiten der Christen erlitten hatte, und die alten Götter deshalb nicht als Teufel betrachtet wurden. Ja, es wird berichtet, dass sich Druiden und Mönche in Glastonbury mit ausgesuchter Höflichkeit begegneten. Nur eines störte die Sendboten Roms: Die heidnischen Briten hielten Christus für den neuerstandenen Maponos, den die Römer den keltischen Apollo nannten. Wie erwähnt, war Maponos ein jugendlicher Gott des Frühlings, der Musik und der Heilkunst. In Wales hiess er MabapModron oder kurz Mabon, was soviel bedeutet wie „Sohn der Grossen Mutter“. Die Grosse Mutter hiess auf Walisisch Modron. Die Barden wurden nicht müde, von Modron und ihrem Sohn zu erzählen und in den *Vier Zweigen des Mabinogi* erfahren wir zum letzten Mal die Geschichte der Grossen Mutter und ihres Sohnes, wie die keltische Mythologie sie sah. Hier wird erkenntlich, wie der alte Glaube langsam märchenhafte Züge annimmt und schliesslich zu Ritter- und Feengeschichten verflacht. Aber bis heute ist das Bild der Göttin und ihres Sohnes im Volk erhalten geblieben. Durch die Barden und ihre Nachfolger, die fahrenden Sänger des Mittelalters, wurde Mabon unter anderen Namen zum Helden des

Abendlandes par excellence, zum Rollenmuster des jungen Edelmannes. Und was wurde aus der Grossen Mutter? Die Kirche übertünchte ihr Bild mit Maria, „der Frau, der Gott gehorchte“. Aber in Wales wusste man es besser. Die Barden sorgten dafür, dass sie weder an den Höfen noch in den Katen der Kleinhäusler je vergessen wurde.

DAS ENDE DER BARDEN

Der Kampf gegen englische und normannische Eroberer setzte den Adelsfamilien in Wales schwer zu. Im Jahre 1039 bestieg Gruffydd ap Llywellin, der letzte König von Wales, den Thron. In den vierundzwanzig Jahren seiner Regierungszeit kämpfte er tapfer und verbissen gegen die englischen und normannischen Eindringlinge. Im Jahre 1063 wurde er an seine Feinde verraten und ermordet. Sein Kopf wurde als Friedenspreis an König Harold geschickt. Die Geschichte von Wales schien beendet, aber die Taten des Königs waren im Volk unvergessen. Als Heinrich I. von England 1135 starb, regte sich der Mut der Waliser von neuem. Und der Kampf um die Freiheit ging weiter, bis sich schliesslich alle grossen Familien ruiniert hatten. Mit ihnen endete auch die Geschichte der Barden, der Liederfürsten, wie sie sich stolz genannt hatten. Ihr Erbe fiel den Spielleuten und Conteurs zu, dem fahrenden Volk, das die Barden stets verachtet hatten.

Einst hatten die Barden von der Göttin gesungen, die sich als Lady Sovereignty einen Helden unter den Söhnen des Landes zum Gemahl erwählte. Jetzt geschah das Merkwürdige, dass fahrende Spielleute, Männer aus den untersten Volksschichten, die alten Mythen aufgriffen und als Kampfansage gegen die Feinde des Landes unter das Volk trugen. So wurden Pryderi/Peredur (Parzival), Owain (Iwein) und Gereint (Erec) häufig als Befreier von fremder Unterdrückung dargestellt. Es ist kein Zufall, dass zwei dieser Helden aus dem einst heiss umkämpften Norden von Wales stammen, aus dem Old Pagan North, wo der Glaube an die Göttin noch lebendig war. Wie wäre es sonst möglich gewesen, dass diese drei Helden von Frauen auf ihre Aufgabe vorbereitet und zu ihren Taten berufen worden waren? Und wer waren diese Frauen mit dem geheimen Wissen und den merkwürdigen Namen? Rhiannon „Grosse Königin“, Arianrhod „Silberrad“, Branwen „Weisse Rabin“, Gwenhwyfar „Weisses Schemen“... Die Forschung weiss heute, dass hinter solchen Namen immer die Göttin oder die sie vertretende Priesterin stand, und zwar in ihrer Gestalt als Lady Sovereignty. Lady Sovereignty aber war die Inkarnation des Landes in Gestalt einer göttlichen Frau. Göttin und Land waren diesen Menschen ein und dasselbe. Der Kampf um das Land war gleichzeitig ein Kampf für die Göttin.

Als die Freiheit von Wales für immer verloren war, zogen die Geschichtenerzähler über die Bretagne nach Frankreich. Über die Bretagne deshalb, weil man dort noch eine Sprache sprach, die dem Walisischen sehr ähnlich ist. Auf dem Kontinent aber verstand man die ursprünglichen Motive der alten Mythen nicht mehr. Aus dem Kampf des Helden für die Göttin des Landes wurde der Dienst des Ritters an seiner Dame, ein Motiv, das viel mehr mit der wirtschaftlichen Not des Adels als mit dem Glauben an die Göttin zu tun hatte.[29] Aber mit volkstümlichen Sagen verwoben, war der alte Stoff immer noch stark genug, eine neue Umformung auszuhalten. So entstand aus den alten Mythen die höfische Epik des Mittelalters. Die Geschichtenerzähler, auf Walisisch *cyfarwyddiadd* genannt, waren keine Barden. Aber auch ein *cyfarwydd* musste viel wissen, wenn er an den Höfen Frankreichs und Aquitaniens Karriere machen wollte. Je nach seiner Zuhörerschaft trug er seine Erzählungen auf Bretonisch, Französisch oder Provenzalisch vor. Doch er verstand auch die rauhe Sprache der Angelsachsen, und manch einer hatte sogar von Virgils Versen gehört. So einer war Meister Bleheris, der die Gralssage samt der dazugehörigen *Elucitation* an den Hof von Aquitanien gebracht haben soll. Die *Elucitation*, das heisst „die Erläuterung", steht als Präambel zu einer der vielen Fassungen der Gralssage:

„Einst war Logres (England) ein herrliches Land mit tiefen, dunklen Wäldern. An einer heilkräftigen Quelle erquickten schöne Jungfrauen müde Wanderer mit einem Trunk aus goldenen Schalen. Eines Tages kam ein fremder König mit seinem Gefolge zur Quelle. Er und seine Männer vergewaltigten die Mädchen und raubten ihre goldenen Schalen. Darauf verschwand die Quelle, und die Jungfrauen wurden nie mehr gesehen. Nach einiger Zeit kamen Ritter von König Artus' Tafelrunde in diese Gegend. Sie fanden noch einige der Mädchen, die nun mit fremden Rittern im Wald lebten. Die Artusritter forderten diese Männer zum Zweikampf und töteten sie. Dann brachten sie die Mädchen an König Arthurs Hof."[30]

Was bedeutet diese merkwürdige Geschichte? Und was bedeutet es, dass sie in neueren Ausgaben meist nicht enthalten ist? Könnte es sich hier nicht um eine letzte Erinnerung an mutterrechtliche Verhältnisse handeln? Grotten, Höhlen, Quellen im Wald und gastfreundliche Frauen, die sich ihre Männer nach exogamem Recht selber wählen, dies sind alles Vorstellungen aus einer längst vergangenen Zeit, einer Zeit, die mit der Invasion der patriarchalen Kelten für immer verschwand. Die Frauen waren geflüchtet, hatten aber wieder Männer gefunden, mit denen sie lebten. Die christlichen Artusritter glaubten, sie befreien zu müssen, brachten ihnen aber nichts als Versklavung im goldenen Käfig von Adel und Kirche.

NORMANNEN UND KÖNIG ARTHUR

Auch Wales hatte seine Freiheit für immer verloren. Doch wie es in der Geschichte so oft geschieht, die Eroberer übernahmen die Literatur der Eroberten, und die Tradition der Geschichtenerzähler erhielt sich noch Jahrhunderte. Noch Shakespeare holte sich einige seiner besten Motive aus den Erzählungen seines Waliser Lehrers. Aber was das Wichtigste war: Die Normannen entdeckten König Arthur, den Volkskönig, der in der Mabinogionsammlung zum ersten Mal schriftlich erwähnt wird. Hier war ein Fürst, stark genug, dem fränkischen Karl und seinen Paladinen den Rang abzulaufen. Was schadete es, dass man nicht wusste, wann er gelebt hatte? In Terre de Galles war man überzeugt, dass er immer noch lebte: dass er im Inneren eines Berges schlief bis zum Anbruch einer neuen Zeit, ganz wie Karl der Grosse und Barbarossa.

So wurde König Arthur der Held des Abendlandes, der König der glänzenden Tafelrunde, der Kaiser, der Rom für die Briten eroberte, der Herrscher, der das Schwert Excalibur besass. Wen hatte Arthur eigentlich besiegt? Ja, die Sachsen natürlich, dieselben die der normannische Wilhelm gerade auch besiegt hatte, 1066 in Hastings. Wer wusste es nicht? So wurden die Sagen um Arthur und seine Tafelrunde zur politischen Waffe der normannischen Eroberer im Kampf gegen die Angelsachsen. Ausserdem versöhnte der keltische Held die bretonische und walisische Ritterschaft im normannischen Heer. Die Taten der Artusritter verdrängten die *Chansons de Geste* samt Karl dem Grossen mit seinen Paladinen aus der zeitgenössischen Literatur und verschafften dem Haus Anjou unschätzbare Popularität. Die Manuskripte der walisischen, bretonischen und burgundischen Hofdichter hatten Hochkonjunktur. Leider starb Chrétien de Troyes zur Unzeit, aber sein Werk wurde in drei verschiedenen Varianten fortgesetzt. Deutsche, italienische und spanische Dichter griffen den Stoff auf. Die cluniazensische Reform machte ein christliches Epos aus der Gralserzählung. Die *Matiere de Bretagne* wurde für ein paar Jahrhunderte zur Weltliteratur. Als sich das Reich der Anjou-Könige unter Heinrich II. und Eleanor von Aquitanien von Schottland bis zum Mittelmeer erstreckte, wurden die Helden der Tafelrunde und der Gralssuche zum Ideal christlicher Ritterschaft, deren Ruhm bis Spanien und Italien drang. Wir kennen ihren Siegeszug durch das Abendland bis hin zu Wolframs „Templeisen“ und zu Wagners „Weihespielen“.

DIE MABINOGION-SAMMLUNG

Die Geschichtenerzähler haben auch den alten Mythos von der Erdmutter und ihrem Sohn Mabon, dem „Grossen Jungen“, nicht vergessen. Aber diese Geschichten waren jetzt, da man den Heiland und seine Heilige Mutter hatte, nicht mehr so gefragt. Dennoch wurden sie der Nachwelt erhalten. Ziemlich spät, im 14. Jahrhundert, hat sie jemand im *Weissen Buch von Rhydderch* (1300-1325) und im *Roten Buch von Hergest* (1375-1425) niedergeschrieben. Dann vermoderten sie jahrhundertelang auf einem alten Schloss und schienen für alle Zeit vergessen. Aber im vorigen Jahrhundert, als Macpherson seine Ossian-Balladen schrieb, erinnerte man sich auch in Wales an die alten Sagen, die garantiert nicht gefälscht waren. Im Zug der Romantik begann eine Jagd auf alte, keltische Manuskripte. Napoleon III. schickte Arbois de Jubainville auf eine Erkundungsreise durch Wales, Schottland und Irland, mit dem Auftrag, alle erhältlichen keltischen Manuskripte aufzukaufen. So kam es, dass Frankreich, und nicht etwa England, als erstes nichtkeltisches Land vom Vorhandensein der Mabinogion-Geschichten erfuhr. Dann wurden Die *Vier Alten Bücher von Wales* (*The Four Ancient Books of Wales*) gedruckt und wenigstens teilweise ins Englische übersetzt. Die Göttersagen in den *Vier Zweigen des Mabinogi* waren als Märchen und Feengeschichten längst auf Deutsch und Französisch erschienen, bis man in England höchst widerwillig davon Kenntnis nahm.

Die Übersetzung ins Englische sowie die Erstausgabe der Mabinogion-Sammlung verdanken wir einer Dame der englischen Gesellschaft. Lady Charlotte Guest war eine verarmte Adelige, vielleicht deutscher Abstammung und daher ohne Vorurteile gegen Wales. Als Frau eines Waliser Industriellen erfuhr sie von den Manuskripten und machte sich sofort daran, den Schatz zu heben. Zwei Geistliche, John Jones und Thomas Price, übersetzten die Sagen aus dem mittelalterlichen Walisisch ins Englische, und 1849 erschienen sie unter Charlotte Guests Namen in London. Lady Guest widmete sie ihren kleinen Söhnen als Weihnachtsgeschenk in der Meinung, es handle sich um Heldensagen. Die Jungen werden kaum viel Freude an den Geschichten gehabt haben, denn so wie wir sie heute lesen, scheinen sie eher als Gedächtnisstütze für den mündlichen Vortrag gedacht. Für die Verständnislosigkeit der Herausgeberin ist es bezeichnend, dass sie die *Drei Ritterromanzen* an den Anfang und die *Vier Zweige des Mabinogi* an den Schluss der Sammlung setzte. Auch der Titel, *Mabinogion*, beruht auf einem Missverständnis. Lady Guest glaubte nämlich, es handle sich um Erzählungen, die junge Bardenschüler (*mabion*) als erstes zu lernen haben. In Wirklichkeit bezieht sich der Titel *Mabinogi* ausschliesslich auf die Vier Zweige, d.h. auf die Geschichten von Empfängnis, Geburt, Irlandfahrt, Gefangenschaft in der Anderswelt und Tod des britischen Stammeshelden Pryderi. Dabei ist Pryderi nur ein anderer Name für MabapModron (Mabon, Maponos). Und MabapModron heisst „Sohn der Grossen Mutter". Später wurde Pryderi aus phonetischen Gründen zu Peredur und in Frankreich zu Per-ce-val. Es handelt sich also um eine Urform des späteren Parzival, eine Tatsache, die ausserhalb der Fachwelt so gut wie unbekannt ist.

Über den Titel *Mabinogi* wurde in Fachkreisen viel diskutiert. Die Keltologin Rachel Bromwich schreibt, der Titel beziehe sich auf die Schicksale der Söhne (mab, meibion) der keltischen Götter. Professor Gwyn Jones, ein verdienter Kenner walisischer Literatur und Übersetzer der Mabinogion-Texte, ist überzeugt, dass sich der Titel nur auf MabapModron, also auf den Sohn der Göttin bezieht, dessen Lebensgeschichte unter dem Namen Pryderi sich wie ein roter Faden durch die *Vier Zweige des Mabinogi* zieht. Der Name Pryderi ist walisisch für „Kummer, Angst, Sorge", ist aber gleichzeitig auch eine Angleichung an den alten Stammesnamen der Briten, die schon von den Griechen Priteni genannt wurden. Wenn Gwyn Jones recht hat - und es besteht kein Grund, seine Meinung zu bezweifeln - so stehen wir hier an der Quelle des keltischen Mythos: Maponos, der Sohn der Göttin, Pryderi (sowie Peredur und Parzival) sind ein und dieselbe Gestalt. Auch Owain (Iwein), der Sohn der Morgaine, und Geraint (Erec) gehören in diese Reihe. Bezeichnenderweise treten alle diese Helden im *Mabinogion* auf, und jeder von ihnen hat von einer anderen Queste (Abenteuer) zu berichten. Lohnt es sich da nicht, ihre Geschichte zu hören, die zugleich die verloren geglaubte Mythologie der Kelten ist?

Herkunft und Inhalt des Mabinogi

Wie erwähnt, hatte Lady Guest die Helden Owain, Peredur und Gereint als Artusritter ursprünglich an den Beginn der Sammlung gestellt. Die mythologisch wichtigsten Erzählungen, die *Vier Zweige des Mabinogi*, stellte sie an den Schluss, weil sie offenbar deren Bedeutung nicht erkannte. Doch die ganze keltische Glaubenswelt, von der wir so gut wie nichts wissen, liegt weniger in den Taten der keltischen Götter als in der Mythe von der Göttin und ihrem Sohn, bzw. ihrem Heros. Ihre Geschichte ging uns verloren, weil sie den Kelten zu heilig war, um aufgeschrieben zu werden, und spätere Generationen sie totschwiegen. Wie sehr aber die Inselkelten Mabon/Pryderi mit Christus identifizierten, geht daraus hervor, dass sie eine apokryphe Geschichte der Kindheit Jesu, *De Infantia Jesu Christi* mit den Worten *Mabinogi Jesu Grist* übersetzten.

Heute, da uns die Forschungsergebnisse zweier Jahrhunderte zur Verfügung stehen, ist es nicht übertrieben zu behaupten, dass die Sagen aus dem *Roten Buch von Hergest* und dem *Weissen Buch von Rhydderch* für die Kenntnis keltischer Mythologie dieselbe Bedeutung haben wie die Sagen Irlands. Doch die Forscher fanden lange keinen Geschmack an den Mabinogion-Geschichten. Sie waren offenbar nicht kriegerisch genug, nicht zu vergleichen mit der barbarischen Wildheit irischer Epik. Nur die frömmelnde Form der französischen Fassung der Gralssage fand Wagners Interesse. Schliesslich war es dann kein geringerer als Martin Buber, der *Die Vier Zweige des Mabinogi* ins Deutsche übersetzte, freilich ohne ihre mythologische Bedeutung zu erkennen. Der Inselverlag machte sie 1922 zum ersten Mal einer breiteren Öffentlichkeit zugänglich. In ihrer heutigen Form enthält die Mabinogion-Sammlung zwölf Erzählungen, von denen zwei, nämlich *Lludd und Llefelys* und *Der Traum des Rhonabwy* hier nicht näher behandelt werden, weil sie nicht zu unserem Thema gehören. Der Vollständigkeit halber seien sie hier in der Inhaltsangabe erwähnt:

Die Vier Zweige des Mabinogi:
Der Erste Zweig: Prinz Pwyll von Dyfed
Der Zweite Zweig: Branwen Llyrstocher
Der Dritte Zweig: Manawydan Llyrssohn
Der Vierte Zweig: Math Sohn des Mathonwy

Vier unabhängige Erzählungen:
Der Traum des Fürsten Maximus (Macsen Wledig)
Lludd und Llefelys (hier nicht behandelt)
Culhwch und Olwen
Der Traum des Rhonabwy (hier nicht behandelt)

Drei Ritterromanzen:
*Die Gräfin vom Brunnen (*Chrétiens und Hartmanns *Ywein)*
*Peredur Sohn des Efrawg (*enthält Parallelen zu Chrétiens und zu Wolframs *Parzival)*
*Gereint Sohn des Erbin (*Chrétiens und Hartmanns *Erec)*
*Ceridwen und Taliesin (*nicht in allen Ausgaben enthalten*)*

Es wurde lange geglaubt, dass *Die Vier Zweige* zum Repertoire der Hofbarden gehört hatten und nur bei grossen Anlässen, wie Fürstenhochzeiten oder Trauerfeiern, vorgetragen wurden, um den göttlichen Ursprung des betreffenden Fürstenhauses zu legitimieren. Dagegen spricht aber die Tatsache, dass diese Texte nirgends in den grossen bardischen Handschriften aufscheinen, was eine „private Urheberschaft" wahrscheinlich macht. Wie erwähnt, verschwanden die Hofbarden mit dem Aussterben der regierenden Familien, und *Conteurs*, also fahrende Spielleute, übernahmen ihr Repertoire. Dabei ging vieles verloren, was uns heute das Verständnis erleichtern würde. Auch dürfen wir nicht vergessen, dass die Menschen im Mittelalter noch viel mehr mythologisches Wissen besassen, so dass in vielen Fällen leiseste Andeutungen genügten, um von den Zuhörern verstanden zu werden. Ja, je mehr dunkle Anspielungen der Spielmann in seinen Vortrag einzubauen verstand, desto höher schätzte das Publikum seine Kunst.

Wie wir aus dem Stil der Erzählungen ersehen, sind sie das Werk mehrerer, höchst verschiedener Autoren. Die Skala mittelalterlicher Erzählkunst erstreckt sich vom kühl verhaltenen Vortrag der *Vier Zweige* zum derben Volkshumor in *Culhwch und Olwen*, einer Rahmenerzählung, in der König Arthur und seine Ritter zum ersten Mal schriftlich erwähnt werden. Da keine der grossen bardischen Manuskriptsammlungen auch nur den geringsten Hinweis auf die Mabinogion-Geschichten enthält, ist es den Fachgelehrten ein Rätsel, wer sie aufgeschrieben haben könnte. Die fahrenden Spielleute, die sie vortrugen, konnten es nicht gewesen sein, denn erstens konnten sie weder lesen noch schreiben, und zweitens hätten sie nicht die Mittel für ein so kostspieliges Unternehmen besessen. Professor Gwyn Jones ist der Meinung, dass diese Geschichten für gewisse Kreise des Adels von Bedeutung gewesen sein müssen. Er berief sich dabei auf Sir Ifor Williams, der schrieb: „Nie hätte ein Waliser auch nur einen Buchstaben auf teures Vellum geschrieben, wenn es sich für ihn nicht gelohnt hätte." Der Konsensus der Gelehrten bezuglich die Urheberschaft der Mabinogion-Manuskripte nennt heute den Bischof Rhyghyfarch von Dyfed oder seinen Sohn Sulien. Der Bischof war ein gelehrter

Herr, dem wir einige Lebensbeschreibungen walisischer Heiliger verdanken. Ausserdem hatte er Irland bereist, und seine Kenntnis wie auch seine Abneigung gegen die Iren kommen in den *Vier Zweigen* wiederholt zum Ausdruck (vgl. Kap. 6).

Aber es ist auch durchaus möglich, dass sich Rhyghyfarchs Frau oder Tochter der Mühe des Aufschreibens unterzog. Meine Hypothese, dass *Die Vier Zweige* und nur diese das Werk einer oder mehrerer Frauen gewesen sein könnte, gründet auf folgender Beobachtung: 1. Der Autor oder die Autorin war gebildet und bewandert in irischer und walisischer Sagenliteratur, ohne an berufliche Konventionen oder Verpflichtungen gebunden zu sein. Das waren aber in der damaligen Zeit nur Kleriker und adelige Frauen. Auch konnten im Mittelalter nur Frauen und Kleriker lesen und schreiben. Gesellschaftlich hochgestellte Frauen und Kleriker waren es auch, die sowohl die nötige Freizeit wie auch die Bildung besassen, die das Werk erforderte. 2. Wie wir sehen werden, besassen die Urheber/innen nicht nur ein ungewöhnliches Einfühlungsvermögen in die realen Sorgen und Nöte der Frau in einem kriegerischen Zeitalter, sondern auch genaue Kenntnis des Beitrags, den die Frauen in Kultur, Wirtschaft und Politik von Wales damals leisteten. 3. In der Geschichte Rhiannons im *Ersten Zweig* ist die Rolle der Göttin und Gattin als Lehrmeisterin des Helden sehr deutlich herausgearbeitet. Im *Zweiten Zweig* zeigt die Heldin, Branwen Llyrstochter, trotz stärkster Provokation keine Spur von Rachesucht, sondern einen erstaunlichen Willen zu Frieden und Versöhnung. Der Gegensatz zwischen Rhiannon und Branwen einerseits und Brunhild, Krimhild oder Gudrun andererseits ist nicht zu übersehen. Aber wir wollen die Erzählungen selbst sprechen lassen.

4

RHIANNON
DER ERSTE ZWEIG

Der Erste Zweig des Mabinogi handelt von Rhiannon, von ihrem Gemahl, Prinz Pwyll von Dyfed, und von ihrem Kind, Pryderi, dem Stammeshelden von Wales und des vorkeltischen Britanniens. Empfängnis, Geburt und Kindheit eines Helden waren im Repertoire der Barden von grösster Wichtigkeit. Im *Ersten Zweig des Mabinogi*, das den Titel *„Pwyll Prinz von Dyfed"* trägt, wird erzählt, wie sich die Eltern des Stammeshelden, Pwyll und Rhiannon, kennenlernen; wie Pwyll durch einen Zweikampf und sexuelle Versuchung geprüft wird, ob er der Ehe mit Rhiannon würdig ist; wie ein Nebenbuhler aus der Anderswelt die Heirat verhindern will und dabei schmählich verjagt wird; wie dieser sich an Rhiannon rächt, indem er ihr neugeborenes Söhnchen entführen lässt; und schliesslich wie dieses Kind gefunden, von Pflegeeltern aufgezogen und der des Kindesmordes beschuldigten Mutter zurückgegeben wird: Alles klassische Märchenmotive.

Vordergründig handelt es sich also um die Kindheitsgeschichte des Stammeshelden Pryderi. Hintergründig und vielleicht dem Erzähler selbst nicht bewusst, werden wir hier mit den Grundmotiven keltischer und vorkeltischer Mythologie bekanntgemacht, deren ursprünglich mythologische Basis hier nur noch durch den Namen Rhiannon, kelt. Rigantona/Epona angedeutet ist. Diese Grundmotive sind folgende: 1. Die Geschichte des erwählten Jahreskönigs, der ursprünglich auf dem heiligen Berg Arberth geopfert wurde und dadurch in der Anderswelt die Liebe der Göttin gewinnt. Dieses Motiv ist zur Zeit der Abfassung bereits verwischt, das Ritual nur noch flüchtig angedeutet. 2. Die Frau aus der Anderswelt (Göttin), die eine Ehe mit einem irdischen König eingeht (Martenehe-Motiv) und sich damit der Rache des verstossenen und beleidigten Freiers aus dem eigenen Stamm aussetzt. 3. Rhiannons Entschluss, sich entgegen der Wünsche ihres Clans selbst ihren Mann zu wählen, zeigt eine der Schwierigkeiten, die der Umschwung vom matriarchalen zum patriarchalen System mit sich brachte.[31] 4. Die Erzählung zeigt die Göttin als Landesmutter und als Erzieherin des Königs zu staatsmännischer Klugheit und zu allen königlichen Tugenden. Nebenbei wird hier auch die göttliche Abstammung des Königshauses von Dyfed legitimiert und die Sonderstellung, die es durch seine Verbindung zur keltischen Anderswelt Annwn erlangt hat, hervorgehoben. 5. Der zweite Teil der Erzählung ist eine Parallele zur Mythe von der Erdgöttin, die ihren Sohn verliert und unschuldig leiden muss, weil sie sich ihrer göttlichen Würde entkleidet hat (Entkleidung aller göttlichen Würde, mythologisch vergleichbar mit Inannas Gang zur Unterwelt).

Pwyll, Prinz von Dyfed, und Arawn

Der erste Teil der Erzählung schildert Pwylls Begegnung mit Arawn (sprich Araun), einem König der Anderswelt, Pwylls Taten (Prüfung) in der Anderswelt und seine glückliche Rückkehr nach Dyfed. Pwyll ist der zukünftige Vater des mythischen Helden, und er hat einen sprechenden Namen: Pwyll bedeutet soviel wie „Klugheit“, „Vernunft“, „guter Rat“. Aber das ist reine Ironie. Schon gleich auf den ersten Seiten der Geschichte lesen wir, dass er sich alles andere als klug benimmt, und seine jugendlichen Dummheiten steigern sich bis zu dem Augenblick, wo seine Braut Rhiannon an seiner vermeintlichen Klugheit verzweifelt und selbst die Führung übernimmt. Dies geschieht bei seiner Hochzeit mit Rhiannon, wo der abgewiesene Bewerber Gwawl (Guaul) ihn um eine Gabe bittet und Pwyll ihm leichtsinnig alles verspricht, ja schwört „ihm alles Verlangte zu geben, was in seiner Macht steht.“ Gwawl erbittet sich die Braut Rhiannon, „die ihm schon lange versprochen sei“. Pwyll ist in seinen eigenen Worten gefangen, denn Schwüre galten selbstverständlich auch in der Anderswelt als heilig. Dies ist der Augenblick, wo Rhiannon ihre Zauberkünste und weibliche List entfalten muss, wenn sie den lästigen Freier loswerden und Pwyll nicht verlieren will. Doch davon später.

Unsere Geschichte beginnt, wie so viele Mythen, mit einer Hirschjagd. Es ist Herbst in Dyfed, die Zeit der Jagd und Wandlung im Jenseits hat begonnen. In ältester Zeit identifizierte sich der Jäger mit seiner Beute. Ein Hirsch gilt in alten Sagen oft als Seelenführer, der den Jäger „über die Schwelle“ in die Anderswelt führt. Dies ist auch hier der Fall. Eine innere Stimme treibt Pwyll zum Aufbruch nach Glen Coch, das heisst in den „Roten Wald“. Dieser Name unterstreicht das Andere, weist darauf hin, dass sich der Held bei dieser Jagd in eine Jenseitswelt, eben in die Anderswelt begibt. Das alles geschieht unmerklich und auf die natürlichste Weise. Der Erzähler berichtet von einem Jagdgeschehen, wie es sich im Leben eines Jägers jederzeit ereignen kann. Ein Hirsch wird erlegt, und Pwyll glaubt im Recht zu sein, wenn er die Beute für sich in Anspruch nimmt. Da tritt ein anderer Jäger auf, der Pwyll die Beute streitig macht, und es entspinnt sich ein Wortwechsel um das erlegte Wildpret. Als Waidmann hätte Pwyll freilich wissen müssen, dass nach keltischem Jagdrecht kein erlegtes Wild vor Sonnenuntergang ausgeweidet werden durfte. Doch Pwyll ist ein Fürst und glaubt daher über dem Gesetz zu stehen. Aber Pwyll befindet sich nicht mehr im eigenen Land. Unvermerkt ist er im Eifer der Jagd in die Anderswelt eingedrungen und ist nun ihren Mächten ausgeliefert. Die fremden Hunde, weiss wie Schnee, mit roten Ohren, vor denen seine Meute winselnd zurückweicht, hätten ihn warnen sollen. Weisse Tiere mit roten Ohren sind in allen keltischen Sagen „Geistertiere“. Und hier haben wir es nach keltischem bzw. vorkeltischem Glauben mit den Hunden der Todesgöttin zu tun. Die gespenstischen Hunde und der ganz Grau in Grau erscheinende Jäger hätten Grund genug sein sollen, Pwyll vor Übereilung zu warnen. Der Graue Jäger nennt sich Arawn (Araun) und stellt sich als „gekrönter König“ in der Anderswelt vor.

Arawn ist hier der Name für eine sehr alte mythologische Gestalt. Er ist der Wilde Jäger, der Herr der Tiere und des Waldes. Wir finden ihn bereits auf einem Steinsiegel von Mohenjo-Daro im Industal um 2000 v.u.Z., auf dem Gundestrup Kessel aus dem zweiten vorchristlichen Jahrhundert in Nordeuropa, sowie auf der bekannten Felszeichnung von Valcamonica in Norditalien, wo er hoch über dem Menschen zu stehen scheint. In Gallien hiess er Cernunnos, der „Gehörnte“, und trug ein Hirschgeweih oder Bockshörner. Wir kennen zahlreiche Altäre, auf denen er mit seinen Tieren, Hirsch und Wolf, dargestellt ist - besonders schön auf dem Altar von Reims, wo er von Apollo und Merkur flankiert ist und aus einem Sack einen Strom von Münzen an seine Gläubigen zu verteilen scheint (siehe Musee St. Denis, Reims). Diese Darstellung der gehörnten, münzenverteilenden Gottheit erklärt seine spätere Umfunktionierung zum mittelalterlichen Teufel.

Als Gott der Unterwelt und des Todes ist er der Gefährte der Göttin seit Urzeiten. Auf den britischen Inseln hiess er auch Glyn und war in Irland als mächtiger Zauberer und Frauenverführer bekannt. Arawn spricht von seinem Gegner Havgan („Sommerweiss“ oder „Sommerlied“), der sein Reich bedroht und den er nicht ohne menschliche Hilfe besiegen kann. Er erscheint hier in der Gestalt eines Edelmannes, der soeben einen Unbekannten beim Jagdfrevel ertappt hat. Seine graue Farbe bezeichnet ihn als Todesgott und ist ein Symbol seiner zwischenweltlichen Rolle. Doch Pwyll merkt zunächst nicht, mit wem er es zu tun hat. Die beiden Herren führen ihr Streitgespräch auf die höflichste Art, aber Pwyll zahlt schliesslich den Preis für sein vorschnelles Handeln. Er muss für ein Jahr in die Anderswelt und dort für Arawn einen Zweikampf austragen, dem sich der graue Jäger nicht gewachsen fühlt. Die beiden Männer tauschen ihre Gestalt und Herrschaftsbereiche, und Pwyll gelingt es, in Arawns Gestalt Havgan zu besiegen und sein Land für Arawn zu vereinnahmen. Dass er sich dabei gegen Arawns Frau, deren Bett er ein Jahr lang in der Gestalt Arawns teilt, als perfekter Gentleman benimmt, spricht für seinen anständigen Charakter im Sinne ritterlicher Moral. In vorkeltischer Zeit lagen die Dinge anders: Da bedeutete die Einladung, mit der Göttin das Lager zu teilen, gleichzeitig die Erwählung zum Jahreskönig, die Wandlung und Auferstehung als Held in der Anderswelt.

In keltischen Sagen begegnen wir oft rituellen Zweikämpfen auf Leben und Tod, die an einer Furt stattfinden. Immer sind Fluss und Furt die symbolische Grenze zwischen unserer und der Anderwelt. Der merkwürdige Name „Sommerlied“ (in anderer Übersetzung „Sommerweiss“) deutet darauf hin, dass mit diesem Kampf der ewig wiederkehrende Kampf zwischen Sommer und Winter gemeint ist. Pwyll nimmt also an einem kosmischen Kampf teil, der nach keltischer Vorstellung in der Anderswelt stattfindet, aber auch für das Diesseits von grosser Bedeutung ist. Dies ist der Grund, warum der Kampf zwischen Winter- und Sommerkönig als Volksbrauch bei uns bis ins neunzehnte Jahrhundert fortlebte. Wenn es in der Erzählung schliesslich heisst, Pwyll habe „beide Reiche“ vereint, so ist damit nicht nur die Vereinigung von Havgans und Arawns Reich gemeint, sondern vielmehr die Vereinigung von Dyfed, das heisst Südwales, mit der Anderswelt. Dies galt als eine heroische Tat, die mythologisch gesehen nur den grössten Helden möglich war. Pwylls Reise in die Anderswelt sichert seinem Land einen Zugang zu dieser, einen Weg, dem nun auch andere folgen können, und die Verbindung beider Welten ist für die Menschen und für die Zukunft seines Reiches von grosser Bedeutung. Dementsprechend ändert sich jetzt auch Pwylls Titel. Er ist nicht mehr nur Prince of Dyfed, sondern Pen Annwn, d.h. „Oberhaupt oder Fürst der

Anderswelt“. Pen Annwn (wie auch Pen Dragon) waren keltische Titel von hohen Graden. Ihre Träger waren geschulte und streng geprüfte Eingeweihte, berufen zu Priester- und Königsamt. Diese neue Würde war für das Kleinkönigtum Dyfed in Südwales wichtig: Dyfed hatte nun einen Zugang zur Anderswelt, vergleichbar etwa mit dem heiligen Hain der Göttin Diana am Nemisee, wo die Sibylle von Cumae dem Helden Aeneas einen Zugang zur Anderswelt vermittelte. Pwyll gab dadurch seinem Land einen rituellen Vorteil, um den Dyfed von seinen Nachbarn beneidet wurde. Dieses Motiv ist eine Parallele zur italischen Mythe der Göttin einerseits und der späteren Gralserzählung andererseits, denn die Verbindung mit der Anderswelt bleibt für Dyfed erhalten, und von nun an wird es nur den Söhnen aus dem Königsgeschlecht von Dyfed möglich sein, die Anderswelt zu betreten und die Burg der Göttin zu finden.

Die Verbindung zur Anderswelt hat auch wirtschaftliche Vorteile. Wir hören zum Beispiel im Vierten Zweig *Math Sohn des Mathonwy*, dass Arawn Pwylls Sohn Pryderi eine Herde von Zuchtschweinen schenkte mit der Auflage, dass sie nicht in andere Länder ausgeführt werden durften. Dazu ist zu bemerken, dass Schweine bei den Kelten als heilige Tiere galten. Der Sage nach waren Schweinezucht und Imkerei in Britannien von der Göttin Ceridwen eingeführt worden.

Ausserdem hat die Geschichte der mythischen Hirschjagd und ihrer Folgen noch einen anderen Sinn, welchen der Erzähler, keltischer Gepflogenheit entsprechend, überhaupt nicht erwähnt: Pwyll wird hier offenbar von der Göttin geprüft. In Arawns Königin, der gegenüber er sich so streng zurückhaltend benimmt, können wir die Göttin selbst erkennen: einerseits Modron die Erdmutter, andererseits Rhiannon, die hier mit Modron identifiziert ist. Dies ist die Meinung der Kenner keltischer Mythologie, und wenn sie richtig ist, dürfen wir in der ersten Episode der Erzählung die unumgängliche Prüfung eines zum Gatten der Göttin erwählten Helden sehen. Zahlreiche Parallelen dazu finden sich in der irischen Sagenwelt, so zum Beispiel im höfischen Epos „*Gawain und der Grüne Ritter*“. Im Grünen Ritter, Sir Bertilac, erkennen wir eine späte Erscheinung von Cernunnos/Arawn, der Gawain zu einer lebensgefährlichen Mutprobe herausfordert.

RHIANNON UND PWYLL

Nachdem Pwyll in der Anderswelt auf seine Eignung zum König und zum Gemahl der Göttin geprüft worden war, erscheint ihm Rhiannon auf dem Heiligen Berg Arberth und erklärt ihm ihre Liebe. Rhiannons Werbung um den Fürsten von Dyfed ist eine typische Erscheinung (Epiphanie) der keltischen Göttin, ein sich stets wiederholendes Motiv keltischer Sagen. Rhiannon erscheint nächtlicherweise als leuchtende Gestalt, wahrscheinlich in der ersten Maiennacht. Im wiegenden Passgang reitet sie auf einer weissen Stute an Pwyll und seinen Männern vorüber, doch gelingt es Pwyll nicht, sie selbst auf seinem schnellsten Pferd einzuholen. Warum nicht? Weil sie sich ausserhalb von Zeit und Raum bewegt. Erst auf Pwylls Anruf, in welchem er ihre Liebe beschwört, hält sie ihr Pferd an und wendet sich ihm zu. Ihre ersten Worte an ihn sind ein Vorwurf, durch seinen wilden Ritt sein Pferd missbraucht zu haben. Erste Lehre für ihn: Nicht rohe Gewalt und körperliche Tüchtigkeit, sondern Liebe und Gewaltlosigkeit bauen die Brücke von dieser Welt zu jener anderen, aus der die Göttin kommt.

Pwyll fragt nach Namen und Begehr der Reiterin und erhält die stolze Antwort: „Ich bin Rhiannon, eine Jungfrau aus der Anderswelt, und ich reite in eigener Sache." Die englische Übersetzung lautet „In mine own errant", und diese Formel wurde im Mittelalter stets von fahrenden Rittern auf der Suche nach Abenteuern gebraucht. Rhiannon ist also die Frau, die „in eigener Sache" handelt, die weiss, was sie tut, die stets mit sich selbst eins ist und nur ihrer eigenen Initiative gehorcht. Durch ihre Liebe zu einem Sterblichen zieht sie sich die Rache der dunklen Mächte zu, die ursprünglich um sie warben. Die Mittelstellung der Göttin zwischen zwei Bewerbern ist ein Motiv, das uns in der keltischen Literatur immer wieder begegnet. Wie erwähnt, wurde es von J.J. Hatt für die gallische Göttin Rigani bewiesen. Es ist typisch für die Mythologie der keltischen Göttin und hat vielleicht seinen Grund in den Jahreszeiten: im Winter scheint alles Leben aus der Natur verschwunden. Der Mythendichter mag also zunächst an eine Entführung und Gefangenschaft der Göttin durch feindliche Mächte gedacht haben. Wie wir sehen werden, wird auch ihrem Sohn Mabon/Pryderi (ursprünglich ein Vegetationsheros) dasselbe Schicksal widerfahren, was auf eine unauflösliche Einheit von Mutter und Sohn hinweist. Wir erkennen aber auch eine Parallele zur Mythe von Demeter und Kore, einer Mythe, die ebenfalls auf dem Zusammenprall von matriarchaler und patriarchaler Weltanschauung beruht.

Die Göttin Rhiannon

Wie erwähnt ist der Name Rhiannon (mit Akzent auf dem a) eine Verkürzung von Rigantona, d.h. Grosse Königin, besser bekannt unter dem Namen Epona, „die Grosse Stute“.[32] In den keltischen Provinzen des römischen Reiches war sie die Schutzgöttin der Zug- und Tragtiere, der Fuhrleute, der Reisenden, aber auch der Handwerker, besonders der Wagenbauer. Sie spielte also für die keltischen Länder dieselbe Rolle wie Hermes/Merkur für Griechenland und Rom. Ausserdem war sie die Schutzherrin der kelto-römischen Kavallerieschwadronen, und dies war der Grund, warum sie als einzige keltische Göttin selbst noch in christlicher Zeit im römischen Pantheon verehrt wurde, sehr zum Ärger der Kirchenväter.

Wie das Pferd das schnellste Tier auf Erden ist, so ist die Sonne das schnellste Gestirn am Himmel. Also ist Epona auch Sonnengöttin und daher Himmelskönigin (Regina coeli), Frühlingsgöttin und Spenderin aller Fruchtbarkeit. Deshalb verschmolz ihre Gestalt sehr früh mit Matrona/Modron. Als Pferdezüchter sahen die Kelten in der Stute mit ihrem Fohlen ein Muttersymbol, was sicher auch zu Eponas mütterlichem Aspekt beitrug. Als Frühlingsgöttin war sie auch eine Vogelgöttin. Im Mabinogion lesen wir wiederholt, dass sie drei Wundervögel besass, deren Gesang Kranke von Schmerzen befreien, Sterbenden den Tod erleichtern und Tote zum Leben erwecken konnte. In Wales wurde Matrona/Modron noch bis zur Reformation als St. Madrun (sprich Madrin) verehrt. Auf Darstellungen des frühen Mittelalters wurde sie in ganz ähnlicher Gestalt abgebildet wie Maria mit dem Jesuskind auf der Flucht nach Ägypten: von Osten nach Westen reitend, mit dem Kind im Arm, das sie in ihren Mantel gehüllt vor Verfolgern zu schützen sucht.

Der walisische Forscher J.W. Gruffydd hat die Verschmelzung Modrons mit Epona/Rhiannon früh erkannt. Nach bildlichen Darstellungen muss diese Verschmelzung stattgefunden haben, bevor die Kelten nach den britischen Inseln auswanderten. Die ersten Abbildungen der Pferdegöttin finden wir auf den ältesten keltischen Münzen des Kontinents. Aber es ist ein weiter Weg von der nackten Reiterin auf keltischen Münzen zu der feenhaften Frau im Damensattel, die tief verschleiert auf dem Arberth erscheint. Andererseits besteht ein offensichtlicher Zusammenhang zwischen der keltischen Epona und der griechischen *Thea Phoreia*, der Demeter mit dem Pferdekopf, einer Erscheinung der Göttin in ihrem furchterregenden Aspekt. Beide Göttinnen fliehen vor sexueller Verfolgung: Demeter vor Poseidon, Rhiannon vor Gwawl, beide verlieren ihr Kind durch dunkle Mächte, beider Verlust verursacht einen Stillstand in der Natur, das „Wüste Land“, und beide Mythen verweisen auf einen Kampf zwischen Göttin und Gott, der im Konflikt zwischen matriarchaler und patriarchaler Kultur seinen Ursprung hat.

In unserer Geschichte erscheint Rhiannon bei ihrem ersten Auftreten zunächst als ein Edelfräulein aus der Anderswelt, eine Fee, deren Vater, Hefeyd der Uralte, sie mit Gwawl, d.h. „der Lichte/Glänzende“, einem ungeliebten Fürsten der Anderswelt, verheiraten will. Sie wählt sich Pwyll zum Gemahl, der sie aber durch seinen Leichtsinn zunächst verliert. Durch List gelingt es ihr, Pwyll von seinem vorschnellen Versprechen, sie an Gwawl abzutreten, zu befreien. Zu diesem Zweck geht sie zum Schein auf Gwawls Werbung ein, fängt ihn aber dann in einem Zaubersack, aus dem er sich nur befreien kann, indem er Pwyll von seinem Eid losspricht.[33] Gwawls Freunde rächen die ihm angetane Schmach, indem sie Rhiannons Kind in der Nacht der Geburt entführen. Durch die Verleumdung der Kinderfrauen, die Bestrafung fürchten, wird Rhiannon angeklagt, ihr Kind verschlungen zu haben, die typische Hexenanklage, und verurteilt, sieben Jahre lang als Reittier (ein Hinweis auf ihre Pferdegestalt) zu dienen und alle Gäste auf ihrem Rücken an den Königshof zu tragen. König Pwylls Vasall, Graf Teyrnon von Gent Is Coed, gelingt es durch Wachsamkeit, Mut und Treue, Rhiannons Kind in seinem Pferdestall (!) zu finden. Er und seine Frau nehmen es zunächst als ihr eigenes an, bringen es aber an den Königshof zurück, als sie erkennen, dass es Rhiannons Sohn ist. In prophetischer Voraussicht nennt Rhiannon das Kind, das die Pflegeeltern Gwri Goldhaar genannt hatten, Pryderi, ein Wort, das „Kummer“, „Gram“ und „Sorge“ bedeutet. Der neugeborene Held des Stammes von Dyfed ist also von Anfang an ein Sorgenkind und das wird sich im weiteren Verlauf der Vier Zweige noch deutlich zeigen.[34]

Gwri Goldhaar - Pryderi

In der Mythologie des Alten Europa wird das wunderbare Kind der göttlichen Jungfrau gewöhnlich in der längsten Nacht des Jahres, zur Zeit der Wintersonnenwende, geboren. Bei Rhiannons Sohn Pryderi ist dies nicht der Fall. Wir hören, dass Herrn Teyrnons herrliche weisse Stute, ein Geschenk des Königs für seine Treue, immer in der Maiennacht, das heisst in der Nacht vom 30. April zum 1. Mai, fohlt, dass aber ihre Fohlen stets auf geheimnisvolle Weise verschwinden. Endlich gelingt es Graf Teyrnon durch seine Wachsamkeit, ihr Fohlen zu retten und gegen eine gespenstische Riesenklaue zu verteidigen. Dabei findet er Rhiannons entführten Sohn, ohne jedoch zunächst seine Herkunft zu erkennen.

Die Nacht zum ersten Mai ist die bekannte Walpurgisnacht, das grosse Frühlingsfest des alten Europa. Durch die Protokolle der Hexenprozesse wissen wir, wie die oft orgiastischen Nachtfeste von der Kirche als Hexentreiben und Teufelskult zu Verbrechen erklärt wurden. In dieser Nacht geboren zu werden war ein schlechtes Omen für Mutter und Kind, denn wie zur Jagdzeit in der Nacht zum ersten November, so stehen auch in dieser Nacht die Tore zur Anderswelt offen, und bösen Mächten gelingt es, das neugeborene Kind Rhiannons zu rauben. Für diesen Raub, der aus Rache geschieht, muss die Mutter unschuldig leiden, bis das Kind wieder gefunden wird.

Teyrnons weisse Stute ist mit Rhiannon identisch. Sehr spät erscheint hier die Göttin noch einmal in ihrer alten zoomorphen Gestalt. Auch der Name Teyrnon (keltisch Tigernonos) gibt zu denken. Tigernonos heisst „grosser König“ und ist das Pendant zu Rigantona „grosse Königin“. War Teyrnon ursprünglich der göttliche Gemahl Rhiannons? Vielleicht Arawn in anderer Gestalt? Wir kennen das Motiv aus der irischen Sage, denn das Wirkungsfeld der keltischen Götter und Göttinnen war viel weiter und grosszügiger als patriarchale Moral erlaubt, und Eifersucht wurde als unwürdig erachtet. So holten sich irische Götter oft eine Gemahlin zurück, die durch ihre Liebe zu einem Sterblichen in eine traurige und unwürdige Lage geraten war.[35]

Die Gunst der Göttin

Wer sind die dunklen Mächte, die in der Geburtsnacht Rhiannons Sohn und die Fohlen von Teyrnons Stute entführen? Obwohl es nicht ausdrücklich gesagt wird, ist klar, dass es sich hier um die Rache des abgewiesenen Freiers Gwawl handelt. Hier erkennen wir ein weiteres Grundmotiv keltischer Mythologie: Immer steht die Göttin zwischen zwei Rivalen, die um ihre Gunst kämpfen (vgl. die Bilder des Gundestrup-Kessels). Und diese Konstellation wird im Mittelalter in den Geschichten um Ginevra-Arthur-Lanzelot oder um Isolde-Marke-Tristan fortgesetzt. Christliche Moral machte aus diesen Frauen Ehebrecherinnen. Ursprünglich aber sah die Sache anders aus. In den matriarchalen Ländern stand die Göttin mit ihrem jungfräulich geborenen Sohn allein im Kosmos oder war in ältester Zeit von einem Vegetationsheros begleitet, aus dem sich später so komplexe Gestalten wie Arawn/Cernunnos entwickelten. Um die Erde fruchtbar zu machen, wählte sie sich nach alten Vorstellungen einen Jahreskönig unter den Sterblichen zum Gatten. Der Erwählte erfährt am Jahresende seine Wandlung, um seinem „Zwilling“ oder Tanisten Platz zu machen.[36]

Der Berg Arberth, auf dem Rhiannon ihrem Geliebten begegnet, ist ein Heiliger Berg. Den Helden, der es wagte, hier eine Nacht und besonders eine der Heiligen Nächte zuzubringen, erwarteten „Wunder oder Wunden“.[37] Dies bedeutet offenbar, dass es sich hier um eine Stätte handelt, auf dem der Stamm seine religiösen Zeremonien abhielt, auf dem einst der Jahreskönig geopfert und sein Nachfolger ausgerufen wurde. Wusste der Erzähler noch von diesem Brauch? Der Arberth ist ein Blocksberg, wo in den Heiligen Nächten des Jahres die Anderswelt offen steht und die Göttin ihren Erwählten selbst zu sich ruft. Aber die Zeiten haben sich geändert. Rhiannon ist nicht mehr die selbständige Königin. Sie wird gegen ihren Willen verheiratet, und deswegen hat sie sich unter den Helden des Landes den jungen Fürsten Pwyll erwählt, der vorher schon eine Prüfung bestanden und durch Arawn eine Einweihung in die Anderswelt empfangen hatte.

Aus irischen Sagen wissen wir, dass der Fürst eine Heilige Ehe mit dem Land und seiner Göttin schliessen musste, um als rechtmässiger Herrscher anerkannt zu werden.[38] Nach den ältesten Vorstellungen vorkeltischen Glaubens waren Land und Göttin identisch, und diese Vorstellung wurde von den Kelten übernommen. Das Land war die Göttin, die Göttin war das Land. Sie allein war Lady Sovereignty. Der König oder der Stammesfürst war ihr Heros, ihr Gemahl und ihr Beschützer auf Leben und Tod. Sie erwählte ihn aus den Reihen der Besten; sie entfachte seine Liebe und seinen Mut; sie verlangte von ihm Tapferkeit und Grossmut in allen Dingen; sie lehrte ihn staatsmännische Klugheit, Mässigung und Weisheit. Der Name Pwyll bedeutet „Vernunft“, „guter Rat“, und wie sehr der junge Herrscher diese beiden Eigenschaften nötig hat, zeigen die Episoden von der Hirschjagd, von der vergeblichen Verfolgung der schönen Reiterin auf dem Arberth und schliesslich seine leichtsinnige Antwort an Gwawl, wodurch er Rhiannon zunächst verliert. Immer muss ihm Rhiannon aus der Verlegenheit helfen, in die ihn sein unüberlegtes Reden und Handeln gebracht hat, muss ihm Auswege aus selbstverschuldeten Verstrickungen zeigen. Schliesslich, als sie des Kindesmordes angeklagt ist, findet auch sie keinen Ausweg mehr. Aber gerade hier zeigt sie sich in ihrer ganzen Grösse: Anstatt sich mit den Wärterinnen, die sie aus Furcht vor Strafe verleumdet haben, herumzustreiten, ergibt sie sich dem Urteil der Druiden und nimmt die harte Strafe auf sich. Dagegen zeigt Teyrnons mutiges Beispiel, seine Nachtwache und sein Kampf gegen die dunklen

Mächte, wie Pwyll hätte handeln sollen, um die Rache Gwawls zu vereiteln und den Raub seines Kindes zu verhindern. Pwyll hat seine Rolle ausgespielt. Wir hören nur noch über ihn, dass das Kind Gwri Goldhaar an seiner Ähnlichkeit mit Pwyll erkannt wird. Dann verschwindet der Fürst für immer aus den *Vier Zweigen.* Sein Sohn, der neue Held, heisst „Kummer" und „Sorge", und der Erzähler überlässt es seinen Zuhörern, auch hier den Symbolgehalt zu finden und zu deuten.

Wie erwähnt, ändert sich der Name „Pryderi" später zu „Peredur" und bei Chrétien zu „Perceval", aus dem schliesslich Wolframs „Parzival" wurde. Wolfram von Eschenbach findet auch den rechten Namen für die Mutter des Helden: er nennt sie „Herzeloyde". Herzeloyde ist die letzte vorchristliche Manifestation der um ihren Sohn leidenden Mutter. Epona/Rhiannon erscheint allerdings mindestens um ein Jahrtausend früher in der Gestalt der griechischen Thea Phoreia - ein Deckname der „zürnenden Demeter", die auf ihrer verzweifelten Suche nach der geraubten Tochter von Poseidon vergewaltigt wird. Wir haben es also in dieser mittelalterlichen Geschichte um den letzten Ausläufer der Mythen von der Schändung der Göttin zu tun. Diese Mythen stehen symbolhaft für den Sieg der patriarchalen Stämme.

Somit berichtet dieser Text vor allem eine Frauengeschichte, nämlich die Geschichte vom unliebsamen Bewerber, von der eigenen Initiative der Frau in der Gattenwahl (etwas Unerhörtes im patriarchalen Wales), vom Verlust des Kindes gleich nach der Geburt, von der Verleumdung durch Frauen aus Furcht vor Strafe, vom geduldigen Ertragen unschuldiger Verurteilung und schliesslich von der „guten Tat" Teyrnons und seiner Frau, das Kind nicht nur aufzunehmen, sondern auch den Eltern zurückzugeben. Die „männliche Lesart" wird sich dagegen besonders auf die Prüfung Pwylls, auf sein Fehlverhalten seinem Rivalen gegenüber und auf seine mangelhafte Wachsamkeit als Vater des neugeborenen Helden konzentrieren. Die Überlegenheit Rhiannons und ihr Einfluss auf den Fürsten Pwyll sind offensichtlich. Und dieser Fürst ist nicht etwa irgendeiner, sondern der Fürst der Anderswelt, Pen Annwn, also ein auserwählter Wächter des Landes. Es ist wichtig, dies festzuhalten, denn in keiner der folgenden Erzählungen ist die zentrale Stellung einer Frau so überragend, tritt ihre Rolle als Lehrerin des Mannes so klar zutage. Rhiannon ist die Idealgestalt der keltischen Frau, nicht nur als Lady Sovereignty und Landesmutter, sondern auch als bewusste Helferin und Leiterin menschlicher Geschicke. In der einfachen Welt von Wales stellt sie ihre überragende Stärke und Machtfülle immer wieder unter Beweis. Und immer handelt sie aus Liebe.

In der ersten Ausgabe der Sammlung hatte Lady Guest *Die Vier Zweige* an das Ende gesetzt, die *Drei Ritterromanzen* dagegen an den Anfang. Der Weltanschauung der damaligen Zeit zufolge konnte sie nicht anders handeln. Heute ist allen Keltologen klar, dass *Die Vier Zweige*, und vor allem die Geschichte Rhiannons, die weibliche Seite der keltischen Mythologie enthält. In den nachfolgenden Geschichten können wir einen unaufhaltsamen Abstieg vom Höhepunkt der Rhiannonsage beobachten. Es scheint, dass sich der Autor oder die Autorin in diesen vier mythologischen Erzählungen bewusst gegen die patriarchale Ehe wendet, wie sie der Frau im Mittelalter aufgezwungen wurde. Betrachten wir nämlich die Struktur der *Vier Zweige*, so ergibt sich eine unausweichliche Schlussfolgerung: wo die Partnerschaft von Mann und Frau intakt ist, und besonders dort, wo der Mann die Frau in allen Schicksalsnöten verteidigt und beschützt, endet alles gut. Wo der Mann diese Aufgabe übersieht oder eine patriarchale Machtstellung etabliert, endet alles in einer Tragödie.

5

Branwen Llyrstochter
Der Zweite Zweig

Dem Schema keltischer Heldendichtung folgend, behandelt der *Zweite Zweig* die Geschichte von Pryderis „Irlandfahrt“, d.h. seine „Höllenfahrt“. Das walisische Wort *Annwn* hat neben der Bedeutung von „Unterwelt“ und „Anderswelt“ auch die Bedeutung von *abyss* d.h. „Abgrund“, aus dem alles Leben hervorkommt. Dabei konnte jedes fremde Land als *Annwn* betrachtet werden. Pryderis Fahrt ins grosse Abenteuer beginnt mit seiner Teilnahme an einem Kriegszug nach Irland - dem traditionellen Feindbild britischen Kriegeradels. Zweck der Fahrt ist die Befreiung der Prinzessin Branwen aus einer unwürdigen Heirat und gleichzeitig die Zurückgewinnung des Kessels der Wiedergeburt (*Pair Dedani*), der ursprünglich zu Branwens Heiratsgut gehört hatte und dann von den Iren auf das Schändlichste missbraucht worden war.

Soweit mythologisch feststellbar, kommt die Heldin Branwen, d.h. „Weisse Rabin“, bereits nicht mehr aus der Anderswelt wie Rhiannon, doch ist ihre ganze Familie göttlicher Abkunft: Branwen sowie ihr Bruder, Bran der „Gesegnete“ (Bendigeid-fran), sind Kinder des irischen Seegottes Llyr und einer irischen Königin namens Iweridd. Da Iweridd (Hiberia) aber auch der walisische Name für Irland ist, dürfen wir annehmen, dass Bran und Branwen die Kinder der irischen Sovereignty, also von Wales aus gesehen der Muttergöttin Irlands sind. Später bringt Llyr mit dem Beinamen „der fremden Zunge“ seine beiden Kinder nach Britannien und wird der Gemahl Penarddduns, d.h. „Haupt der Strahlenden“ oder „Strahlendes Haupt“, der Tochter des Götterpaares Beli und Ana/Dana. Penardduns Kinder sind Manawydan und die Zwillinge Nissyen und Evnissyen („Friede“ und „Unfriede“), die die Söhne eines sterblichen Vaters namens Eurosswydd sind. Von den beiden Letzteren sagt der Erzähler: „Einer dieser Söhne war ein guter Junge und konnte unter den grössten Feinden Frieden stiften. Evnissyen dagegen konnte die friedfertigsten Brüder zum Kampf gegeneinander aufhetzen.“[39] Bran wird als gekrönter König der „Insel der Mächtigen“ (Britannien) eingeführt, seine Schwester Branwen als eine der „Drei Matriarchinnen“ Britanniens.[40] Die Geschichte beginnt in der Burg Harlech in Ardudwy, wo Bran zeitweilig Hof hielt. Der alte Name von Harlech war aber „Branwens Turm“. Die Burg und das Land gehörten also ursprünglich seiner Schwester Branwen. Vielleicht war Branwen sogar die Göttin von Ardudwy und Bran ursprünglich ihr Gemahl. Dafür spricht, dass der Name von Brans Gemahlin, der Mutter seines Sohnes Caradoc, nirgends erwähnt wird.

Hier eine Zusammenfassung des *Zweiten Zweiges*:

König Bran hat seine Schwester Branwen mit dem irischen Hochkönig Matholuch (Mallolwch) verheiratet. Ungeachtet der Vaterschaft wäre ihr Sohn nach matriarchalem Erbfolgerecht der Nachfolger Brans auf dem Thron der „Insel der Mächtigen“, d.h. Britanniens geworden. Aber das patriarchale Erbfolgerecht beginnt sich durchzusetzen: Bran hat einen Sohn, Caradoc, den er als seinen Nachfolger auf dem britischen Thron zu sehen wünscht. Die Werbung Matholuchs um seine Schwester kommt ihm daher sehr gelegen, denn wenn Branwen Königin von Irland würde, stünde der Thronfolge seines Sohnes nichts im Wege. Ob Matholuch und Branwen eine Neigung füreinander empfinden, wird nirgends erwähnt. Es handelt sich um eine rein politische Heirat, wie von Matholuch gesagt wird: „Er wünscht sich durch diese Ehe mit Britannien zu verbünden, auf dass beide Inseln mächtiger werden.“

Branwens Halbbruder Evnissyen empfindet die Verheiratung seiner Schwester mit dem Irenkönig als Affront, als eine grobe Verletzung des alten britischen Erbfolgerechts und als eine persönliche Beleidigung, weil er nicht nach seiner Zustimmung gefragt wurde. In seiner Wut verstümmelt er in Branwens Hochzeitsnacht Matholuchs Pferde auf das Schändlichste, was nicht nur eine Verletzung des Gastrechts, sondern auch eine Beleidigung der Pferdegöttin darstellt, der auch Irland huldigt. Um den Frieden wieder herzustellen, bietet Bran seinem neuen Schwager einen königlichen Ehrenpreis (*sarhad*) in Gold und Silber, sowie als Zugabe den sagenhaften *Pair Dedani*, den „Kessel der Wiedergeburt“. Dieser Kessel, einst in Irland von der Göttin Cymidei Cymeinfoll aus einem See gehoben, befand sich ursprünglich im Besitz der Iren und hatte die Eigenschaft, tote Krieger wieder zum Leben zu erwecken, nur mit dem Unterschied, dass sie in ihrem weiteren Leben stumm blieben. Da aber Cymidei alle sechs Monate einen jungen Krieger in voller Rüstung gebar, sannen die Iren darauf, sie und ihre zahlreiche Familie loszuwerden.

Matholuch erzählt Bran, dass Cymidei und ihre Leute weder berauschende Getränke noch Eisen kannten. Deshalb sollten sie erst betrunken gemacht und dann in einem „eisernen Haus“ verbrannt werden. Der grausame Plan gelang, doch im letzten Augenblick durchstiess Cymideis Gefährte die glühende Wand des Hauses und floh mit Cymidei und dem Kessel des Lebens nach Britannien. Dort war das Paar von Bran freundlich aufgenommen worden, der ihre kriegerischen Söhne als Wächter des Landes bestellte. Der geheimnisvolle Kessel des Lebens gehörte also ursprünglich der fruchtbaren Erdgöttin und nach matriarchalem Erbrecht der Erbprinzessin Branwen. Die Vernichtung der matriarchalen Briten, von der im weiteren Verlauf berichtet wird, hätte nicht geschehen können, wenn Bran nicht gegen das matriarchale Gesetz verstossen hätte, indem er seine Schwester an einen patriarchalen König verheiratete und den Kessel der Wiedergeburt, das Symbol der Göttin, eigenmächtig an diesen König verschenkte.

Branwen bringt in Irland den erwünschten Thronfolger, Gwern (*Gwearn* wie auch *Fearn* sind irische Formen des Namens Bran), zur Welt, aber die Untat Evnissyens hat sich unter dem Adel des Landes herumgesprochen, und ebenso wie Rhiannon als Fremde in Dyfed, so wird auch Branwen in Irland als Fremde verdächtigt.[41] Die Räte des Königs verlangen von ihm, sie zu verstossen. Nicht nur das: Branwen soll gedemütigt werden. Sie muss als Küchenmagd dienen und wird täglich misshandelt. Allein und verlassen zieht sich Branwen einen Staren und vertraut ihm einen Brief an ihren Bruder Bran an. Der Star findet Bran, und Bran liest den Brief. Er rüstet sofort ein gewaltiges Heer und eine Flotte aus, um Branwen zu befreien und ihre Schmach zu rächen. Die Iren suchen um Frieden nach. Branwen ist nicht rachsüchtig. Sie will nur ihr Kind, das man ihr genommen hat, wieder haben und mit ihren Brüdern in Frieden nach der Heimat zurückkehren. Doch ein solcher Friede ist Bran zu billig. Die Iren sind bereit, Branwens Sohn als ihren König zu krönen, so dass dieser nach matriarchalem Erbrecht nicht nur König von Irland sondern auch König von Britannien werden würde. Aber Bran möchte selbst König von Irland werden und seinem Sohn Caradoc womöglich beide Länder als Erbe hinterlassen. Während er zögert, schlägt Branwen vor, dass die Iren ihrem Bruder, der als letzter Spross der alten Titanen ein Riese von Gestalt ist, in Irland ein Haus bauen, das gross genug ist, ihn zu fassen. Matholuch nimmt diese Friedensbedingung an. Doch an jeder der hundert Säulen, die das Dach des Riesenhauses tragen, befestigen die Iren einen Sack, der einen Krieger in voller Rüstung birgt. Evnissyen entdeckt den hinterhältigen Plan und tötet die verborgenen Krieger, bevor das Friedensfest beginnt, das gleichzeitig das Krönungsfest des kleinen Gwern werden soll.

Zu Branwens grosser Freude wird ihr das Kind gebracht und ihren Brüdern vorgestellt. Doch beim Friedensmahl geschieht das Schreckliche: Evnissyen wirft seinen kleinen Neffen vor den Augen der Mutter in die Flammen des Feuers, das in der Mitte der Halle brennt. Er tut dies, um zu verhindern, dass der Sohn des irischen Königs als Sohn seiner Schwester auch König von Britannien wird. Eine Saalschlacht bricht aus, in der die Briten zuerst Sieger bleiben. Doch gelingt es den Iren mit Hilfe des Kessels der Wiedergeburt ihre Gefallenen allnächtlich zu neuem Leben zu erwecken und die Briten von Neuem anzugreifen. Schliesslich ist die Lage der Briten so verzweifelt, dass Evnissyen seine Schuld einsieht und beschliesst, sie zu sühnen. Er mischt sich unter die irischen Gefallenen, und als er in den Kessel des Lebens geworfen wird, gelingt es ihm, den Kessel in vier Teile zu zersprengen, wobei er selbst den Tod findet. Dies beendet zwar den Kampf, aber Bran ist durch einen giftigen Speer am Fuss verwundet worden und fühlt seinen Tod nahen. Er bittet seinen Bruder Manawydan, ihn zu enthaupten, sein Haupt nach Britannien zu überführen und dort auf dem Weissen Berg, dem Burghügel von London Tower, zu begraben. Von dort werde er das Reich für alle Zeiten beschützen.

Während die sieben Überlebenden zusammen mit Branwen die traurige Heimkehr antreten, geschieht auch in Britannien Schreckliches: König Belis Sohn Caswallon hat sich in einen Zaubermantel gehüllt, der ihn unsichtbar macht. So gelingt es ihm, die zum Schutz des Landes zurückgelassenen Stammeshäuptlinge zu erschlagen, ohne das Blut seines Vetters, Brans Sohn, zu vergiessen. Doch „Caradoc starb vor Scham“, weil er die ihm anvertrauten Männer nicht beschützen konnte. Caswallon wird König von Britannien nach männlicher Erbfolge. Auch Branwen stirbt, unschuldig schuldig geworden, an gebrochenem Herzen, als sie erkennen muss, dass ihretwegen zwei mächtige Länder zugrunde gerichtet wurden. Sie wurde auf der Druideninsel Anglesey begraben, und heute noch besuchen unglücklich Liebende ihr Grab. -

Vieles an der Struktur der Gestalt Branwens erinnert an das Nibelungenlied: Die Brüder, die die Schwester angeblich beschützen sollen, aber in Wirklichkeit ihre ärgsten Feinde sind und deren Ältester sie aus „dynastischen Gründen“, d.h. aus Machtgier an einen fremden König verheiratet; die Ermordung des Erbprinzen vor den Augen der Mutter; das Grauen der Saalschlacht und die vollkommene Vernichtung des Königshauses. Doch der Unterschied zwischen Krimhild und Branwen ist bezeichnend. Viele Kritiker verurteilen Branwens Friedensliebe als einer britischen Erbprinzessin unwürdig. Professor MacCana schreibt, dass sie sich neben den starken Frauengestalten der *Vier Zweige*, nämlich Rhiannon, Arianrhod und Bloedewedd wie ein Aschenputtel ausnimmt, „farblos, matt und scheinbar zum Leiden geboren.“[42] Doch das stimmt nicht ganz, denn selbst in der schlimmsten Lage verliert Branwen weder ihre angeborene Würde noch ihre Initiative. Selbst als erniedrigte und täglich misshandelte Küchenmagd besitzt sie noch Macht über ihren Totemvogel, den Staren, den sie sich „am Rand des Backtrogs“ heranzieht, und sie versteht es, sich durch ihn zu befreien. MacCana weist auch darauf hin, dass es sich bei Rhiannon, Arianrhod und Bloedewedd um mythologische Gestalten handelt, die eine jahrhundertealte Erzähltradition hinter sich haben, während Branwen vor Abfassung der *Vier Zweige* nirgends in der keltischen Mythologie aufscheint. Erst in der späteren walisischen Lyrik wird sie als „walisische Aphrodite“ gefeiert. Wir müssen also annehmen, dass es sich bei ihrem Schicksal um eine Erfindung des Dichters handelt, um Pryderis Irlandfahrt zu begründen und ihn mit Bran zu verknüpfen. Doch dass Rhiannons Sohn mit Bran an dem unglücklichen Irlandfeldzug teilnimmt, erfährt der Leser erst am Ende der Erzählung, wenn Pryderi und sein Erzieher, der Druide Pendaran, als zwei der sieben überlebenden Heimkehrer erwähnt werden.

Wie Rhiannon so steht auch Branwen zunächst in der Märchentradition der verleumdeten Mutter. Wie der „böse Hagen“ das treibende Motiv im Nibelungenlied, so ist es hier der böse Bruder Evnissyen, der die Handlung vorantreibt, einerseits aus Bosheit und verletztem Stolz, weil er bei Branwens Verheiratung nicht gefragt wurde, andererseits aus Treue zu seiner Halbschwester und zum matriarchalen Erbrecht seines angestammten Hauses. Und nirgends lässt uns der Erzähler darüber im Zweifel, dass der Grundkonflikt der Geschichte im Umschwung von der matriarchalen auf die patriarchale Erbfolge zu suchen ist, an der sowohl Bran als auch Matholuch interessiert sind. Während aber Bran als das Musterbeispiel eines guten und gerechten Königs geschildert wird, ist Matholuch zwar als „schöner Mann“, aber als willenloser Schwächling gezeichnet. Wenn König Pwyll im *Ersten Zweig* Rhiannon immer wieder gegen seine Räte in Schutz nimmt und seinen Willen gegen den seiner Räte durchsetzt, so ist bei Matholuch das Gegenteil der Fall: Er ist dem Druck seiner Räte willenlos ausgeliefert und muss stets um seine Krone fürchten. In Pwyll erscheint Rhiannon als die ständige Ratgeberin des Königs. Branwen dagegen bekommt erst dann Gelegenheit, dem König zu raten, als ihre Ehe längst zerbrochen ist und ihr Bruder bereits als Sieger vor Irlands Königshof steht. Jetzt auf einmal zittern selbst des Königs Räte vor ihr. In dieser Situation ist Branwens Auftreten von königlicher Würde. Obwohl sie aus ihrer Verachtung für den König und seinen Hof keinen Hehl macht, rät sie doch stets zu Frieden und Versöhnung, und zwar nicht aus Schwäche oder Güte sondern „um zu verhindern, dass das Land verwüstet wird."

Bran der Gesegnete

In den *Vier Zweigen des Mabinogi* werden uns drei britische Göttergeschlechter vorgestellt: Dyfed (Pembrokeshire in Südwales), Gwynedd (Venedotia = Snowdonia) im Norden des Landes und die Kinder des Seegottes Llyr, deren Ursprung in Irland zu suchen ist. Es ist deshalb nicht verwunderlich, dass gerade in dieser Geschichte der Einfluss irischer Mythen und Sitten sehr stark hervortritt. Trotzdem ist Bran, der hier als Sohn Llyrs erscheint, ein sehr alter Gott der Briten. Wie Graves schreibt, handelt es sich um einen der ältesten europäischen Götter überhaupt. Er soll seinen Ursprung in den Ländern des östlichen Mittelmeers haben und einerseits mit der frühesten Form des hebräischen Jehova, andererseits mit den Titanen Cronos („Rabe"), Uranos und Saturn identisch sein. Weitere Vorformen Brans („Rabe") sieht Graves in Orpheus, dessen Haupt ebenfalls weiterlebt, als sein Leib in Stücke zerrissen ist, sowie in Phoroneus, dem Stammvater der (matriarchalen) Pelasger. Im druidischen Baumalphabet wird Bran die Erle als Baumattribut zugeordnet. Er ist also auch der ursprüngliche Erlkönig, und die Erle gilt, mit der Zypresse und der Silberpappel, als Baum der Auferstehung und der Wiedergeburt.

Anne Ross hebt hervor, dass er der britische „Gott des Hauptes" ist, an dessen Darstellungen die britische Archäologie so reich ist. Dass Bran ursprünglich dieser Gott war, geht daraus hervor, dass sein riesiges Haupt die Rückkehr der Sieben leitet, dass er sie in der Anderswelt aus dem Kessel der Wiedergeburt bewirtet, und erst nach vierundachtzig (12 x 7) Jahren der Verwesung anheimfällt. Diese merkwürdige Episode des *Zweiten Zweiges* heisst „Das Gastmahl des wunderbaren Hauptes". Wir erinnern uns, dass Brans Stiefmutter Penarddun ebenfalls „das strahlende Haupt" genannt wurde. Was hier vom Gastmahl des wunderbaren Hauptes erzählt wird, stellt eine Art Kriegerhimmel dar. Gleichzeitig ist dieser Teil der Geschichte auch ein Hinweis auf keltische Jenseitsvorstellungen, die sicher den Glauben an ein glückliches Leben im Jenseits und eine darauffolgende Wiederverkörperung einschlossen. Ausserdem erinnert das Gastmahl des wunderbaren Hauptes auch an das merkwürdige Enthauptungsspiel, das der irische Cu Roi mit dem Ulsterhelden Cuchulain in Irland, und der Grüne Ritter mit Gawain in den Artus-Sagen trieb (siehe Kap. 12). Ein abgetrenntes Haupt auf einer Schale wird in der walisischen Gralsprozession von zwei Jungfrauen durch den Saal getragen, und soll Peredur zur Rache an den Feinden seiner Familie auffordern. Das Bild des abgetrennten Hauptes als Sitz der Seele war so sehr in der keltischen Phantasie verankert, dass es in christlicher Zeit durch das Haupt Johannes des Täufers ersetzt wurde. Es erhielt sich in vielen Kirchen bis in die Reformationszeit und wurde hauptsächlich von Frauen verehrt.

Ob Wiederbelebung toter Krieger oder gastliche Bewirtung in der Anderswelt, der Kessel *Pair Dedani* spielt in dieser Geschichte eine wichtige Rolle. Auch dürfen wir nicht vergessen, dass dieser Kessel ursprünglich der Erdgöttin gehörte und nach matriarchalem Erbrecht Branwen zustünde, was freilich nirgends erwähnt wird. Ein ähnlicher Kessel der Wiederbelebung wird uns in der Geschichte von Peredur begegnen, und es ist nicht übertrieben, im *Pair Dedani* eine Vorform des Grals zu sehen.

Wie sehr die Briten Bran verehrten, beweist sein Beiname „der Gesegnete“, obwohl gerade er es war, der dem Mabinogi zufolge durch seine Machtpolitik Britannien an den Rand des Ruins brachte und seine Dynastie dem Untergang weihte. Später wurde sogar versucht, ihm die Bekehrung Britanniens zum Christentum zuzuschreiben.

Bedeutung des *Zweiten Zweiges*

In der verschlungenen „Bandtechnik“ der *Vier Zweige* wechselt immer die Schilderung einer glücklichen Ehe mit einer unglücklichen ab. Dies bedeutet allerdings nicht, dass die „glückliche Ehe“ deshalb frei von Schwierigkeiten und Prüfungen ist. Aber letzten Endes geht das Paar, das treu zusammenhält, siegreich aus allen Nöten hervor, wie der erste und der dritte Zweig beweisen. Immer jedoch, wenn Missverständnisse, Selbstsucht und Untreue die Partner trennt, ist ihre totale Vernichtung die Folge. Dies ist in Branwen Llyrstochter am besten geschildert. Branwen wird von ihrem Bruder aus politischen Gründen verlassen, ins Ausland abgeschoben, damit ihre Kinder nicht die Rivalen von Brans Sohn um den Thron Britanniens werden können. Sie lässt es geschehen und wehrt sich nicht. Waren es vielleicht Kindheitserinnerungen, die sie nach Iwerydd

(Irland) zogen, nach dem Land, wo ihre Mutter Iwerydd als Lady Sovereignty regiert hatte und sie selbst wieder so zu regieren hoffte?

Die Erzählung enthält vorchristliche Motive, die heute nur noch durch vergleichende Mythologie zu erkennen sind, die aber im Mittelalter noch allgemein bekannt waren. Hier einige Beispiele:

1. Bran ist einer der nach Britannien verbannten Titanen, ein Riese, den weder ein Haus noch ein Schiff fassen kann und der deswegen durch die Irische See watet, während seine Kriegsflotte neben ihm hersegelt. Dass er dabei auch noch seine Musikanten auf dem Rücken mitträgt, mag darauf hinweisen, dass er wie Orpheus auch ein Gott der Musik ist. Als der Fluss Shannon den Vormarsch seines Heeres aufhält, spricht er ein Weisheitswort: „Lasst den der führt, auch Brücke sein." Er legt sich über den Fluss, so dass sein Heer über ihn hinwegmarschierend den Fluss überqueren kann.

2. Die Geschichte vom „eisernen Haus", in dem die Erdmutter mit ihrem Gefährten und ihren Kindern verbrannt werden soll, verweist auf eine Verfolgung und Ausrottung der frühesten Siedler Irlands. Dabei ist das „eiserne Haus" eine Vorform des „grossen Hauses", in welchem die Briten vernichtet werden sollen. Beide Häuser verweisen auf eine Kulturstufe, wo Eisen und Feuer zu mörderischen Zwecken verwendet werden. Den steinzeitlichen Siedlern Britanniens war Eisen nicht bekannt. Die Ausrottung von Ureinwohnern mit Eisen, Feuer und Alkohol ist also weit älter als allgemein angenommen wird. Heute noch finden wir in Elfenmärchen, dass „das kleine Volk" sich vor Eisen fürchtet und es nie berührt.

3. Nissyen, der Zwillingsbruder Evnissyens, wird von Kommentatoren als überflüssiges Anhängsel betrachtet, weil Nissyen, der Friedfertige, später nirgends mehr erwähnt wird. Doch Zwillinge, oft von entgegengesetzter Natur, sind ein altes mythologisches Motiv. Wir kennen es aus der griechischen Mythologie, wo Ledas Zwillinge göttlicher Abkunft das Geschwisterpaar Apollo und Artemis sind, während ihr zweites Zwillingspaar, Castor und Pollux, einen sterblichen Vater haben. Letztere stellen eine besondere Sparte des Heroenmotivs dar. Wie Romulus und Remus und eine ganze Reihe anderer Zwillinge mit einem göttlichen und einem menschlichen Elternteil sind sie die beiden Jahreskönige, von denen der eine, wie hier Evnissyen, eines Opfertodes stirbt, worauf der andere ihm in der Rolle des Jahreskönigs folgt. Es ist die alte Konstellation der Göttin zwischen zwei Brüdern, wie wir sie am deutlichsten in der Geschichte Helenas mit den beiden Dioskuren dargestellt finden: Branwen steht zu Nissyen und Evnissyen wie Helena zu Castor und Pollux. Aber auch der Tod Brans und die Übernahme des Reiches durch Belis

Sohn ist ein spätes Symbol für das nie endende Gegenkönigtum von Sommer- und Winterkönig: Beli war ein Sonnengott, während Bran als Wintergott zu betrachten ist. Schliesslich ist auch hier wieder die alte mythologische Konstellation der Frau/Göttin zwischen zwei Männern zu erwähnen: Branwen und Bran-Matholuch stellt das alte Dreieck dar, das wir in allen Mabinogien wiederfinden, und in dem wir das Symbol für den Jahreskreis der Göttin erkennen.

4. Der Kessel der Wiedergeburt ist ein Sinnbild für den fruchtbaren Schoss der Erdmutter und damit aller Frauen.Aus ihm wird alles Leben wiedergeboren. Dass Matholuch gerade dieses heilige Gefäss als „Geheimwaffe" gegen die Briten einsetzte, ist seine grösste Untat, weil er damit die Macht der Göttin usurpiert, und zwar gegen die Partei Branwens, ihrer Priesterin, usurpiert. Obwohl wir nichts über Matholuchs Tod hören, so lässt der Autor durchblicken, dass Evnissyens Vernichtung des *Pair Dedani* auch fast alles Leben in Irland vernichtete, wobei auch Matholuch umkam, ein deutlicher Hinweis auf die Folgen des Missbrauchs.Ein ähnlicher Kessel der Wiederbelebung, der sich jedoch ganz in der Hand der Frauen befindet, wird uns in der Geschichte Peredurs begegnen (Siehe Kap.12). Es ist deshalb nicht übertrieben in diesem Gefäss eine der Vorformen des Grals zu sehen

5. Der Tod Brans und die Übernahme des Reiches durch Belis Sohn ist auch ein Symbol für das Gegenkönigtum von Sommer- und Winterkönig. Beli war ein Sonnengott und daher auch ein Gott des Sommers, während Bran als Wintergott (Saturn!) und daher als ein Gott der Unterwelt und der Toten zu betrachten ist. Doch es geht um mehr. In dem Taliesin zugeschriebenen Gedicht *Cad Goddeu* „Die Schlacht der Bäume" kämpfen Bran und die Göttin auf der Seite Arawns gegen die Götter Amatheon und Gwydion. Dabei können Bran und die Göttin nicht besiegt werden, solange niemand Brans Namen kennt. Der kluge Gwydion aber errät ihn an den Erlenzweigen, die Bran in der Hand hält. Dies kostet Arawn den Sieg und entscheidet die Schlacht zugunsten Amatheons, der ein Gott der Ackerbauern ist. Wenn wir Ranke-Graves Glauben schenken dürfen, so ist „die Schlacht der Bäume" der verschleierte Bericht von der Einnahme eines alteuropäischen Kultheiligtums und Orakelschreins (wahrscheinlich Avebury) durch keltische Brythonen, sowie die Eroberung des dazugehörigen Baumalphabets.[43] In den walisischen Triaden wird der „Krieg der Bäume" als „einer der drei leichtfertig vom Zaum gebrochenen Kriege" bezeichnet, weil dabei aus nichtigem Anlass, nämlich Amatheons Diebstahl von drei Tieren einundsiebzigtausend Krieger den Tod fanden. S. und P. Botheroyd weisen jedoch darauf hin, dass es bei diesem Kampf um weit mehr als um drei Tiere, nämlich ein Schosshündchen, einen Rehbock und

einen Kiebitz, ging: „Amatheon, der Pflüger und Landmann kann die Kultivierung der Erde nur mit Hilfe der Andersweltkräfte (der Erdgöttin) ausführen: Kenntnis und Technik... sind keine Gewähr für Fruchtbarkeit. Durch den Raub der Tiere dürfte er versucht haben, ein Unterpfand der Göttin in die Hand zu bekommen. Im Ringen...mit der Anderswelt gelingt es ihm, die für die Fruchtbarkeit verantwortlichen Götter zu unterwerfen.“[44] *Die Schlacht der Bäume,* in der Bran unterliegt, ist also auch ein wichtiger Hinweis für den Kampf zwischen Matriarchat und Patriarchat. In diesem Zusammenhang sei noch verwiesen auf Taliesins ebenso berühmtes als dunkles Gedicht *Preddei Annwn* (*Die Schätze der Anderswelt*). Hier berichtet der Dichter von einer Kriegsfahrt König Arthurs mit tragischem Ende. Mit einer Schiffsladung auserwählter Helden fährt Arthur in die Anderswelt um die dortigen magischen Schätze zu erobern. In diesem Preisgedicht bezeichnet sich Taliesin als ein Überlebender des Kriegszugs - wie übrigens auch im Irlandfeldzug Brans. Doch endet jede der sechs Strophen mit dem Klageruf „Nur Sieben kamen zurück “ - wie in Brans Irlandfeldzug. Taliesin identifiziert also eindeutig König Arthur mit König Bran. Er sieht in ihnen zwei heroische Könige, die sich stark genug fühlten, den Schicksalsmächten zu trotzen, aber ihnen dennoch unterlagen.

6. Doch nicht genug damit: Zu Beginn der Saalschlacht im *Zweiten Zweig* warnt „einer der Briten“ die Iren mit dem Kampfruf: „Irische Hunde, hütet euch vor dem Schenkeldurchbohrten!“[45] Ein rätselhaftes Wort, dessen Bedeutung die Übersetzer nicht klären konnten oder wollten. Das walisische *Morddwyn Tyllion* bedeutet einwandfrei „der an den Schenkeln Durchbohrte.“ Aber man muss den ganzen Abschnitt lesen um sein Pathos zu erfassen: „Und als Branwen ihren Sohn im Feuer brennen sah, wollte sie ihm von ihrem Sitz zwischen ihren beiden Brüdern nachspringen. Und Bran umfasste mit einem Arm ihre Schulter und griff mit dem anderen nach seinem Schild. Und dann erhoben sich alle im Saal und ein furchtbarer Tumult entstand als jeder nach seinen Waffen griff. Und es war in diesem Augenblick, dass Morddwyn Tyllion schrie: „Irische Hunde, hütet Euch vor Morddwwyn Tyllion!“[46] Es scheint als gäbe der Dichter hier ein lange gehütetes Geheimnis preis: *Morddwyn Tyllion,* der am Schenkel Durchbohrte, ist kein Anderer als Bran selbst, der hier im Augenblick höchsterTragik sein verletztes Mannestum hinausschreit. Der Riese Bran ist der am Schenkel verletzte, impotente König, der sich weder der Göttin noch einer Königin mehr vermählen kann, wie es einem keltischen König zukommt. Daher seine Witwerschaft, daher das „Wüste Land“, ja gleich zwei verwüstete Länder, die er hinterlässt, daher sein Trachten nach männlicher Erbfolge für seinen Sohn, unabhängig von

einer Göttin oder Königin. Die ganze verheimlichte Tragik keltischen Königtums macht sich in diesem Ausruf Luft, um schon im nächsten Augenblick wieder verhüllt zu werden. Es ist als ob nur Eingeweihte begreifen sollten, was hier vor sich geht.

S. und P. Botheroyd haben den Zusammenhang richtig erkannt, wenn sie schreiben: „Bran ist der verwundete Gott. Die Verletzung „am Fuss" ist mit Sicherheit ein Euphemismus… Bran wäre demnach der (temporär) zeugungsunfähige König, eine Vorstellung, die der Fischerkönig (Bron!) in der Gralsgeschichte wieder aufgreift. Als Folge seiner Verletzung bleibt das Land öde."[47] Der *Zweite Zweig*, der sich auf den ersten Seiten so einfach und geradezu naiv liest, führt uns in urzeitliche Verhältnisse, Jahrhunderte vor der keltischen Landnahme zurück, und es ist fraglich, ob es uns je gelingen wird, alle darin enthaltenen Hinweise zu entziffern. Eines ist klar: Brans Machtpolitik hat die matriarchale Erbfolge in Britannien für immer ausgelöscht. Branwen, die Priesterin und von der Göttin bestimmte Stammutter, verlor ihr Kind und starb an gebrochenem Herzen. Die Vormachtstellung der Königin als Priesterin, Matriarchin und Genetrix im keltischen Bereich ist für immer dahin.

6

Manawydan Llyrson
Der dritte Zweig

Der mörderische Krieg in Irland war beendet. Branwen war das Herz gebrochen, als sie sah, dass ihretwegen zwei blühende Länder vernichtet worden waren. Der Dichter der *Vier Zweige* vermeidet blutige Schlachtendetails. Dass es sich bei der Explosion des Pair Dedani um ein kosmisches Ereignis gehandelt haben musste, geht daraus hervor, dass in ganz Irland nur fünf schwangere Frauen in einer Höhle verborgen die Katastrophe überlebten. Die Wiederbesiedlung Irlands beschreibt der Autor in lapidarer Kürze: „Und jede dieser Frauen gebar im gleichen Jahr einen Sohn. Diese fünf Söhne wuchsen zu jungen Männern heran, die sich nach Frauen umsahen und keine fanden. Und dann schlief ein jeder von ihnen mit der Mutter eines anderen. Auf diese Weise wurde Irland wieder besiedelt. Sie bewohnten das Land, beherrschten es und teilten es unter sich in fünf Teile. Und darum heissen die fünf Grafschaften Irlands heute noch die ‚Fünf Fünftel'. Und sie durchwühlten die alten Schlachtfelder und fanden dort viel Gold und Silber, so dass sie reich und wohlhabend wurden."[48]

Die Rolle der Urmütter ist für Irland noch einmal klar herausgestellt, doch ebenso klar ist, dass Irland auch in Zukunft von Männern regiert werden wird und dass Kriegsbeute auch in Zukunft eine grosse Rolle spielt. Die sieben überlebenden Briten, darunter auch Pryderi, finden in der Heimat eine völlig veränderte Lage vor. Belis Sohn Caswallon herrscht als neuer Grosskönig in London. Damit ist die matriarchale Erbfolge, wonach Branwens Sohn Gwern König der Briten geworden wäre, für immer erloschen. Die Sieben begraben Brans Haupt im Weissen Berg, d.h. im Burgberg von London, und Brans Bruder Manawydan fühlt die ganze Schwere seines Verlustes. Nach matriarchaler Erbfolge wäre er der rechtmässige Thronerbe, aber er hat weder die Kraft noch die Machtmittel, seinen Erbanspruch durchzusetzen. An dieser Stelle entspinnt sich zwischen Manawydan und Pryderi ein interessantes Gespräch: „Manawydan seufzte tief: ‚Weh über mich,' sprach er, ‚ein jeder hat einen Ort für die Nacht, nur ich nicht, Herr.' Sprach Pryderi: ‚Nehmt es nicht so schwer. Euer Vetter ist der König der Insel der Mächtigen, und wenn er Euch auch unrecht tat, so habt Ihr doch nie nach Land und Besitz gestrebt. Ihr seid einer der drei landlosen Fürsten.' - ‚Gewiss, aber wenn er (Caswallon) auch mein Vetter ist, so schmerzt es mich doch, ihn auf dem Thron zu sehn, der meinem Bruder gebührt. Ich kann mit Caswallon nicht unter einem Dach leben.' - ‚Wollt Ihr einen anderen Rat hören?' fragte Pryderi. ‚Ich kann Rat brauchen. Was ratet Ihr mir?' Da sprach Pryderi: ‚Die sieben Gaue Dyfeds sind mein Erbe, und Rhiannon, meine Mutter, lebt dort. Ich gebe sie Euch zur Frau und (damit) Gewalt über die sieben Gaue... Und wenn auch das Land dem Namen nach mein ist, so sollt doch Ihr und Rhiannon den Besitz davon geniessen.'"[49]

Der Sieg in Irland war ein hart erkaufter für das Geschlecht der Llyrskinder. Gwern, der Sohn der Matriarchin Branwen, die letzte Hoffnung der matriarchalen Erbfolge, war ermordet, ihr Bruder Bran aus dem Geschlecht der Titanen war gefallen. Seinem Sohn Caradoc, erste Hoffnung einer patriarchalen Erbfolge für die Dynastie, war das Herz vor Scham gebrochen, als er dem Morden seines Vetters, des Magiers Caswallon nicht wehren konnte. Manawydan, der letzte Spross des Geschlechts, ist zu schwach (oder zu klug?), um für sein Erbe zu kämpfen. Aber auch in Dyfed, der Familie der zweiten Matriarchin, hat das Patriarchat seinen Einzug gehalten. Rhiannon, die einst so mächtige Göttin, ist plötzlich nur noch eine Fürstenwitwe von ihres Sohnes Gnaden. Das walisische Rechtsweistum für Frauen bestimmt, dass eine Witwe binnen neun Tagen nach dem Tod ihres Gatten dessen Haus zu verlassen hat. Pryderi, der „Sohn des Kummers", zögert nicht, seine Mutter dem Freund als Frau anzubieten, ja ihre verblasste Schönheit herauszustreichen, falls dieser zögern sollte.

Vom Standpunkt der Frau aus gesehen, zeigt diese „Freundestat" unter Männern alle Schwächen der „neuen Ordnung". Einerseits ist Landbesitz immer noch unauflöslich mit der Frau verbunden. Andererseits ist es gerade diese Verbindung mit Grundbesitz, die die Frau zum Köder für besitzlose Männer macht. Wie Penelope ist Rhiannon zur „reichen Witwe" degradiert, und es bleibt ihr nichts anderes übrig, als gute Miene zum bösen Spiel zu machen. Manawydan, der noch vor kurzem in London sein Schicksal beklagte, wird in Rhiannons Gesellschaft munter und erklärt seinem Freund in bester Laune: „Ich nehme Euer Angebot an." Darauf Rhiannon: „Was für ein Angebot?" „Herrin, ich habe Euch Manawydan Llyrssohn zur Frau gegeben." Ein Glück, dass auch Rhiannon an dem landlosen Fürsten Gefallen findet und sich dem Willen ihres Sohnes, wie der Erzähler erwähnt, „gerne fügt". Wo ist nun jene Rhiannon, die im *Ersten Zweig* stolz erklärte: „Ich reite in eigener Sache"?

Der *Dritte Zweig* ist der erste Akt des keltischen Patriarchats, und wie wir sehen werden, repräsentiert hier Manawydan das Männerideal des christlichen Mittelalters. Frauen sind jetzt zu zweitklassigen Menschen degradiert. Von Pryderis Frau Cigfa (Kigva) wird nur gesagt, dass sie aus einer „altangesehenen Familie" stammt: Ihr wichtigstes Attribut ist ein glänzender Stammbaum. Eines aber ist sicher: Zur „Matriarchin" ist die Frau des Stammeshelden nicht geboren, und folgerichtig hören wir von ihr auch nicht, dass sie Mutter wird. Die weibliche Erbfolgelinie ist erledigt. Rhiannon und Cigfa haben den Heimkehrern ein Festmahl bereitet, dabei wird die Hochzeit Rhiannons und Manawydans gleich mitgefeiert, denn es heisst: „Und bevor das Fest zu Ende war, schlief er mit ihr." Ein offizieller Vermählungsritus war nicht üblich. Nach altem Brauch feiert man wochenlang, und während des Festes hat Rhiannon zum letzten Mal Gelegenheit, ihre Klugheit zu beweisen. Als es darum geht, Caswallon, dem neuen König, den Lehnseid zu leisten, schlägt Pryderi vor, das Fest vorzeitig abzubrechen, um seiner Lehnspflicht nachzukommen und Caswallon zu huldigen. Nach allem was geschehen ist, weiss Rhiannon, wie schwer ihm dies fallen muss. Sie weiss aber auch, dass Pryderis Lehnseid politisch notwendig ist, um Feindseligkeiten von Seiten Caswallons und damit einen neuen Krieg zu vermeiden. Der Frieden mit dem neuen Machthaber ist wichtig, damit sich das ausgeblutete Land erholen kann. Doch die Ehre Dyfeds gebietet, Caswallon gegenüber nicht allzu unterwürfig zu erscheinen. So schlägt sie einen Kompromiss vor. Sie beweist damit ihre politische Klugheit und zeigt ausserdem, wie gut sie über den Grosskönig informiert ist. „Caswallon ist zur Zeit in Kent," sagt sie. „Ihr könnt ruhig hierbleiben und warten, bis er Dyfed auf seinem Umritt nähergekommen ist." Pryderi ist nur zu gerne dazu bereit und begibt sich inzwischen auf seinen eigenen Umritt. Wie einst sein Vater das Land unter Arawns Regierung, so findet er jetzt sein Erbe, das während seiner Abwesenheit von Rhiannon regiert wurde, aufs Beste verwaltet und „höchst angenehm darin zu leben, reich an Wild, Fischen und Honig." Wie wichtig gerade „Wild, Fische und Honig" für die königliche Familie sein werden, soll sich bald erweisen. Als sich Pryderi nach Oxford begibt, um den Lehnseid zu leisten, zeigt sich Caswallon, der Usurpator von Brans (und Manawaydans) Thron, höchst gnädig und huldvoll. Der Frieden ist gesichert. In enger Freundschaft verbunden, geniessen die beiden Paare ein idyllisches Leben. Leider ist die Idylle nur von kurzer Dauer.

Der Autor der *Vier Zweige* betont immer wieder, dass die vier Protagonisten nicht nur durch Familienbande, sondern auch durch eine herzliche Freundschaft verbunden sind. Es ist dieses innige Zusammenhalten der Vier, das ihr Überleben ermöglichen wird. Leichtsinnig geworden, scheint selbst Rhiannon ihre ständige Bedrohung durch dunkle Mächte vergessen zu haben. Die Vier unternehmen eine gemeinsame Wanderung auf den Gorsedd Arberth, den Schicksalsberg von Dyfed. Vielleicht war es zur Zeit des Maienfestes, wo die Tore zur Anderswelt offen stehen. Und jetzt, da die Göttin ganz vermenschlicht ist, finden die dunklen Mächte leicht Einlass. Die Wanderer werden von einem dichten Nebel überrascht und von einem grellen Blitz und Donnerschlag erschreckt. Als sich der Nebel verzieht, ist Dyfed wie leergefegt von jeder menschlichen Behausung. Menschen und Tiere, ja alles Leben ist aus dem Land verschwunden. Auch die Burg steht leer und verlassen. Die beiden Paare sind allein in ihrem Land. Sie versuchen, das Beste aus ihrer Lage zu machen und leben von Jagd, Fischfang und wildem Honig. Aber es ist ein schweres Leben. Da ergreift Manawydan die Initiative: „So können wir nicht länger leben.“ Sagt er. „Wir werden nach Llögyr (England) gehen und ein Handwerk betreiben, mit dem wir unsern Unterhalt verdienen können.“ Dies ist wieder eine starke Abweichung von Mythe und Heldenzeitalter, das ausser zauberkundigen Schmieden keine Handwerker kannte - ein weiterer Hinweis darauf, dass diese Geschichte im christlichen Mittelalter spielt. Manawydans Idee ist nicht schlecht. Als Sattler verdienen sie in England gut. Aber ihre Ware ist so hervorragend, dass sich die anderen Sattler gegen sie verschwören. Zwar schlägt Pryderi vor, sie alle totzuschlagen, aber Manawydans Klugheit weiss dies zu verhindern. Dann versuchen sie ihr Glück als Schildmacher, aber wieder werden sie von den einheimischen Handwerkern vertrieben. Nach Dyfed zurückgekehrt, leben sie erneut von der Jagd als der einzigen standesgemässen Tätigkeit. Aber dann geschieht das Unerhörte. Trotz Manawydans Warnungen verfolgt Pryderi einen weissen Eber und gerät dabei in ein Zauberschloss, das er nie vorher gesehen hat. Dort findet er einen Brunnen und daneben eine goldene Schale, die an vier Ketten befestigt ist, „und die Ketten hingen frei in der Luft“. Pryderi ist offenbar blind gegen solche Warnsignale. Er ergreift die Schale und kommt nicht mehr von ihr los. Nun sind Brunnen mit goldenen Trinkschalen zwar ein altes keltisches Motiv, doch erscheinen sie gewöhnlich bei der Wahl des zum König bestimmten Helden und nicht als Lockmittel zur Entführung in die Anderswelt. Auch hier zeigt sich die Verkehrung alter Symbolik. Manawydan wartet lange vergeblich auf seinen Freund. Dann kehrt er zu den beiden Frauen heim und berichtet traurig, was geschehen ist. Rhiannon ist wieder einmal wütend: „Ein schlechter Freund bist du gewesen, und einen guten Freund hast du verloren!" Hier erscheint Rhiannon ganz als menschliche Mutter, der es nur um die Rettung ihres Sohnes geht. Bar jeden höheren Wissens schlägt sie Manawydans Warnungen in den Wind. Vergebens versucht er sie zurückzuhalten. Sie läuft hinaus und findet ihren gefangenen Sohn. Wie sie ihn aber befreien will, kommt auch sie nicht mehr von ihm los und ist mit ihm gefangen. Sobald es Nacht wird, verschwinden Schloss, Rhiannon und Pryderi spurlos durch Zaubermacht. Dyfed verwandelt sich in eine Wildnis, ein „wüstes Land", und in dieser Wildnis bleiben Cigfa und Manawydan allein zurück. Die junge Frau fürchtet, ihr Schwiegervater könnte ihre Lage zu unerwünschten Annäherungen ausnützen - die ewige Angst der Frau. Manawydan kann sie beruhigen: Nie würde er den Freund und ihr Vertrauen so verraten. Wie einst Pwyll an Modrons Hof weiss auch Manawydan, was sich Frauen gegenüber gebührt. Doch Cigfas Befürchtungen sind bezeichnend für die Sitten der Zeit.

Noch einmal begeben sich die beiden nach England, und diesmal versucht sich Manawydan als Schuhmacher. Wieder ist seine Ware so beliebt, dass ihn die einheimischen Schuster verjagen. Doch vor ihrer Rückkehr nach Wales kauft Manawydan drei Säcke Saatkorn, um sich in Dyfed als Bauer zu versuchen. Der „landlose Fürst" hat die unterste Gesellschaftsstufe erreicht und entsprechend ändert sich der Stil der Erzählung. Was jetzt folgt, ist ein Schwank in der Art der Märchen vom dummen Teufel und vom schlauen Bauer. Manawydans Weizen blüht. Bald sind die drei Äcker, die er gesät hat, reif zur Ernte. Da verheeren Mäuse das Kornfeld. Doch Manawydan gibt nicht auf. Wie einst Teyrnon-Tigernonos über seine Stute wachte, so wappnet sich jetzt Manawydan und wacht über den Weizen, was auch einen Dienst an der Kornmutter darstellt. Es gelingt ihm, eine Maus zu fangen, und wie einst Pwyll den unerwünschten Freier in Rhiannons Zaubersack steckte, so bindet er die Maus in seinen Handschuh und wartet auf den Morgen. Dann steigt er wieder auf den Schicksalsberg Gorsedd Arberth, doch diesmal ist es, um die diebische Maus zu hängen - ein Hinweis darauf, dass der alte Opferberg jetzt zum Galgenberg geworden ist. Cigfa erklärt ihn für verrückt. Als standesbewusste Fürstin erinnert sie ihn daran, dass sich das Henkersamt, noch dazu an einer Maus, keinesfalls mit seinem hohen gesellschaftlichen Rang vereinbart. Er lässt sich nicht beirren. Auf dem Arberth begegnen ihm kurz nacheinander ein fahrender Sänger, ein Priester und schliesslich ein Bischof mit grossem Gefolge. Da er seit Jahren keine Menschenseele mehr in Dyfed gesehen hat, muss es mit diesen Reisenden eine besondere Bewandtnis haben. Jeder der drei Männer bietet ihm ein immer höheres Lösegeld für die Maus. Manawydan lässt sich nicht erweichen: „Die Maus hat mich bestohlen, die Maus wird gehängt." Er hat einen kleinen Galgen errichtet, und ist dabei, die Schlinge um die Maus zu legen, da beschwört ihn der Bischof: „Nennt Euren Preis für die Maus!" Manawydan hat nur darauf gewartet. Er fordert Befreiung von Rhiannon und Pryderi, Lösung des Bannfluchs der Verödung von Dyfed und einen heiligen Eid, dass weder für Rhiannon noch für Pryderi noch für ihn selbst weitere Vergeltung folgen wird. Und übrigens: wer ist die Maus? Der vermeintliche Bischof gibt klein bei. Rhiannon und Pryderi kehren zurück, als hätten sie ihn nie verlassen, die sieben Gaue Dyfeds erstehen augenblicklich in alter Herrlichkeit, und die Maus war niemand anders als des „Bischofs" Frau, eine Fee aus der Anderswelt. „Und sie war schwanger, sonst hättet Ihr sie nicht erwischt." Es stellt sich heraus, dass der vermeintliche Bischof (in früheren Fassungen sicher ein Druide) ein Freund des einst so gedemütigten Freiers Gwawl ab Clud aus der Anderswelt ist, der Zauberer Llwyd vab Cil Coed (wörtlich „Llwyd Sohn von Hinterm Wald"), der an Gwawls Statt immer noch darauf bedacht war, die erlittene Schmach des Freundes zu rächen. In Manawydan, dem zauberkundigen Meeresgott, hat Llwyd seinen Meister gefunden. Rhiannon und Pryderi sind frei, das „Wüste Land" erblüht wieder, und der Zauberbann über Dyfed ist gebrochen.

DIE GEFANGENE GÖTTIN UND IHR SOHN

Auf den ersten Blick erscheint *Manawydan Llyrssohn* als die schwächste der vier Erzählungen. Aber bei näherem Studium zeigt sich, dass es dem Erzähler gelungen ist, die alten mythologischen Motive in einer komplexen Struktur neu zu ordnen und seiner eigenen Zeit anzupassen. Hier beginnt die absolute Umkehrung matriarchaler Werte: Erste Umkehrung: Rhiannon hat ihren göttlichen Aspekt verloren und ist nur noch Landadelige, Frau und Mutter. Im Gegensatz zu Manawydan hat sie ihr höheres Wissen vergessen und rennt kopflos in die Falle, die sie doch leicht hätte erkennen können. Andererseits jedoch erfüllt sie gerade in dieser Geschichte ihre mythologische Rolle als „Gefangene in der Anderswelt" (Unterwelt), ja als Todesgöttin. Zweite Umkehrung: Keltische

Forscher haben wiederholt auf das Motiv des Wüsten Landes in Wales hingewiesen, das soviel Ähnlichkeit mit der Geschichte von Demeter und Kore hat. Hier wie dort sucht eine Göttin ihr Kind, hier wie dort steht alles Leben still. Doch was in Griechenland eine Folge der Trauer der Göttin Demeter ist, geschieht in Wales als ein Racheakt gegen die Göttin Rhiannon selbst und entzieht sich vollkommen ihrem Einfluss. Ja, sie selbst wird zusammen mit ihrem Sohn gefangen genommen und in die Anderswelt entführt. Abgesehen von einem patriarchalen Strukturwechsel hat die „Gefangenschaft der Göttin" einen jahreszeitlichen Hintergrund. Dies wird betont durch die gleichzeitige Gefangenschaft Pryderis. Pryderi steht hier für Mabon, den Sohn der Göttin, der ursprünglich ein Vegetationsheros war und dessen „Gefangenschaft" während der Wintermonate durchaus verständlich ist. Trotz der Namensänderung von Mabon zu Pryderi sind sich die Keltologen darüber einig, dass der *Dritte Zweig des Mabinogi* die alte Mythe vom gefangenen Sohn der Göttin darstellt. In der Geschichte von *Culhwch und Olwen* (Kap. 8) werden wir dieser Mythe in ihrer ursprünglichen Form wieder begegnen.

Dritte Umkehrung: Das Motiv vom „Wüsten Land" (Wasted Land) begegnet uns auch in der griechischen Mythologie. Dort verhindert die um ihre Tochter trauernde Demeter alles Wachstum in der Natur, um die olympischen Götter zu zwingen, ihr Kind zurückzugeben. Diese Verwandlung der Natur, (die mythologische Erklärung für die tote Jahreszeit des Winters), steht also ursprünglich allein der Göttin zu. In der keltischen Mythe handelt es sich dagegen um die Rache des abgewiesenen Freiers. In den Gralsgeschichten finden wir das gleiche Motiv, aber jetzt verursacht durch die Verwundung oder Krankheit (in christlicher Version durch „die Sünde") des Königs. Und hier ist zu bemerken, dass sich auch das Bild des Mannes grundsätzlich verändert hat.

Manawydan

Manawydan, der zweite Gemahl Rhiannons, ist ursprünglich der irische Meeresgott Mannanan, der Herr der Insel Man und ein gefürchteter Zauberer. Diese Rolle hat er im *Dritten Zweig des Mabinogi* abgestreift. Aber immerhin ist auch er aus göttlichem Geschlecht, ein Sohn des Meeresgottes Llyr und Penardduns, der Tochter der Göttin Dana. Wie uns sein Sieg über den Llwyd Cil Coed zeigt, verfügt er auch in seiner Rolle als verarmter Fürst noch über beträchtliches, geheimes Wissen, das er klug einzusetzen weiss. Aber während sich fast alle keltischen Götter durch

Kriegstüchtigkeit auszeichneten, ist Manawydans Stärke Geduld und Zähigkeit. Der Dichter zeichnet ihn nach dem Vorbild des französischen Schutzheiligen, Sankt Eustachius.[50] Manawydan ist ein Charakter, der mutig und unentwegt, aber ohne physische Kraftproben kriegerischen Heldentums allen Schicksalsschlägen trotzt. Zäh und verbissen wartet er auf den Zeitpunkt, wo sich ihm die Chance für eine neue Intiative bietet. Bewusst übernimmt er die Verantwortung für die verarmte Familie, und wehrt dem hitzköpfigen Pryderi, als dieser die zünftigen Handwerker kurzerhand erschlagen will. Als Rhiannon ihm vorwirft, seinen Freund schmählich verlassen zu haben, nimmt er ihre ungerechten Vorwürfe klaglos hin, und Cigfas Befürchtungen um ihre Frauenehre beruhigt er mit dem Hinweis auf seine Freundestreue nicht nur Pryderi, sondern auch ihr selbst gegenüber. Getreulich kämpft und arbeitet er erst für die beiden Frauen und schliesslich für Cigfa allein. Und obwohl sie ihn für verrückt hält, verfolgt er unentwegt den Plan, den höheres Wissen ihm eingibt. Denn nur er scheint zu wissen, woher die Schicksalsschläge kommen, die Dyfed heimsuchen, und was sie letzten Endes verursacht hat: nämlich Rhiannons schmähliche Behandlung des abgewiesenen Freiers Gwawl. Er weiss auch, dass diesem Gegner nur durch Wachsamkeit, Geduld und List beizukommen ist. Und seine Methode führt zum Ziel.

In einem Gedicht, das im *Schwarzen Buch von Carmarthen* enthalten ist, wird Manawydan als der Gott von „weisheitstiefem Rat“ gefeiert. Dies könnte den Autor bewogen haben, ihn hier als ein Musterbeispiel von Mässigung, Toleranz und Weisheit darzustellen, nämlich jener Tugenden, die der Kriegerkaste fehlten und die in der vorhergehenden Erzählung die Tragödie verursachten. Gegen dieses traditionelle Heldenideal, von dem die Barden unentwegt sangen, setzt der Autor hier eine Gestalt, die man geradezu als Antihelden bezeichnen könnte: einen schwergeprüften Mann, der trotz aller Schicksalsschläge für seine Familie und sein Land Erlösung von einem unerträglichen Zauberbann erlangt. Sein Erfolg liegt nicht im raschen Dreinschlagen, sondern im zähen Festhalten an den pragmatischen Tugenden von Geduld und Kompromiss. Dabei wird auch die alte Göttinstruktur nicht vergessen: Keltologen mögen an Manawydan die Leidenschaftlichkeit, die Übertreibung und die Gefühlstiefe vermissen, die so sehr Bestandteil der keltischen Tradition sind. Zugegeben, der traditionelle keltische Held scheint hier verschwunden zu sein, aber nicht die Konstellation der Göttin Sovereignty und ihres Helden. Denn Manawydan ist kein selbstherrlicher Monarch. Er ist immer noch der Gefährte und Beschützer der Göttin, der Heros, dessen Aufgabe es ist, sie von ihren Widersachern zu befreien. Dies unterstützt die Annahme, dass es sich beim Autor der *Vier Zweige* um eine Frau gehandelt haben könnte, die die kriegerischen Tugenden ihrer Zeitgenossen satt hatte. Neben Mässigung, Geduld und Toleranz hebt die Erzählung auch die Tugenden der Freundschaft und Treue hervor - alles Voraussetzungen für ein reibungsloses Funktionieren der Gemeinschaft. Und diese Gemeinschaft schliesst hier als wesentlichen Bestandteil auch Frauen ein, ja um ihre Rettung und Befreiung dreht sich alles - selbst bei der schwangeren Maus.

Wir dürfen nicht vergessen, dass der oder die Autor/in in einer Zeit lebte, in der Wales, ein armes Land, ständig von Kleinkriegen und Invasionen von seiten der Engländer und Normannen bedroht war. In einer solchen Zeit mochten Fürsten mit diplomatischem Weitblick und politischem Geschick dem Land besser dienen als die kühnsten Kriegshelden. Dies ist die Lehre Manawydans. Man hat sich auch gefragt, warum hier der alte Name Mannanan durch Manawydan ersetzt wurde, und versuchte dies mit einem Abschreibefehler zu erklären. Doch die Veränderung wird sinnvoll, wenn wir erfahren, dass der Held versucht, als Sattler und Schuhmacher sein Brot zu verdienen: beides Berufe, in denen die Ahle das wesentlichste Werkzeug ist. Und Manawydan klingt ganz ähnlich wie das walisische Wort für „Ahle“, *mynawyd*. Die Waffe Manawydans ist also nicht mehr das blitzende Schwert, sondern ein bescheidenes Handwerkszeug, das verwendet wird, um dicke Felle zu durchbohren, d.h. im keltischen Jargon um schwierige Probleme zu lösen. Kein Zweifel: Manawydan, „die Ahle“, ist der Held der neuen Zeit. Er ist es, der seinem Freund und Waffengefährten, dem Stammeshelden Pryderi, sein Land, seine Freiheit und die Mutter zurückzugeben vermag. Und das alles ohne Gewalt.

7

GÖTTIN DANA UND IHRE KINDER DER VIERTE ZWEIG

Die drei ersten Zweige des Mabinogi spielen im Süden von Wales und handeln von Empfängnis, Geburt, Heldenfahrt und Gefangenschaft des Stammeshelden Pryderi. Der Schauplatz des vierten und letzten Zweiges liegt grösstenteils im Norden des Landes und berichtet von Pryderis Tod im Zweikampf mit Gwydion, dem Sohn der Göttin Dana. Hier begegnet uns ein älteres Göttergeschlecht als das der Pferdegöttin Rhiannon. Es sind die Kinder der alten paneuropäischen Göttin Dana, „der Mutter der Götter“. Einer der Besiedlungsstämme Irlands nannte sich *Tuatha De Danann*, d.h. der Stamm der Göttin Dana.

Der Norden von Wales heisst Gwynedd „Venedotia“, war also von einem Stamm bewohnt, der sich nach der Weissen Göttin nannte, von deren Kindern hier zu berichten ist. Da der Norden und besonders die Nordwestküste von Wales teilweise von Iren besiedelt und lange von Iren und Briten umkämpftes Gebiet war, dürfen wir annehmen, dass es sich beim *Vierten Zweig* um die Taten der Kinder Danas auf britischem Boden handelt. Die anti-irische Haltung des Autors, die schon im *Zweiten Zweig* zu bemerken war, kommt auch hier wieder zum Ausdruck - obwohl nirgends erwähnt wird, dass es sich bei den Kindern Danas ursprünglich um ein besonders in Irland verehrtes Göttergeschlecht handelte. Eine Ausnahme bildet Gwydion. Als Onkel/Vater des Stammeshelden Lleu/Llew ist Gwydion der Protagonist und Hauptakteur des *Vierten Zweiges*. Lleu/Llew dagegen ist identisch mit dem gallisch/irischen Gott Lugh, den die Römer mit Merkur gleichsetzten. Die Iren nannten ihn Lugh Samildanach, d.h. „der Kunstfertige, der Alleskönner", und feierten ihn als Befreier von der Bedrängnis der Insel durch die Fomorier. Sein Fest Lughnasad am 1. August ist das Schnitterfest und dauert auch heute noch eine ganze Woche.

Der Titel des *Vierten Zweiges* ist *Math Sohn des Mathonwy*, und Math gilt als Bruder der Göttin Dana, während die Göttin selbst als Gemahlin des Sonnenheros Beli beschrieben wird. Der Ursprung der Namen Math und Mathonwy geht auf den irischen Gott Mathgen zurück, der wie Manannan mac Llyr ein gefürchteter Zauberer war. In dieser Erzählung hat Dana drei Söhne: Gwydion, Gofannon (ein Schmiedegott) und Gilfaethwy sowie eine Tochter Arianrhod oder Aranrhod. Gwydion ist nach Sir John Rhys der von den Germanen übernommene Woden (Wotan).[51] Dies ist phonetisch richtig, doch erinnern seine listenreichen Künste eher an Loki. Auch Arianrhod ist, wie ihr Bruder Gwydion, eine komplexe Gestalt, und das zwiespältige Verhalten der beiden Geschwister zueinander liegt der Handlung zugrunde.

Hier eine Zusammenfassung des *Vierten Zweiges*:

Zu der Zeit als Pryderi in Südwales herrschte, war Math ap Mathonwy König über Gwynedd (Nordwales). Math war uralt, sehr weise und ein grosser Zauberer. Er hatte die Merkwürdigkeit, dass er seine Füsse stets im Schoss einer Jungfrau halten musste. Nur in Kriegszeiten war er von diesem Tabu befreit. Die Fusshalterin des Königs hiess Goewin, und sie war so schön, dass sich Danas jüngster Sohn Gilfaethwy über die Massen in sie verliebte. Goewin aber kannte nur ihre priesterliche Pflicht als Beschützerin des Königs. Sie dachte nicht daran, ihn zu erhören, so dass er vor Liebe verschmachtete und sein Bruder Gwydion überlegte, wie ihm zu helfen sei. Er verfiel auf die List, den König in einen Krieg zu verwikkeln und ihn auf diese Weise von Goewin zu trennen.

Nun hatte König Arawn seinem Freund Pryderi von Dyfed eine Herde von Zuchtschweinen geschenkt, hatte es aber zur Bedingung gemacht, dass sie erst verkauft werden dürften, wenn sich ihre Zahl verdoppelt hatte. Gwydion verfiel auf den Gedanken, die Schweine zu stehlen und damit einen Krieg zwischen Dyfed und Gwynedd zu entfachen. Als Barde verkleidet, zog er mit Gilfaethwy und seinen Genossen an Pryderis Hof, wo er gastfreundlich aufgenommen wurde. Gwydions Gesang gefiel Pryderi so gut, dass er ihm zum Lohn alles versprach „was in seiner Macht stand." Gwydion erbat sich die Schweineherde. Pryderi verwies auf Arawns Verbot, aber Gwydion versprach ihm als Gegengabe zwölf Pferde mit goldenem Zaumzeug und Sattel, zwölf Jagdhunde mit goldenem

Halsband und Leinen, sowie zwölf goldene Schilde. Das alles hatte er aus welkem Laub und Fliegenpilzen gezaubert, denn auch er war ein grosser Zauberer. Pryderi liess sich betrügen und gab ihm die Schweine, die Gwydions Leute eiligst forttrieben.

Am nächsten Tag verwandelten sich Pferde, Hunde und Schilde wieder zu welkem Laub und Fliegenpilzen, und Pryderi sah sich betrogen. Er sammelte sein Heer und zog gegen Gwynedd. Math zog ihm entgegen. Während seiner Abwesenheit kehrten die beiden Brüder unter einem Vorwand nach Maths Burg Caer Dathyl zurück. Gwydion vertrieb des Königs Mägde, und Gilfaethwy vergewaltigte Goewin auf Maths Lager. Dann folgten sie beide Maths Heerbann. Es kam zu einer blutigen Schlacht, und Math siegte. Pryderi suchte um Waffenstillstand nach und stellte Geiseln. Aber Pryderis Krieger hörten nicht auf, gegen Gwynedds Männer zu kämpfen. Um weiteres Blutvergiessen zu verhüten, forderte Pryderi Gwydion zum Zweikampf auf. Die beiden Helden kämpften lange und erbittert. Im Mabinogion steht, dass Gwydion Pryderi „durch Kraft und Mut, aber auch durch Zaubergewalt“ besiegte und tötete.

Da der Krieg siegreich beendet war, begaben sich Gwydion und Gilfaethwy auf einen Umritt, während Math an seinen Hof zurückkehrte. Da erfuhr er von Goewin vom Verbrechen seiner beiden Neffen. Math war tief in seiner Ehre gekränkt, durfte aber nach keltischem Brauch als König nicht gegen seine eigenen Verwandten rechtlich vorgehen. „Was ich tun kann, will ich tun.“ Sprach er zu Goewin. „Zuerst Genugtuung für dich, und dann will ich für mich selbst Genugtuung fordern. Ich werde dich zu meiner Frau machen und alle Gewalt über Gwynedd in deine Hand legen.“ Dann liess er einen Befehl ergehen, dass seinen Neffen nirgends Speise noch Trank gereicht noch Unterkunft gewährt werden durfte. In die Enge getrieben, beschlossen die Brüder an den Hof zurückzukehren und sich Math zur Verfügung zu stellen. Die Strafe war ihrer Untat angemessen. Da sie wie Tiere gehandelt hatten, verwandelte sie Math in wilde Tiere: ein Jahr lang als Hirsch und Hindin, ein zweites Jahr als Sau und Eber und ein drittes Jahr als Wolf und Wölfin. In jedem Jahr brachten sie ein Junges zur Welt, das Math in ein Menschenkind verwandelte. Dann verzieh ihnen der König und setzte sie in allen Ehren wieder an seinem Hof ein.

Inzwischen sah er sich wieder nach einer Jungfrau um, die seine Füsse halten konnte, und Gwydion schlug seine Schwester Arianrhod vor. Er brachte sie nach Caer Dathyl, und Math fragte sie, ob sie eine Jungfrau sei. „Ich weiss es nicht anders, als dass ich eine bin“, war ihre Antwort. Math bog seine Zauberrute zu einem Reif und befahl ihr, darüber zu steigen. Da geschah es, dass ihrem Schoss ein Kind entfiel und „noch ein kleines Ding, das Gwydion rasch in ein seidenes Tuch hüllte und in einer Truhe neben seinem Bett verbarg." Arianrhod floh entsetzt und tief beschämt. Math aber nahm das Kind und liess es auf den Namen Dylan taufen.[52] Im Text heisst es, dass der Kleine, sobald er in das Seewasser getaucht wurde, wie ein Fisch davonschwamm.

Eines Morgens erwachte Gwydion vom Weinen eines kleinen Kindes in der Truhe neben seinem Bett. Er brachte den Kleinen zu einer Amme und, wie einst Pryderi, so wuchs auch dieses Kind doppelt so schnell wie andere Kinder. Mit vier Jahren war er alt genug, an Maths Hof zu gehen, und Gwydion übernahm seine Erziehung. Als es an der Zeit war, brachte er das Kind zu Arianrhod und stellte es ihr als ihren Sohn vor. Sie aber dachte nur an ihre Schande und wollte nichts von dem Jungen wissen. Als sie erfuhr, dass er noch keinen Namen hatte, schwur sie, dass er auch in Zukunft namenlos bleiben sollte. Gwydion sann auf eine List. Als Schuhmacher verkleidet, zog er mit dem Jungen zu Arianrhods Burg. Arianrhod liess ihn das Mass ihres Fusses nehmen, während das Kind vor ihren Augen einem Zaunkönig durch die Fussehne schoss. Arianrhod bewunderte den Schuss und sprach: „Eine sichere Hand hat der kleine Blonde!" „Lleu Llaw Gyffes, der Lichte mit der sicheren Hand! Du hast deinem Sohn einen guten Namen gegeben!" sprach Gwydion und gab sich zu erkennen. Arianrhod war wütend und schwor, dass sie ihm keine Waffen geben würde, wie es der Mutter zustand, so dass er sein Leben lang waffenlos bleiben müsse. Aber wieder gebrauchte Gwydion eine List. Als Spielmann verkleidet, zog er mit Lleu Llaw Gyffes nach Arianrhods Burg. Dort täuschte er durch seinen Zauber einen Angriff auf die Burg vor und erbot sich dann, die Burg zu verteidigen. Nur solle Arianrhod ihn und seinen Begleiter bewaffnen. Als dies geschehen war, gestand er ihr lachend, dass er sie erneut überlistet und dass sie ihren Sohn selbst bewaffnet hatte. Wieder verwünschte ihn Arianrhod und schwor, dass ihr Sohn nie eine Frau von Menschenart heimführen würde. „Du bist ein böses Weib!" sprach Gwydion, „und kein Mensch soll dir etwas zuliebe tun. Aber eine Frau soll er haben!" Math war ein grösserer Zauberer als Gwydion, und Gwydion bat ihn, seinem Neffen zu helfen. Zusammen erschufen die beiden Magier ein Mädchen aus Eichenblüten, Ginster, Wiesenschaumkraut „und noch sechs anderen Blüten". Sie nannten ihre Schöpfung Blodeuedd, d.h. „Blumengesicht", und gaben sie Lleu Llaw Gyffes zur Frau. Dazu gab Math seinem Grossneffen den Gau von Dinoding (die heutige Gegend von Eyfynyd und Arduddwy) zum Lehen. Im Oberland von Arduddwy baute sich Lleu eine Burg und nannte sie Mur Castell. Dort lebte er glücklich und alle Leute im Land priesen seine Herrschaft.

Eines Tages ging er nach Caer Dathyl um Math zu besuchen, und Blodeuedd blieb allein in der Burg zurück. Da geschah es, dass Gronw Pebyr, der Herr von Pen Llyn[53] vorüberkam, der im nahen Wald einen Hirsch erlegt hatte. Es war schon spät am Abend, und Blodeuedd lud Gronw ein, in Mur Castell zu übernachten. Die beiden verliebten sich ineinander, so dass sie glaubten, nicht mehr ohne einander leben zu können, und Gronw beschloss, Lleu Llaw Gyffes zu ermorden. Unter dem Vorwand besorgter Liebe bewog Blodeuedd, ihren Gemahl ihr das Geheimnis seines Todes zu verraten. Der Speer, mit dem er getötet werden konnte, musste ein Jahr lang während der Sonntagsmesse geschmiedet worden sein. Die anderen Bedingungen für seinen Tod waren ebenso schwierig zu erfüllen: Weder in einem Haus noch ausserhalb, weder zu Wasser noch zu Lande, weder zu Fuss noch zu Pferd konnte sein Leben bedroht werden. Um ihn zu töten, war es nötig, für ihn ein Bad im Freien zu bereiten und einen Ziegenbock bereitzuhalten, auf den er seinen Fuss setzen konnte, wenn er aus dem Bad stieg. Es gelang Blodeuedd, alle diese Bedingungen zu erfüllen, und Lleu liess sich überlisten. Als er aus dem Bad stieg und seinen Fuss auf den Ziegenbock setzte, warf Gronw den Zauberspeer nach ihm und durchbohrte ihn. Mit einem Schrei verwandelte sich Lleu in einen Adler, flog in die Lüfte und verschwand. Gronw nahm Arduddwy in Besitz und vereinigte es mit Pen Llyn. Dann lebte er mit Blodeuedd glücklich auf Mur Castell.

Als Math und Gwydion erfuhren, was geschehen war, erfüllte sie grosse Trauer. Gwydion erbat sich Urlaub von Math, um seinen Neffen zu suchen. Er suchte ihn auf der ganzen britischen Insel. Nach langer Zeit kam er an den Hof Menawr Bennard. Dort erzählte ihm der Schweinehirt von einer weissen Sau, die ihm jeden Morgen davonlief, so dass er sie nicht mehr finden konnte. Gwydion folgte der Sau und kam in das Tal, das jetzt Nant Lleu heisst. Dort stand eine riesige Eiche, und unter der Eiche frass die Sau Würmer und faules Fleisch, das aus den Zweigen der Eiche fiel. Gwydion blickte empor und sah, dass auf dem Wipfel der Eiche ein Adler sass. Da wusste er, dass er Lleu gefunden hatte. Er sang drei Zauberverse, und der Adler flog herab und setzte sich auf sein Knie. Gwydion berührte ihn mit seinem Zauberstab und gab ihm seine menschliche Gestalt zurück, aber „er war nichts als Haut und Knochen“. Gwydion brachte ihn nach Caer Dathyl und berief die besten Ärzte von Gwynedd, um ihn zu heilen. Ehe ein Jahr vergangen war, war Lleu geheilt und verlangte Vergeltung für das Unrecht, das ihm geschehen war. Also berief Math alle wehrfähigen Männer von Gwynedd zu seinem Heerbann, und Gwydion führte sie gegen Arduddwy. Als Blodeuedd von seinem Kommen hörte, floh sie mit ihren Mägden in die Berge. Doch die Mägde ertranken auf der Flucht in einem See. Gwydion aber holte Blodeuedd ein und verwandelte sie in eine Eule. Lleu tötete Gronw mit demselben Speer, in derselben Stellung und auf dieselbe Weise, wie es Gronw mit ihm getan hatte. Dann nahm er wieder Besitz von seinem Land und regierte es glücklich, bis er schliesslich Herr von ganz Gwynedd wurde. -

Eine verwirrende Geschichte. Zwei Dinge sind jedoch klar: Pryderi, der letzte Stammesheld von Südwales, ist tot, und die Macht der Göttin ist endgültig dahin. Die Götter Math und Gwydion haben ihre Rolle übernommen. Gruffydd hat nachgewiesen, dass es sich beim *Vierten Zweig* um die walisische Form der Lugh-Mythe handelt: Lugos/Lugh/Lleu/Llew ist ursprünglich der keltische Sonnenheros Lug, den die Römer mit Merkur identifizierten.[54] Wie Apollo und Mabon/Pryderi ist auch er ein Sohn der Göttin, nur dass es sich bei Arianrhod, dem Namen nach zu schliessen, um eine Mondgöttin zu handeln scheint. Math ist das walisische Gegenstück zu dem zyklopenhaften irischen Riesen Balor „mit dem versengenden Auge“. Balor ist einer jener zahlreichen Herrscher, denen prophezeit wurde, dass der Sohn ihrer Tochter den Grossvater töten wird. Die Tochter wird also in einen Turm gesperrt und von jedem männlichen Kontakt ferngehalten.[55] Trotzdem gelingt es einem Freier, Zugang zu ihr zu finden und einen Sohn zu zeugen, der die Prophezeiung erfüllt. Diese irische Vorgeschichte fehlt im *Vierten Zweig*, obwohl auch Arianrhod in einer turmähnlichen Burg auf einer Insel an der Westküste von Wales lebt. Unverständlich ist, dass Goewin vergewaltigt wird, aber Arianrhod zwei Söhne (die üblichen göttlichen Zwillinge) zur Welt bringt.

Durch Vergleiche mit walisischen Volksmärchen kann Gruffydd nachweisen, dass Goewin eine späte Interpolation ist. Math hatte ursprünglich seine Nichte Arianrhod zur Fusshalterin bestimmt, um sie ständig überwachen zu können und so zu verhindern, dass sie die Mutter seines Nachfolgers wird. Gwydion, der mit seinem Bruder Gilfaethwy selbst die Nachfolge übernehmen möchte, bricht den Krieg vom Zaun, um den König von Arianrhod zu trennen und seine Schwester zu vergewaltigen. Der Autor von *Math vab Mathonwy* erzählt es anders. Zwischentextlich ist leicht zu erkennen, dass es sich bei Lleu um das Kind von Bruder und Schwester handelt, ein Umstand, der in der irischen Sage fehlt. Ist das der Grund, warum Arianrhod ihr Kind verstösst, ja ihm das Leben durch schwerwiegende Tabus (*geisa*) unmöglich macht? Unter Göttern waren Bruder-Schwester-Verbindungen üblich, doch schreibt Gruffydd, dass keltische Frauen inzestuös gezeugte Kinder aussetzten oder an Pflegeeltern abgaben.

Und warum versichert Arianrhod ihrem Onkel, dass sie Jungfrau ist, wenn sie doch wissen muss, dass sie vor Math nichts verbergen konnte? Zwar hat Jean Markale darauf hingewiesen, dass es sich hier um ein Missverständnis um das Wort *morvyn* „Jungfrau“ handelt. Dieses Wort bezeichnet nämlich, wie das lateinische *virgo*, eine vom Mann unabhängige Frau, ungeachtet ihrer sexuellen Beziehungen. Dies sei die Bedeutung gewesen, in der Arianrhod das Wort verstand, während es für Math die physiologische Bedeutung von *virgo intacta* gehabt habe. Das ist möglich. Doch ändert es nichts an der Tatsache, dass der *Vierte Zweig* problematisch und ambivalent wie keiner der drei anderen Zweige ist. Oberflächlich betrachtet zerfällt er in drei Teile: 1. Der Sieg über Dyfed und Pryderis Tod im Zweikampf gegen Gwydion. Gleichzeitig enthält dieser Teil auch die Geschichte der Empfängnis und Geburt des Helden Lleu. 2. Lleus Mannbarmachung trotz der Verwünschungen seiner Mutter und seine Vermählung mit Blodeuedd. 3. Blodeuedds Betrug an Lleu, seine Ermordung und Auferstehung, sowie Gwydions Bestrafung Blodeuedds und Lleus Rache an Gronw Pebyr.

Lleu Llaw Gyffes ist der Sohn der Geschwister Arianrhod und Gwydion, beides Kinder der Muttergöttin Dana. Diese Göttin wird in der keltischen Mythologie als die Gemahlin des Gottes Beli[56] beschrieben, doch Graves hält sie für eine der ältesten paneuropäischen Gestalten der Göttin überhaupt. Vergleichen wir den ersten Zweig des Mabinogi mit dem vierten, so erkennen wir Folgendes: 1. Zwischen den beiden Götterdynastien von Südwales und Nordwales findet ein Machtkampf statt, in welchem das Geschlecht der Göttin Dana siegt. 2. Dies bedeutet gleichzeitig den Sieg des „mutterlosen“,Heros Lleu über den „Sohn der Mutter“, Pryderi/Mabon. Doch Lleu verdankt seinen Sieg seinem Mutterbruder Gwydion und Math, seinem Grossonkel mütterlicherseits, ein klarer Hinweis dafür, dass hier zwar noch die Mutterlinie besteht, aber allein die Männer die Akteure sind. Das heisst, es findet ein Übergang zu patriarchalen Mustern statt.

Irische Quellen und matriarchale Motive

Wie J.W. Gruffydd schreibt, wiederholen die ersten Abschnitte die irische Sage von Balors Tod durch seinen Enkel, den irischen Sonnenheros Lugh, während es sich beim letzten Abschnitt um die Geschichte von Balors treuloser Frau handelt. Auch die Beschreibung des Ritualmordes mit dem Zauberspeer geht auf ein irisches Vorbild zurück. Sicher ist Lugh

Llamfada „Lug mit der langen Hand“, und Lleu Llaw Gyffes „Lleu mit der sicheren Hand“, derselbe keltische Heros, der in Gallien Lugos hiess und auf dem Puy du Dôme sein grosses Heiligtum hatte. Doch bei der Lektüre der irischen Sage fällt es schwer, weitere Übereinstimmungen zu entdecken, es sei denn die Ähnlichkeit des Namens *Math* mit dem des irischen Zauberers *Mathgen* in der Sage von Balor und Lugh.

Vor allem fehlt in der walisischen Sage das grosse Befreiungsmotiv, das Lugh in Irland auszeichnet. Denn dadurch, dass Lugh unwissentlich seinen Grossvater, den tyrannischen Balor erschlägt, befreit er das Land von dessen langer, unerträglicher Unterdrückung. Lleu befreit niemand, sondern bedarf selbst der Befreiung, erst von den Verwünschungen seiner Mutter und dann vom Tod, den ihm seine betrügerische Frau bereitet hat. Das ist ein bezeichnender Unterschied.

Dagegen begegnen uns in Arianrhod und Blodeuedd zwei Frauengestalten, wie wir sie sonst nirgends in der keltischen Literatur wiederfinden. Vom heutigen Standpunkt aus betrachtet ist Arianrhod die Frau, die ihr Kind verleugnet, ja ihm nach dem Leben trachtet, eine Anti-Mutter. Blodeuedd dagegen ist eine „künstliche“ Frau, aus romantischen Männerträumen zusammengebastelt und daher seelenlos. Im *Vierten Zweig* hat sich also das Verhältnis der Geschlechter zueinander und besonders das Bild der Frau grundsätzlich verändert. Es handelt sich um eine vollkommene Perversion des weiblichen Prinzips, sowie um einen Bruch des alten keltischen Göttinnenbildes von Mutter und Sohn. Diese Entwicklung sieht Gruffydd folgendermassen:

1. Mythologie, begründet auf der Ähnlichkeit der Namen Balor und Beli sowie Lugh und Lleu/Llew. 2. Mythologie wird zur Pseudogeschichte, ähnlich wie im irischen *Buch der Landnahme*. 3. Pseudogeschichte wird zur Volkserzählung. 4. Volkserzählung wird wieder zu Literatur geschönt.[57]

Weiter erkennt Gruffydd zwei wichtige Traditionsbrüche: die Spuren matriarchaler Erbfolge und die Verschleierung des Inzestmotivs. Er schreibt: „Charakteristisch für die *Vier Zweige des Mabinogi* ist die Prominenz der sozialen Stellung des Neffen. Sie verweist auf ein Erbrecht, das der patriarchalen Erbfolge von Vater auf Sohn vorausging. Es besteht kein Zweifel, dass es sich hier um eine matriarchale Gesellschaftsordnung handelte, die vor der patriarchalen Gesellschaftsform massgebend war.“[58]

Dieses Zitat ist der einzige Hinweis auf eine „matriarchale Gesellschaftsform“ in Gruffydds umfangreicher Studie. Natürlich findet sich auch in den walisischen Rechtsweistümern keine Spur einer vorpatriarchalen Erbfolge. Die hier erwähnten matrilinearen Gepflogenheiten widersprechen den Rechtsverhältnissen, die wir im mittelalterlichen Wales vorfinden. In der matriarchalen Gesellschaft waren vom Standort des Mannes aus gesehen Neffe und Nichte wichtiger als Sohn und Tochter, denn erstere trugen nach den Regeln der Matrilinearität denselben Clannamen wie er, letztere dagegen nicht. Im entstehenden Patriarchat (das allerdings bei der Redaktion dieser Erzählung längst bestand) verschiebt sich die einstige Erbfolge von Mutterbruder (Math, Gwydion) auf Schwestersohn (Gwydion, Lleu) jetzt direkt von Vater (Gwydion) auf Sohn (Lleu). Hier ist zu betonen, dass *Math Sohn des Mathonwy* ein Muster wiedergibt und nicht etwa die tatsächlichen sozialen Zustände der damaligen Zeit reflektiert.

Ein weiterer Hinweis auf das einst bestehende Matriarchat ist das Motiv der Initiation des Sohnes durch die Mutter. In der Erzählung wird klar, dass es im Matriarchat das Vorrecht der Mutter war, ihrem Sohn einen Namen zu geben, ihn zu waffnen und ihm eine Frau zuzuführen. Selbst ein so grosser Magier wie Gwydion kann dieses alte Mutterrecht nicht umgehen und muss Arianrhod dazu überlisten. Die Bewaffnung des Sohnes durch die Mutter war bei den Kelten Tradition und ein Beweis für den althergebrachten Glauben, dass es die Mutter ist, die dem jungen Mann seinen Mut und seine Stärke gibt.

Zum verschleierten Inzestmotiv ist zu bemerken: Arianrhods „Schande", die den Konflikt zwischen Mutter und Sohn heraufbeschwört, ist nicht etwa darauf zurückzuführen, dass Lleu illegitim ist, wie manche Autoren meinen. Aussereheliche Kinder waren in der keltischen Gesellschaft voll anerkannt und sogar erbberechtigt, wenn der Vater es wünschte. Dagegen wurden, wie erwähnt, im Inzest gezeugte Kinder oft von der Mutter verstossen und/oder ausgesetzt. Als Kinder der Göttin Dana unterstanden weder Arianrhod noch Gwydion dem Inzestverbot, aber es scheint, dass ihre göttliche Abstammung, mit Ausnahme der Namen, vom Redaktor absichtlich verwischt wurde.

Arianrhod verstösst ihren Sohn nicht etwa deshalb, weil sie in ihm den Beweis für ein Inzestverhältnis mit ihrem Bruder sieht. Der Grund liegt tiefer. Die letzte und einzige Überlegenheit der Frau im Patriarchat besteht darin, dass nur die Mutter mit Sicherheit weiss, wer der Vater ihres Kindes ist: *Mater semper certa est.* Der Vater muss ihrer Aussage Glauben schenken. Gwydion aber gelingt es, dieses Vorrecht der Frau endgültig für sich, also für den Mann, in Anspruch zu nehmen, trotz der sexuellen Freiheit, der sich keltische Göttinnen erfreuten. Wenn er mit seiner Schwester ein Kind gezeugt hat, warum holt er sie dann an Maths Hof, wenn er doch wissen muss, dass sie keine Jungfrau (im üblichen Sinn) mehr ist und der allwissende Math dies schnell herausfinden wird? Er tut es, um ganz sicher zu sein, dass sich Arianrhod selbst noch für jungfräulich hält und nichts vom Beischlaf mit ihm weiss. Wenn nämlich Arianrhod Math im guten Glauben versichert, dass sie Jungfrau ist, und Math ihr beweist, dass sie offensichtlich keine mehr ist - was folgt daraus für Gwydion? Dass er und kein anderer der Vater des Kindes sein kann, eben weil sich Arianrhod (noch) für jungfräulich hält, und nichts von seinem Beischlaf mit ihr weiss. Dies ist der eigentliche Grund von Arianrhods Hass auf Gwydion: dass er sie ohne ihr Wissen und ohne ihre Zustimmung zur Mutter machte - dass er sie im Schlaf vergewaltigte und sich nicht scheute, sie vor Math und seinem Hof als Lügnerin blosszustellen. Und dass er es tat, um sich seiner Vaterschaft ganz sicher zu sein. Gwydion ist der Technokrat seiner Zeit, ein Alleskönner und Allesmacher. Seine kosmische Grösse manifestiert sich u.a. dadurch, dass er nach keltischem Glauben die Milchstrasse erschuf, als er wütend durch den Nachthimmel schweifte, um Bloedeuedd zu suchen. Durch seine Verwandlung in einen weiblichen Tierkörper hat er auch die Geheimnisse von Schwangerschaft und Geburt am eigenen Leib erfahren, und diese Erfahrung weiss er für seine Zwecke zu nutzen. Auf Arianrhods Kosten macht er sich zum Vater par excellence, für den die Zustimmung und das Wissen der Frau nicht mehr nötig ist. Lleus Geburt ist der kosmische Triumph des Vatergottes über die Muttergöttin. Das ist es, was Arianrhod weder ihm noch ihrem Sohn verzeihen kann. Von der Zeugung eines Sohnes ohne Zustimmung und Wissen der Mutter zur Erschaffung der „Blumenfrau“ Blodeuedd ist es nur ein kurzer Schritt.

Im Walisischen gibt es eine sprachliche Begründung der Verwandlung Blodeuedds in eine Eule: Das Wort „Eule“ heisst auf Walisisch *tylluan* oder *tyl huan*, was soviel bedeutet wie „die Sonne fliehend“. Da Lleu „der Helle, Leuchtende,“ ein Sonnenheros ist, hat Blodeuedd allen Grund, ihn zu fürchten und vor ihm zu fliehen. Zweitens ist Walisisch vielleicht die einzige Sprache, in der die Eule wegen ihrer grossen, federumkränzten Augen auch „Blumengesicht“ genannt wird, alles Beweise für die versteckte Symbolik keltischer Dichtung.

WER IST ARIANRHOD?

Der Name „Arianrhod“ oder „Aranrhod“ erscheint in der keltischen Mythologie nur selten. Wir erfahren, dass sie die Tochter Dons (Danas) und Belis, des Lichtgottes der Kelten ist. Sie wäre also auch die Schwester oder Halbschwester Caswallons, von dem wir im *Zweiten Zweig* hören, dass er das Reich der Briten durch Zauberei erobert hat. Dazu wird erwähnt, dass Arianrhod eine der „drei schönsten Jungfrauen“ ist. Eine andere dieser Schönheiten ist Creirwy, die Tochter der Göttin Ceridwen. Ist Arianrhod vielleicht dieselbe Göttin in verjüngtem Aspekt? Auch frühe walisische Liebesgedichte preisen Arianrhods Schönheit und beneiden Math, der hier als ihr Vater bezeichnet wird, um seine „Fusshalterin“, so z.B. Tudor Aled, ein Dichter des fünfzehnten Jahrhunderts: „Wehe dem Manne, der auf sie blickt... Wie eine Mauer steht ihr Wächter über ihr. Streng schaut des Vaters Auge auf sie. Die schlanke Maid springt nicht auf die Klippe...“ Dass „die schlanke Maid“ hier nicht „auf die Klippe“ springt, weist darauf hin, dass der Vater sie auf einer Insel mit Felsklippen gefangen hält.

Im Gesetzbuch des Königs Hywel Dda wird das Amt des Fusshalters mit seinen Rechten und Pflichten genau beschrieben. Doch dabei wird dieses Amt immer von einem Mann des Königs ausgeführt und nie von einer Frau. Nach Jean Markale handelt es sich aber um ein rituelles Hofamt, das ursprünglich einer Jungfrau zukam, und zwar dann, wenn der König alt, impotent oder krank war. In diesem Falle war dann die Fusshalterin effektiv die Vertreterin der Göttin, die den alten König stärkte und vor einem gewaltsamen Tod durch seinen Nachfolger in Schutz nahm. Der König lebt und herrscht also eigentlich nur durch seine jungfräuliche Fusshalterin, ein Brauch, der auf sehr alte matriarchale Anschauungen verweist.

Gruffydd behauptet, dass der Erzähler Arianrhod eigens als Schwester Gwydions darstellte, weil für die Handlung ein Liebesverhältnis zwischen Bruder und Schwester nötig war. Das mag richtig sein, doch gibt der Name immerhin zu denken. Drei mögliche Bedeutungen des Namens wurden vorgeschlagen, und jede weist uns in die Richtung der Schicksals- und Todesgöttin. Die erste Übersetzung ist „Silberrad“ - ein Name, der sie als Mondgöttin ausweist. Dabei ist interessant, dass der Name „Lleu“ heute noch im Walisischen „Mondlicht“ bedeutet, während die Form „Llew“ d.h. Löwe mehr auf einen Sonnenhelden hinweisen würde. Aber auch „Arian-rhod“ kann durch eine andere Schreibweise in der Bedeutung geändert werden. Schreibt man nämlich das Wort als arian-rath, so hat es die Bedeutung von „Silberhügel“, lateinisch *argentoratum*, was zum Beispiel der alte Namen der Stadt Strassburg war. Die Grabhügel der keltischen Königsgräber waren mit Quarzkieseln bedeckt, die in der Sonne und bei Vollmond silbern glänzten. Die Schreibweise „Arianrath“, die sich gelegentlich in Handschriften vorfindet, hiesse also „Göttin der Königsgräber“. Wie uns der Barde Taliesin verrät, besitzt Arianrhod ein „gläsernes Schloss“ im Sternbild Corona Borealis, wo sie verstorbene Könige, Fürsten und Dichter um sich versammelt. Graves ist noch kühner und bringt Arianrhod direkt mit der kretischen Ariadne in Verbindung. Er bezieht sich dabei auf eine mündliche Mitteilung des Sumerologen E.M. Parr, wonach der Name nichts mit Arian/Aran, d.h. „Silber“, zu tun hat. Vielmehr bedeute Ar-ri-an „hohe Himmelsmutter“, d.h. die Göttin, die das Rad des Sternhimmels dreht.

1977 erschien in London das Buch „Arachne Rising“ von James Vogh.[59] Darin gelingt dem Autor der Beweis, dass die Kelten ein dreizehntes Tierkreiszeichen hatten, nämlich die Spinne. Dieses Zodiac-Zeichen lag zwischen Stier und Zwillingen - zwischen 16. Mai und 13. Juni - und erscheint als das Sternbild Auriga, das auch als Spinne gedeutet werden kann. Von den vielen Steinkreis-Observatorien auf den britischen Inseln sind unverhaltnismässig viele auf Capella, den hellsten Stern dieser Konstellation ausgerichtet. Der Autor sieht darin einen Beweis, dass die Göttin Arianrhod, die Spinnengöttin, im Stern Capella als die Lenkerin des Auriga-Streitwagens betrachtet wurde. Sollte die Reiterin Rhiannon mit der Wagenlenkerin Arianrhod identisch sein? Wir wissen es nicht. Aber die Sage des Schottenkönigs Bruce, der sich nach verlorenener Schlacht vom unentwegten Netzespinnen einer Kreuzspinne zur Fortsetzung seines Kampfes bis zum endgültigen Sieg inspirieren liess, weist auf Zusammenhänge hin, die zwischen der Spinne Arianrhod bzw. Arachne und keltischen Königen bestanden haben müssen.

Für Graves wie für Markale besteht kein Zweifel, dass Arianrhod niemand anders als die dreifache Himmelsgöttin ist, und gerade im Vierten Zweig erscheine sie in ihrer dreifachen Gestalt, nur nicht in der gewohnten Reihenfolge: als Arianrhod ist sie die Mutter des Helden, als Blodeuedd seine Frühlingsbraut, die ihn an seinen Nachfolger verrät und töten lässt, und als die Weisse Sau von Menawr Bennard erscheint sie als die Todesgöttin Ceridwen, Hen Wen, die „Alte Weisse“, die seine Wiederverkörperung herbeiführt.

Dass Arianrhod auch ein Aspekt der Todesgöttin ist, verrät uns nicht nur ihr Erscheinen in der zoomorphen Gestalt Ceridwens, sondern ein berühmter Vers Taliesins. Es handelt sich um ein Preislied, das Taliesin über sich selbst am Hof des Königs Maeldun singt. Darin heisst es: „Ich war Aufseher (beim Bau) von Nimrods Turm, Ich weilte dreimal in Arianrhods Burg.“ - Taliesin behauptet damit, dass er dreimal als Dichter starb und dreimal in Arianrhods Burg (im Sternbild Corona Borealis) Aufnahme fand. Dieser Ort wird auch als ein „Gefängnis der Toten“ bezeichnet, als das „Gläserne Schloss“, wo Könige, Helden und Dichter auf ihre Wiedergeburt warten, denn nur diesen wurde nach antiker Vorstellung die Gnade der Wiedergeburt zuteil.

Überblicken wir die in den *Vier Zweigen* geschilderten Göttinnen, so erkennen wir, dass Rhiannon, Branwen, Arianrhod und Blodeuedd eine Gruppe bilden, wobei jede der Göttinnen zwischen zwei männlichen Gestalten steht, die entweder um sie werben oder sie als Bruder, Onkel oder „Rächer" unter ihren Einfluss bringen wollen. So finden wir folgende Dreiecksverhältnisse:

Pwyll – ***Rhiannon*** – Gwawl
Bran – ***Branwen*** – Matholuch
Manawydan – ***Rhiannon*** – Llud
Gwydion – ***Arianrhod*** – Mathonwy
Gwydion – ***Blodeuedd*** – Lleu

Das gleiche Muster wird sich auch in den anderen Erzählungen der Mabinogion-Sammlung wiederfinden, und der unbefangene Leser kann nicht umhin, den Rang- und Machtverlust festzustellen, den die Göttin bereits innerhalb der *Vier Zweige des Mabinogi* erlitten hat. Es ist der Beginn eines jahrhundertelangen Verfalls ihres Bildes, den Barden vom Schlage eines Taliesin vergebens aufzuhalten suchten. Aber auch der Sohn der Göttin büsst sein Ansehen ein. Pryderi stirbt in einem Zweikampf, nicht um seinen Stamm zu retten, sondern um sich zu rächen. Lleu tötet nicht, wie sein irisches Vorbild, den Tyrannen seines Volkes, sondern seinen Rivalen. Wir werden sehen, dass in den übrigen Erzählungen die ursprünglich so starke Bindung der Muttergöttin an ihren Sohn immer mehr verblasst, um schliesslich bei Arianrhod und Lleu ganz zu verschwinden.

8

CULHWCH UND OLWEN

In der Rahmenerzählung *Culhwch und Olwen* finden wir die erste Erwähnung König Arthurs in der walisischen Literatur. Und hier erscheint auch schon ungeschönt das wahre Gesicht des patriarchalen Herrscherideals, weit entfernt von Courtoisie, Frauendienst und ritterlichen Idealen des zwölften und dreizehnten Jahrhunderts. Die Geschichte wurde spätestens um das Jahr 1100 niedergeschrieben, ist aber sicher viel älter. Hier wird ein keltischer Kleinkönig im Kreise seiner Krieger geschildert, wie er in Wales etwa im sechsten Jahrhundert gelebt haben könnte. In seiner ländlichen Einfachheit und Naivität hatte dieser Fürst absolut nichts mit dem späteren Arthur der mittelalterlichen Hofdichter gemeinsam.

Wenn Arthur wirklich gelebt hat - was immer noch nicht hundertprozentig bewiesen ist -, dann war er wahrscheinlich ein keltoromanischer Heerführer, der mit seiner römisch geschulten Kavallerie die Angelsachsen in mehreren Schlachten entscheidend besiegte und ein Menschenalter lang am weiteren Vordringen in Britannien hinderte. Er soll um die Mitte des sechsten Jahrhunderts gelebt haben. Doch in *Culhwch und Olwen* ist er bereits der Beherrscher von ganz Britannien, d.h. „der mächtigste Fürst dieser Insel", der hier zum Landesvater aller Briten erklärt wird.

Oberflächlich betrachtet ist *Culhwch und Olwen* ein Märchen, in dem erzählt wird, wie König Arthur dem jungen Culhwch, seinem Neffen mütterlicherseits, hilft, seine Braut Olwen zu gewinnen. Dabei werden sämtliche Helden der keltischen Sagenwelt ins Treffen geführt, denn die schwierigen Aufgaben, die der Brautvater dem Bewerber stellt, verlangen übermenschliches Heldentum. Märchenforscher zählen die Geschichte zu *Sechse kommen durch die ganze Welt*. Der Übersetzer J. Gantz vergleicht sie mit der Argonautensage, wo jeder Held das Seine zum Gelingen des

Unternehmens beiträgt. Was nirgends erwähnt wird, ist der kulturgeschichtliche Hintergrund dieses Motivs, den wir heute genau kennen, denn beim Übergang vom Matriarchat zum Patriarchat hatte ein Herrscher nur dann eine Chance, weiterhin zu regieren, wenn er verhindern konnte, dass seine Tochter heiratete oder einen Sohn zur Welt brachte.

Die Erzählung *Culhwch und Olwen* ist irisch beeinflusst. Der wilde, kulturfeindliche Riese Ysbaddaden, d.h. „Schlehdorn", ist der Häuptling des Stammes der Riesen, und seine Vernichtung ist von Anfang an beschlossene Sache. Dabei rühmt der Erzähler einerseits die Klugheit und Stärke der Männer um Arthur, andererseits kritisiert er aber auch augenzwinkernd ihre Eitelkeit und Brutalität. Dieser Erzählstil war typisch für keltische Erzähler, die freilich an den Höfen des Adels keinen Zutritt hatten und daher ihre Geschichten einem weniger erlesenen Publikum anpassen mussten. Manche Kritiker glauben, dass das oft übertriebene Lob auf Könige und Helden für die keltische Dichtung typisch sei. Dies stimmt aber nur für den Stil der an den Fürsten- und Adelshöfen akkreditierten Barden. Wer den keltischen Volkscharakter kennt, weiss, dass eine Geschichte wie *Culhwch und Olwen* zwar eine gute Portion politischer Ideologie „von Oben", aber auch eine gute Dosis Sozialkritik „von Unten" enthält. Häufig werden hier Situationen geschildert und Aktionen als Heldentaten bezeichnet, die wir heute als Kapitalverbrechen verurteilen würden. Allerdings ist es auch möglich, dass gerade diese Geschichte als Legitimation der führenden Klasse konzipiert und vielleicht sogar in Auftrag gegeben worden war. Dies jedenfalls ist die Meinung des walisischen Keltologen und Literaturkritikers Stephen Knight, der *Culhwch und Olwen* erstmalig einer sozialkritischen Analyse unterzieht.[60] Dabei kommt er zu dem Ergebnis, dass diese Erzählung nicht etwa der wilden Phantasie eines zweitrangigen Geschichtenerzählers entsprang, sondern im Gegenteil ein wohldurchdachter komplexer Text ist, welcher der politischen Ideologie des walisischen Adels in der Periode zwischen der sächsischen und der normannischen Invasion Britanniens entspricht. Er schreibt:

„Diese Geschichte schildert das Leben einer landbesitzenden Familie, die sich auf eine entsprechende Anzahl von Kriegern stützt. Die in der Geschichte erwähnten Bedrohungen sind genau die, welche aristokratische Familien auch als solche empfunden hätte... Es besteht kein Zweifel, dass eine Adelsfamilie eine längere Prosaerzählung dieser Tendenz in Auftrag gab, und die Tatsache, dass sie lange vor den anderen walisischen Volksmärchen niedergeschrieben wurde, beweist ihre Beliebtheit bei den Zuhörern."[61]

Oberflächlich betrachtet steht hier der Kampf der „kultivierten" (oder sich für kultiviert haltenden) Kriegerklasse gegen den Riesen Ysbaddaden

Pencawr Ysbaddaden, d.h. „Riesenhäuptling Schlehdorn", im Vordergrund. Wie in der germanischen Mythologie fungiert dabei der Riese einerseits als Sinnbild der rohen Naturgewalt, andererseits als Vertreter einer älteren Bevölkerung, die zwar über wertvolles geheimes Wissen verfügt, aber vernichtet werden muss, um die Existenz des „Herrenvolkes" zu garantieren. Der dabei zu gewinnende Preis ist die Riesentochter Olwen, Inbegriff von Schönheit und Reichtum der Natur. Diese Braut ist der wohlverdiente Lohn für die „Kulturtat" des Mordes an ihrem Vater.

In der zweiten Hälfte des ersten Jahrtausends waren die Waliser, d.h. die einstige keltische Oberschicht Britanniens, vor den vordringenden Angelsachsen aus den fruchtbaren Gebieten der Insel in den Westen geflüchtet. Wales ist ein armes Land mit kargem Boden, auf dem sich Akkerbau wenig lohnt und Viehzucht der wichtigste Wirtschaftszweig ist oder damals war. Der Adel bereicherte sich durch Viehdiebstahl und Raubzüge auf benachbarte Fürstentümer, welche allerdings nur von einem Anführer mit der nötigen Anzahl von Kriegern getätigt werden konnten. Solche Taten wurden von den Barden besungen und von den Geschichtenerzählern unter das Volk getragen. Unter diesen Verhältnissen war die Rolle der Frau nur noch darauf beschränkt, die nötigen Söhne für die adeligen Kriegsunternehmungen zur Welt zu bringen. Die grösste Sorge des adeligen Familienchefs war daher weibliche Sterilität oder gar das Aussterben der Familie aus Mangel an Söhnen, wie es zu Beginn der Geschichte angedeutet ist. Der geistige Einfluss der Frau, wie wir ihn noch im *Ersten Zweig des Mabinogi* durch Rhiannon so deutlich erkennen, ist längst verschwunden. Wenn Rhiannon im *Ersten Zweig* als göttliche Frau aus der Anderswelt ihren Gemahl beraten oder selbst in die Handlung eingreifen kann, so ist der Frau diese Rolle jetzt versagt. Wir haben es mit einer absoluten Monarchie zu tun, in welcher der Wille des Königs Gesetz und die Fäuste seiner Männer die Macht sind.

VORGESCHICHTE

Schon der erste Teil der Erzählung, in der berichtet wird, wie es zu der merkwürdigen Brautwerbung kommt, wirft ein bezeichnendes Licht auf die Wirklichkeit des Frauenlebens im Mittelalter. Wir lesen, dass König Kilydds Frau, die Königin Goleuddydd („die Lichte") schwanger wurde. Während dieser Zeit verwirrte sich ihr Sinn, so dass sie jeder Behausung fern blieb. Doch als ihre Zeit kam, kehrte ihre Vernunft zurück, und da sie sich gerade in der Nähe einer Schweineherde mit ihrem Hirten befand, brachte sie ihren kleinen Sohn in einem Schweinestall zur Welt. Das Kind wurde einer Amme übergeben, und weil es in einem Schweinestall geboren war, nannten sie es Culhwch (sprich killich), d.h. „das Schweinchen". Dieser Name hat hier nichts Abfälliges, sondern hat eher die Bedeutung eines Totems. Schweine galten bei Kelten und Germanen als heilige Tiere, und mancher keltische Herrscher hatte den Eber als Totemtier im Wappen. Mit dem Aufkommen des Christentums wurde diese Tierverehrung verdammt. Eines der grössten Abenteuer der Erzählung schildert die Jagd auf das Ungeheuer Twrch Trwyth (sprich Turch Truit), den „Eber aller Eber." Für diese Jagd waren nur Arthur und seine besten Recken stark und kühn genug. Auch Twrch Trwyth war einst ein König. Wegen seiner Untaten war er zur Strafe in einen Eber verwandelt worden, ohne dass er deshalb seine Bosheit und Tücke aufgegeben hätte. Ein König wurde in einen Eber verwandelt, während aus Culhwch, dem „Schweineprinzen", ein König werden soll. Ursprünglich ist hier also ein Heldenroman angelegt wie im Parzival. Doch während Parzival der „vaterlose" Sohn der Mutter ist, ist Culhwch der mutterlose „Vatersohn", der seine ersten Lebensjahre bei den Schweinen verbringt. Das Umkehrungsmotiv könnte nicht deutlicher sein.

Denn bald darauf wurde die Königin krank und starb. Doch ehe sie starb, sprach sie zum König: „Ich sterbe, und du wirst wieder heiraten, denn heutzutage bringen Frauen reiche Gaben. Doch es ist nicht recht, wenn du deinen Sohn um scin Erbe bringst. (Die zweite Frau wird ja auch Kinder haben, die etwas erben sollen.) Ich bitte dich deshalb, nicht wieder zu heiraten, solange auf meinem Grab nicht zwei Heckenrosen blühen." Der König versprach es. Dann liess Goleuddydd ihren Beichtvater rufen und bat ihn, ihr Grab jedes Jahr sauber zu jäten, so dass nichts drauf wachsen konnte, und der Beichtvater versprach es auch. Nach sieben Jahren aber vergass er sein Versprechen, und als der König das Grab besuchte, blühten darauf zwei Heckenrosen. Nun konnte er endlich wieder auf Brautschau gehen.Er befragte seine Räte, wo er eine passende Frau finden könnte,und einer seiner Räte sprach: „Ich weiss eine gute Frau, die zu Euch passen würde: es ist König Dogeds Gemahlin." Sofort wurde beschlossen sie zu holen; sie erschlugen König Doged und brachten seine Frau mit ihrer Tochter an Kilydds Hof, dabei eroberten sie auch Dogeds Land.[62]

Dieser lakonische Bericht von Mord und Frauenraub steht als Leitmotiv für kommende Taten. Die Gefühle der geraubten Frau werden nur nebenbei erwähnt, soweit die Handlung es erfordert: Eines Tages erging sich die neue Königin über Land und kam an ein Haus, wo eine alte Frau wohnte, die keinen Zahn mehr im Mund hatte. Sprach die Königin: „Liebe Alte, willst du mir um Gottes Lohn eine Frage beantworten. Wo sind die Kinder des Mannes, der mich gewaltsam entführt hat?“ Sprach die Alte: „Er hat keine Kinder.“ Darauf die Königin: „Wehe mir, dass ich an einen kinderlosen Mann geraten bin!“ Da sprach die Alte: „Das brauchst du nicht zu sagen. Es ist prophezeit, dass er Nachkommen haben wird. Und er wird sie durch dich haben. Übrigens, tröste dich, denn er hat einen Sohn.“ Die Königin kehrte voll Freude heim und fragte ihren Gemahl: „Warum verbirgst du mir deinen Sohn?“ Darauf der König: „Ich werde ihn nicht länger verbergen.“

Culhwch wird an den Hof geholt, und seine Stiefmutter fasst den Plan, ihn mit ihrer Tochter zu verheiraten. Als sich Culhwch weigert, „weil er zu jung sei“, verflucht sie ihn und schwört, dass er keine Frau heimführen werde, es sei denn Olwen („die weisse Spur“), die Tochter des Riesenhäuptlings Ysbaddaden. Damit spricht sie ihm praktisch das Todesurteil oder verurteilt ihn zur Kinderlosigkeit. Aber was die Stiefmutter als Fluch ausgesprochen hatte, nimmt Culhwch als sein Schicksal an und verliebt sich auf der Stelle in Olwen, obwohl er sie nie gesehen hat. Das Problem ist nur, wie er sie gewinnen kann. Doch Culhwch hat ausgezeichnete Beziehungen. Der König erklärt seinem Sohn, dass seine Mutter eine Schwester Arthurs war. Er solle nur an Arthurs Hof gehen, sich „von Arthur die Haare schneiden lassen“ (d.h. sich unter seinen Schutz stellen) und ihn um seine Hilfe bitten. Er stattet seinen Sohn reich aus und schickt ihn los. Culhwchs Ritt an Arthurs Hof ist ein interessanter Gegensatz zu Peredur/Parzivals Auszug, wie er in der Romanze *Peredur von Efrawg* in der gleichen Sammlung beschrieben wird und wir ihn aus Wolframs Fassung kennen.

Trotz seines arroganten Auftretens empfängt Arthur den Prinzen gnädig und erkennt ihn sofort als seinen Neffen und als Familienmitglied an. Dadurch wird Culhwchs Brautschau nun zu einer Sache der Familienehre, und da auch Arthurs Männer zu seiner erweiterten Familie gehören, sind auch sie zur Teilnahme an dem Unternehmen verpflichtet. Nun sendet Arthur zunächst Boten aus, Olwen zu suchen. Als sie aber nach einem Jahr zurückkehren, ohne sie gefunden zu haben, wird Culhwch ungeduldig. Er droht, den Königshof zu verlassen „und Arthurs Schande mit sich zu nehmen.“ Da erbietet sich Cei, zusammen mit Culhwch und Arthurs besten Männern, nach Olwen zu suchen. Culhwch ist einverstanden, und diese Fahrt ist das Einzige, was er auf seiner Brautschau aus eigenem Antrieb unternimmt. Alles andere besorgen Arthurs Leute, von denen jeder mit einer anderen wunderbaren Eigenschaft ausgestattet ist. Die Liste der Männer an Arthurs Hof erstreckt sich über sieben Seiten. Sie enthält Namen wohlbekannter Ritter der Tafelrunde wie Cei und Bedwyr,

Gestalten aus der griechischen und irischen Sagenwelt wie Achilles und Conchobar, aber auch reine Phantasiegestalten, Namen, die in humorvoller Übertreibung die übermenschlichen Leistungen ihrer Träger verkünden: Nerth, Sohn des Gadarn, „Mächtiger Sohn des Starken", Clust Sohn des Clustveinydd, „Ohr Sohn des Lauschers" u.s.w. Aus dieser illustren Kriegstruppe bestimmt Arthur einige seiner besten Leute, Culhwch auf seiner Brautschau zu begleiten. Und siehe da, was Arthurs Boten in einem Jahr nicht gelang, erreicht die Gesellschaft schon am nächsten Tag. Sie sehen in der Ferne eine grosse Burg und begegnen einem wilden, furchterregenden Hirten, der eine Schafherde weidet. Dieser Hirte ist eine typische Gestalt der Mythe und erscheint überall da, wo eine neue, fremde Welt betreten wird. Er ist der „Hüter der Schwelle", der stets den Zugang zur Anderswelt bewacht. Als „Herr der Tiere" begegnet er uns auch in der Romanze *Die Gräfin vom Brunnen*. Wir erkennen in ihm den alten Gefährten der Göttin und Beschützer ihres Reiches: Cernunnos in mittelalterlicher Gestalt. Hier nennt er sich Custennin (Konstantin d.h. der Getreue) und stellt sich als Ysbaddadens Schäfer vor. Gleichzeitig gesteht er aber, dass ihn der Riese „wegen seiner Frau" an den Ruin gebracht habe. Custennin ist also auch hier ein Hüter der Schwelle in mehr als einem Zusammenhang: Einerseits ist er durch seine Frau (deren Namen nie genannt wird) noch mit der matriarchalen Zeit verbunden, andererseits arbeitet er als Schäfer im Lager des Riesen, der hier als Kulturfeind geschildert wird. Wie vorauszusehen, rät er Culhwch und seinen Begleitern zur Umkehr, „denn noch keiner von Olwens Freiern hat die Riesenburg lebend verlassen."

Culhwch schenkt Custennin für seine Auskunft einen goldenen Ring, den dieser in seinem Handschuh versteckt und später seiner Frau gibt. Sie ist erstaunt und fragt, woher er ihn habe. Er erzählt ihr eine phantasievolle Geschichte von einer Leiche, die er aus der See geborgen habe und die den Ring am Finger trug, aber sie glaubt ihm nicht, denn „die See nimmt den Leichen allen Schmuck." Also gesteht er ihr, dass Culhwch, der Sohn Kilydds und Goleuddydds, gekommen sei, um Olwen zu gewinnen. Sogleich erkennt sie in Culhwch ihren Neffen, „denn seine Mutter war ihre Schwester", und sie ist um sein Leben besorgt. Die Frau des Schäfers ist also aus ebenso edler Familie wie die bedauernswerte Königin Goleuddydd. Aber anstatt krank und wahnsinnig zu werden, hat sie unter ihrem Rang geheiratet und blieb so gesund, dass sie vierundzwanzig Söhne gebar. Zwar hat der Riese schon dreiundzwanzig davon umgebracht, so dass ihr nur der Jüngste davon verblieb. Aber gerade diese schweren Verluste sind, neben den Familienbanden, ein wichtiger Grund, dass sie sofort bereit ist Culhwch zu helfen. Als die Gäste an Custennins Hof kommen, eilt sie hinaus, sie herzlich zu begrüssen. Doch anstatt sich von ihr umarmen zu lassen, hält ihr Cei einen dicken Holzprügel hin, den sie ganz zerdrückt. Cei macht eine unhöfliche Bemerkung über ihre rauhe Art, und wir können aus dieser Episode auf ihre urwüchsige Kraft schliessen. Sie öffnet eine Truhe beim Herd, und ein blonder Junge springt heraus. „Er ist der letzte meiner Kinder“, sagt sie. „Dreiundzwanzig hat Ysbaddaden umgebracht, und auch für diesen hab‘ ich wenig Hoffnung.“ Cei verspricht, den Jungen unter seinen Schutz zu nehmen, und er wird später einer der besten Krieger im Heer des Königs. Auch Culhwchs Tante rät ihm dringend von seinem Unternehmen ab, doch verspricht sie ihm, Olwen zu einer Unterredung herbeizuholen, „denn sie kommt jeden Samstag zu mir, um bei mir ihre Haare zu waschen, und sie lässt mir immer ihre Ringe im Waschbecken.“ Auch Olwen gehört also zur kultivierten Welt, kann sich aber in der Burg ihres Vaters nicht gebührend pflegen. Hier ist ganz nebenbei ein Befreiungsmotiv angedeutet und eine Erklärung für Olwens Bereitschaft, Culhwchs Frau zu werden, obwohl seine Leute ihrem Vater nach dem Leben trachten. Vorsichtshalber verlangt Custennins Frau von den Männern einen heiligen Eid, dass sie dem Mädchen nichts zu leid tun. Dann erscheint Olwen in all ihrer Schönheit:

Sie trug ein Kleid von feuerroter Seide und ein goldenes Halsband, das mit Perlen und Rubinen verziert war. Ihr Haar war golden wie Ginsterblüten, ihre Haut weisser als Meerschaum, ihre Finger weisser als Klee, der auf dem Sand neben einer Quelle wächst. Ihre Augen waren hell und klar wie die Augen eines frisch gemauserten Falken und ihre Brust so weiss wie die eines Schwans. Ihre Wangen waren so rot wie die Blüten des Fingerhuts, und jeder, der sie sah, musste sich in sie verlieben. Wo immer sie ging, wuchsen vier weisse Kleeblüten auf ihrer Spur, und deshalb wurde sie Olwen genannt.[63]

Hier arbeitet der Erzähler mit stereotypen Beschreibungen, die ausdrücken sollen, dass wir es bei der Riesentochter nicht mit der Rauheit der Natur zu tun haben, sondern mit der Verkörperung ihrer Schönheit und Vollkommenheit: Ginsterblüten, Meerschaum, Falkenaugen, Schwanenbrust und schliesslich das Rosarot der Fingerhutblüten auf ihren Wangen - kann das die Tochter des Ungeheuers Ysbaddaden sein? Doch gerade dieses Motiv des Nebeneinanders von blendender Schönheit und abgrundtiefer Hässlichkeit ist in keltischen Märchen häufig. Hier deutet es auf die beiden Aspekte der Landschaft im Sommer und Winter, die so eng mit der Herrin des Landes verbunden sind.

Culhwch erklärt Olwen sofort seine Liebe und will sie entführen. Sie aber entgegnet, dass sie ihrem Vater versprochen habe, nicht ohne seine Zustimmung zu heiraten, „denn er lebt nur, so lange ich nicht heirate.“ Sie rät ihm, zu ihrem Vater zu gehen, in aller Form um sie zu werben und alles zu tun, was er verlangt. Culhwch verspricht es, und Olwen kehrt auf die Burg zurück. Culhwch folgt ihr mit seinen Leuten. Die Brautwerbung auf der Riesenburg wird nun mit grimmigem Humor beschrieben: Nachdem sie die neun Torhüter an den neun Toren erschlagen hatten und die riesigen Kettenhunde dazu, betraten sie die Halle und sprachen: „Heil Ysbaddaden, Häuptling der Riesen!" „Wo geht ihr denn alle hin?" „Wir werben um die Hand deiner Tochter für Culhwch, König Kilydds Sohn." „Wo sind meine nichtsnutzigen Knechte? Hebt meine Augenlider mit der Lidgabel, damit ich sehe, wie mein Schwiegersohn aussieht!" befahl der Riesenhäuptling, und es geschah. Dann sagte er: „Kommt morgen wieder, dann werde ich eine Antwort für euch bereit haben." Wie sie sich aber zum Gehen wandten, ergriff Ysbaddaden einen vergifteten Steinspeer und schleuderte ihn nach ihnen; Bedwyr fing ihn auf, schleuderte ihn zurück und traf Ysbaddadens Knie. „Du verfluchter Barbar von einem Schwiegersohn! Jetzt wird es schwer für mich sein, in Zukunft bergauf zu gehen."[64]

Der Märchentradition entsprechend wiederholt sich diese Szene dreimal. Jedesmal schleudert der Riese einen Speer nach ihnen, jedesmal wird er zurückgeschleudert, und jedesmal ist der Riese zwar verwundet, aber was bei einem Menschen eine schwere Verwundung wäre, stört den Riesen kaum und zeigt, dass er wie die Natur nicht umzubringen ist. Beim vierten Besuch auf der Riesenburg nennt Ysbaddaden endlich seine Bedingungen. Er stellt Culhwch nicht weniger als zweiunddreissig Aufgaben, von denen eine jede herkulische Kräfte oder übermenschliche Geschicklichkeit voraussetzt. Doch zum Glück für Culhwch (und das Publikum) werden nur drei davon im Einzelnen geschildert, und zwar die Befreiung Mabons aus jahrhundertelanger Gefangenschaft im Kerker von Gloucester, die Jagd auf den Keiler Twrch Trwyth und die Ausrottung der amazonenhaften „Hexen". Die beiden letzteren Unternehmungen waren so schwierig, dass sie nur von Arthur persönlich ausgeführt werden konnten.

Twrch Trwyth trägt zwischen den Ohren einen Kamm und eine Schere, die sich Ysbaddaden ausbedungen hatte, um sich zur Hochzeit seiner Tochter balbieren zu lassen. Die wilde Jagd nach dem Eber begann in Irland und ging durch ganz Wales. Die wertvollen Trophäen Kamm und Schere konnten zwar gewonnen werden, doch der Keiler selbst entfloh in den Severnfluss und von dort ins Meer. Er verschwand in Richtung Irland und wurde seither nie mehr gesehen. Auch der Kampf mit den „Hexen" ist schwerer als vermutet. Diese sogenannten Hexen waren in Wirklichkeit Priesterinnen des alten Glaubens und Meisterinnen aller Kriegskünste. Sie erinnern an Scatach und Aife, die Waffenmeisterinnen des irischen Helden Cuchulainn. Nachdem die „Schwarze Hexe" einige von Arthurs besten Männern erschlagen hatte, begab sich Arthur selbst in ihre Höhle. Mit einem einzigen Schwertstreich zerteilte er sie in zwei Hälften, und Caw von Schottland sammelt ihr Blut, das Ysbaddaden verlangt hatte „um sich damit Haar und Bart zu salben." Die Ermordung der Schwarzen Hexe ist typisch für ein patriarchales Königreich, wo amazonenhafte Frauen weder als Königinnen noch als Priesterinnen erwünscht sind, weil sie als ständige Gefahr betrachtet werden. Dieselbe Szene wiederholt sich fast wörtlich in Peredur of Efrawg, wo der Held seine Lehrmeisterinnen und Wohltäterinnen erschlägt.

Am Ende wird der Riesenhäuptling grausam „über den Kamm geschoren", d.h. skalpiert und umgebracht. Zum allseitig befriedigenden Happy End nimmt sich Culhwch Olwen mehr als Beute denn als eine geliebte Braut, während Goreu, der jüngste Sohn des Schäfers, des Riesen Land und Burg erbt. König Arthur aber ist der unbestrittene Held, denn er rettete seinen Neffen vom Fluch seiner bösen Stiefmutter und das Reich Kilydds vor dem Ruin. Von den alten matriarchalen Sitten ist nur eine geblieben: Die Stellung der Schwester und die Pflichten ihres Bruders als Pflegevater und Beschützer der Neffen. Doch wir sind bei der patriarchalen Gesellschaft angelangt, in welcher stets Macht vor Recht geht und Frauen nicht mehr zählen. Ausserdem dürfen wir nicht vergessen, dass Olwen, die Tochter des Riesen, die gezähmte Natur und nicht nur deren Schönheit und Reichtum, sondern auch ihre Fruchtbarkeit darstellt. Und die Zähmung der Natur mit allen ihren Gaben ist es schliesslich, womit sich das Patriarchat stets zu rechtfertigen weiss. Da aber auch die Frau in ihrer Gebärfähigkeit der Natur zugerechnet wird, so fällt natürlich auch sie unter diese Rechtfertigung. Das ist der doppelte Sieg dieser Geschichte von König Arthur und seinem Neffen Culhwch, dem Schweineprinz.

Doch die dreifache Göttin konnte trotz allem nicht ganz ausradiert werden. Wir finden sie in den drei Schwestern, nämlich der Mutter Arthurs, Eigr/Igraine („die Sonnenhafte"), in der armen Königin Goleuddydd („die Lichte") und Mutter Culhwchs, zudem in der starken Gestalt von Custennins ungenannter Frau, deren jüngstem Sohn Goreu die Befreiung Mabons aus seiner Kerkerhaft gelingt und der sich damit für immer einen Platz in der walisischen Göttersage sichert. Eine zweite Triade, die auf die Göttin verweist, ist Olwen selbst mit ihren „beiden weiblichen Verwandten" (*kinswomen*), die zwar nicht namentlich genannt werden, die aber laut Ysbaddaden ebenfalls ihre Erlaubnis zur Heirat Olwens zu geben haben.[65]

Der Erzähler hebt immer wieder hervor, wie kulturell hochstehend die Krieger Arthurs sind, obwohl die gestellten Aufgaben nicht immer das sind, was man „Kulturarbeit" nennen könnte. Im Gegenteil, die herrschende Schicht im mittelalterlichen Wales mag sich mit ihrem kulturellen Niveau legitimieren und sich zu ihrer feinen Bildung beglückwünschen. Doch die hier erwähnten Heldentaten beruhen letzten Endes alle auf roher Gewalt, Körperkraft und Bauernschlauheit, gelegentlich auch auf Betrug und Meuchelmord. Allerdings wird diese Wahrheit, auf die politische Macht im Allgemeinen aufgebaut ist, hier sorgfältig verschwiegen und ideologisch geleugnet. Der Glaube an die Göttin scheint in dieser Geschichte aus dem Bewusstsein von Dichter und Volk für immer verschwunden zu sein.

Zu guter Letzt haben sich auch moderne Patriarchen des Textes bemächtigt. Der Kleriker und Anthropologe John Layard fand die in der Geschichte enthaltene Fixierung auf Schweine eine „interessante Parallele" zu den Opferbräuchen und Initiationsriten der Südsee-Insulaner.[66] Er widmete deshalb Culhwch und Olwen eine psychoanalytische Studie, die in ihrer Verstiegenheit und Frauenverachtung nichts zu wünschen übrig lässt.[67] Zum Beispiel ist Olwen nicht einfach die Riesentochter und oft zitierte Märchengestalt, sondern es handelt sich um den Archetypus der Anima: „Olwen ist keine Frau aus Fleisch und Blut, sondern eine geistige Wesenheit... Sie ist das Seelenimage der Vaterwelt, geboren aus dem Inzesttabu, das den Vater zwischen den Knaben und dem Ziel seiner Wünsche stellt. So entsteht ein Vakuum, das nur von der Anima-Gestalt ausgefüllt werden kann."[68] Noch bezeichnender ist, was er über Culhwchs Mutter und seine Stiefmutter zu sagen hat. Für Layard ist Goleuddydd, die „unbewusste Mutter", die daher dem Sohn auch nichts zu geben vermag, während die Stiefmutter die „geistig bewusste Mutter" ist, die durch ihr Handeln der Entwickung des Sohnes voranhilft. Er schreibt: „Sobald der König ihr seinen Sohn gezeigt und ihr damit sein geistiges Potential eröffnet hat, eröffnet sie ihm ihr geistiges Potential, indem sie ihm ihre Tochter vorstellt. In keinem der beiden Fälle war das Kind aus ihrer beider Vereinigung geboren, sondern aus einer früheren 'unbewussten' Ehe. Erst jetzt lebt der König in einer 'bewussten' Ehe. Seine erste Ehe war eine 'Mutterehe', ihre erste Ehe eine 'Vaterehe'. Indem der König ihren ersten Mann tötete, befreite er sich selbst von der 'Mutter' und seine zweite Frau vom 'Vater' in der Gestalt ihres ersten Mannes. Durch diese Tat sind beide zur vollen Erwachsenenreife gelangt: Er hat unabhängig von ihr einen 'Seelensohn' gezeugt, und sie ebenfalls ohne ihn eine Seelentochter. So sind nun beide die richtigen Eltern, ein natürlicher Vater und eine spirituelle Mutter für den kommenden Helden."[69] Weiters ist für

Layard Twrch Trwyth ein Symbol des „negativen, alles verschlingenden Mutterarchetyps". Dass das Ungeheuer ausdrücklich als Eber bezeichnet wird, stört ihn offensichtlich nicht, denn die Vernichtung der „negativen Mutter" ist für ihn die klassische Aufgabe des Helden, seit der babylonische Marduk die Göttin Tiamat erschlug. Hier erübrigt sich jeder Kommentar, und ich erspare mir weitere Zitate. Das Buch ist voll von solchen Perlen psychoanalytischer Auslegungskunst, und ich erwähne es hier nur, um interessierte Leserinnen und Leser vor ähnlichen geschmacklosen Elaboraten zu warnen.[70]

9

HELENA ELAIN

Der Traum des Fürsten Maximus (Macsen Wledig) ist ein Gegenstück zu *Rhonabwy* und zu *Culhwch und Olwen*. Auch in dieser Geschichte geht es darum, eine göttliche Braut zu gewinnen, aber während in Culhwch ein junger Prinz um die Tochter des wilden Riesen wirbt, ist der Freier in dieser Geschichte kein geringerer als Maximus, der Kaiser von Rom, und die Braut ist die britische Prinzessin Elen Luydanc, d.h. „Helena der Heerscharen" oder „Helena der Heerstrassen". Diese Helena hat nur entfernt etwas mit der griechischen Helena zu tun, doch vielleicht wusste der Dichter um den verborgenen Status der griechischen Helena/Selene als Mondgöttin und spielt durch die erzählte Traumphase darauf an. Wie wir sehen werden, war hier ursprünglich eine historische Persönlichkeit gemeint, nämlich die Mutter Constantins des Grossen, die hier zur buchstäblich erträumten Lady Sovereignty des römischen Imperiums avanciert.

Hier eine Zusammenfassung der Erzählung:

Eines Tages ging Maximus, der Kaiser von Rom, ins Tibertal um zu jagen. Gegen Mittag, als die Sonne zu heiss wurde, wurde er müde und schlief ein. Da hatte er einen Traum: Er verliess das Tal und überquerte die höchsten Berge, und dann eine Ebene, bis er ans Meer kam. Dort bestieg er ein Schiff, das ihn auf eine wunderschöne Insel brachte. Er durchquerte sie, bis er an ein hohes Gebirge kam, wo ein Fluss ins Meer mündete, und an der Mündung des Flusses erhob sich eine riesige Burg. Ihre Tore standen offen, er trat ein und kam in eine prächtige Halle. Dort fand er einen würdigen Greis, der Schachfiguren schnitzte, und zwei Jungen, die ein Brettspiel spielten. Auf einem goldenen Thron sass die schönste Frau, die er je gesehen hatte. Sie erhob sich und führte ihn zu ihrem Thron, so dass sie dort zusammen sassen. Er umarmte sie, doch als er sie küssen wollte, erwachte er.

Von diesem Traum war der Kaiser so benommen, dass er seine Pflichten vergass, das Reich vernachlässigte und nur noch an die schöne Frau dachte. Seine Räte überlegten, wie ihm zu helfen sei, und schickten Kundschafter nach allen Richtungen aus, die schöne Frau zu finden. Da sie keinen Erfolg hatten, begab sich der Kaiser wieder an die Stelle, wo er den Traum gehabt hatte, und von dort aus schickte er seine Leute in die gleiche Richtung, in der er im Traum gegangen war. Wirklich fanden sie die Burg mit der Halle. Sie fanden den Greis, die beiden Jungen und die schöne Frau auf dem Thron. Sie beugten das Knie vor ihr und huldigten ihr als Kaiserin von Rom. Dann luden sie sie ein, mit ihnen nach Rom zu reisen und die Gemahlin des Kaisers zu werden. Sie aber antwortete: „Meine Herren, ich sehe, dass ihr edle Männer seid. Ausserdem tragt ihr die Kennzeichen von Abgesandten. Warum also treibt ihr euren Spott mit mir?“ „Herrin, wir spotten nicht. Der Kaiser von Rom hat Euch im Traum gesehen, und seither ist alles Leben und alle Kraft aus ihm gewichen. Und Ihr habt die Wahl mit uns nach Rom zu kommen, um dort Kaiserin zu werden, oder der Kaiser kommt zu Euch, um Euch zu seiner Gemahlin zu machen.“ „Meine Herren“, antwortete sie, „ich zweifle nicht an eurer Rede. Aber ich kann auch nicht recht dran glauben. Wenn der Kaiser mich wirklich liebt, so mag er selber kommen, um mich zu werben.“

Und so geschah es. Geführt von seinen Kundschaftern gelangte der Kaiser nach Britannien und zu der Burg Aber Seint (Segontium). Er betrat die Halle und fand die beiden Brüder Kynan und Avaon, ihren Vater Eudav, Sohn des Caradoc, und die Frau seines Traumes auf dem goldenen Thron. Er grüsste sie und sprach: „Heil dir, Kaiserin der Römer.“ Und er umarmte und küsste sie. Und noch in dieser Nacht schlief er mit ihr. Am nächsten Morgen verlangte sie ihre Morgengabe: die Insel Britannien für ihren Vater, und die drei Inseln Wright, Man und Anglesey für sich als Kaiserin von Rom, sowie drei Burgen, die im Gebiet ihrer Wahl erbaut werden sollten. Diese drei festen Plätze waren Arvon, Caer Llion und Caer Vyrddin.[71] Darauf liess Elen Heerstrassen bauen, um die festen Plätze miteinander zu verbinden. Diese Strassen heissen nach ihr Sarn Elen (Elens Heerstrassen). Sie selbst aber wurde seither Elen der Heerscharen genannt, denn nur weil sie eine Britin war, waren die Männer Britanniens bereit gewesen, ihr zu dienen und Burgen und Heerstrassen für sie zu bauen. Für den Kaiser von Rom aber wurde römische Erde nach Arvon gebracht, weil er dort mit ihr leben wollte, und das Leben auf römischer Erde für ihn gesünder war.

Nun geschah es, dass in der Stadt Rom ein Gegenkaiser auftrat, der Stadt und Reich für sich in Anspruch nahm. Maximus zog also nach Rom, eroberte unterwegs Frankreich und Burgund und belagerte Rom. Doch obwohl er die Stadt zehn Jahre lang belagerte, war er nicht näher daran sie einzunehmen als am ersten Tag. Elens Brüder aber waren dem Kaiser mit einer kleinen Streitmacht gefolgt, und ihnen gelang es schliesslich mit List, die Mauern zu erstürmen und Rom zu erobern. Sie erschlugen den Gegenkaiser und alle seine Anhänger. Erst dann erlaubten sie Maximus, in die Stadt einzuziehen. Nun sass Maximus wieder auf dem römischen Thron, und das Volk von Rom huldigte ihm. In Anerkennung ihrer Verdienste übergab der Kaiser das römische Heer den beiden Brüdern Elens, und sie eroberten damit viele Länder, Städte und feste Plätze. Sie erschlugen alle Männer und liessen nur die Frauen am Leben. Dieser Eroberungskrieg dauerte so lange, dass junge Männer, die mit dem Heerbann ausgezogen waren, weisse Haare hatten, als der Krieg endete. Dann kehrte Kynan nach Britannien zurück, aber Avaon blieb mit seinen Männern auf dem Festland. Um zu verhindern, dass die Frauen der eroberten Länder ihre britische Sprache verunglimpften, schnitten sie ihnen die Zunge ab, so dass die Sprache auf dem Festland britisch blieb. Das Land wurde „Britannien“ (Bretagne) genannt und seine Bewohner Bryttanyeid. Dies ist die Geschichte von Maximus, des Kaisers von Rom. -

Hier erinnert sich der Dichter dunkel an die Zeit der Römerherrschaft, die in Britannien immerhin 500 Jahre gedauert hatte. Freilich sind ihm die geschicht- lichen Tatsachen nicht mehr so genau in Erinnerung. Eines ist klar: Ein General namens Maximus war der letzte römische Heerführer auf britischem Boden. Im Jahre 383 wurde er von seinen Legionären zum Kaiser ausgerufen. Darauf zog er das letzte römische Truppenkontingent aus Segontium in Nordwales ab und setzte damit (vielleicht auch mit einem britischen Kontingent) nach Gallien über, wo er Kaiser Gratianus besiegte und tötete. Später wurde er seinerseits von Theodosius besiegt, gefangen und als Verräter in Ravenna hingerichtet.

Die geschichtliche Elen „von den Heerscharen“, auch Elaine (Helena) genannt, war die Mutter Constantins des Grossen, die angeblich als „erste Archäologin“ das Kreuz Christi in Jerusalem gefunden haben soll und deshalb von der Kirche heiliggesprochen und zur Patronin der Pilger und Reisenden erklärt wurde. Elens Herkunft ist umstritten. Einige Autoren behaupten, sie sei in Kleinasien geboren. Andere behaupten, sie sei eine Kurtisane aus Dacien gewesen. Doch wo auch immer ihre Heimat gewesen sein mag, sie war eine bedeutende Persönlichkeit, sowohl in der Kirchengeschichte als auch in der britischen Sage. Ihr Ruhm beruht hauptsächlich darauf, dass sie die Mutter Konstantins des Grossen war, der laut Eusebius 275 n.u.Z. in London geboren wurde. Geoffrey von Monmouth, der Autor der pseudohistorischen *Geschichte der britischen Könige*, schreibt, Helena/Elen/Elain sei die Tochter des britischen Königs Coel und seine Thronerbin gewesen.[72]

Die britische Helena ist wahrscheinlich um die Mitte des dritten Jahrhunderts n.u.Z. in Britannien geboren. „Sie war die Königin," schreibt Geoffrey, „und sie hat diese Würde (von ihrem Vater) geerbt, was niemand bestreiten kann." Und weiter heisst es: „Nach ihrer Heirat mit Constantius hatte sie von ihm einen Sohn mit Namen Konstantin."[73] Historiker haben beide Behauptungen angezweifelt - wahrscheinlich, weil es immer besser klingt, wenn eine intelligente und erfolgreiche Frau „nur eine Kurtisane" war. Dagegen bestätigt John Stow, ein Londoner Chronist aus dem sechzehnten Jahrhundert, Helenas königliche Würde. Er schreibt: „Wie der mittelalterliche Autor Simon von Durham berichtet, war Helena die Mutter Constantins und die erste Erbauerin der Londoner Stadtmauern im Jahr des Herrn 306."[74] Ausserdem wird Helenas Namen auch mit dem Ausbau einiger Heeresstrassen in Verbindung gebracht. Da Kurtisanen im Allgemeinen weder Stadtmauern noch Heeresstrassen zu bauen pflegten, dürfen wir vielleicht in diesem Fall Geoffrey von Monmouth Glauben schenken, der sie für eine britische Prinzessin erklärte. Nach allem was Eusebius, der Chronist Kaiser Constantins, über sie schreibt, muss sie eine keltische Königin vom Schlag einer Boudicea gewesen sein. Dies soll allerdings nicht heissen, dass ihr Charakter über jede Kritik erhaben und frei von negativen Zügen war. Im Gegenteil: In den grossen Machtkämpfen am kaiserlichen Hof in Rom erscheint sie als eine Frau von Kraft und Weitsicht, aber auch von rücksichtslosem Ehrgeiz. Dieser Ehrgeiz konzentrierte sich sowohl auf ihren Sohn Konstantin den Grossen wie auch auf ihren Enkel Konstantin II. Sie war die Drahtzieherin hinter diesen beiden britischen Cäsaren und trug viel dazu bei, dass Britannien, eine verhältnismässig unwichtige Kolonie, für einen glorreichen Augenblick der römischen Geschichte in den Mittelpunkt des Geschehens rückte. Ihr Einfluss auf Constantius, den Vater ihres Sohnes, muss gross gewesen sein, obwohl nicht erwiesen ist, dass er sie nach römischem oder keltischem Recht heiratete.

Elen/Helena, die wunderschöne Frau, die dem Kaiser offenbar vom Schicksal bestimmt war und deren beide Brüder ihm auch militärisch zu Hilfe kommen, erinnert den Dichter vielleicht auch an die griechische Helena mit ihren beiden Brüdern, den Dioskuren, denn die Ilias war den Hofdichtern damals bekannt. Freilich ist die Darstellung Elens als göttliche Lady Sovereignty eine Ironie sondergleichen, wenn wir bedenken, dass es gerade das von Elen protegierte und von ihrem Sohn promulgierte Christentum war, das den Glauben an die Göttin verbot und Freiheit und Status der Frau untergrub. Bald darauf folgte die Schliessung der Heiligtümer der Göttin, und Gewissensfreiheit, Lehrfreiheit und freie Forschung an den Akademien wurden lahmgelegt.

Die Geschichte vom Fürsten Maximus (*Macsen Wledig*) und Elen ist von einer entwaffnenden Naivität. Doch gerade das macht ihren Reiz aus. Hier wird noch einmal, fast tausend Jahre nach der Römerherrschaft, eine Frau geschildert, die über der Macht des Kaisers steht, ohne die er nicht leben kann und der zuliebe er bereit ist, die Ewige Stadt zu verlassen, um mit ihr in der Wildnis Snowdonias zu leben. Dabei kommt der alte Glaube an die Macht der Heimaterde noch einmal zur Geltung, wenn erwähnt wird, dass Erde von Rom nach Nordwales gebracht werden musste, „damit der Aufenthalt im fremden Land für ihn gesünder sei." Diese schicksalhafte Frau hatte die Macht, ihm in dieser Wildnis alles zu bieten, was Rom nach der Meinung der Zeitgenossen gross machte: Stadtmauern, Heerstrassen und eine Streitkraft, die schlagkräftiger war als römische Legionen. Als Macsen ihretwegen sein Reich verliert, begleitet sie ihn auf seinem Feldzug, wie es die besten Kaiserinnen taten, und erreicht, dass „ihre Brüder" und „ihre Briten" die Stadt für ihn zurückerobern. Der Dichter schildert eine mythische Traumwelt, idealisiert bis zur Unkenntlichkeit, doch ganz und gar keltisch in Idee, Stil und Darstellung.

Im Gegensatz zur Geschichte von *Rhonabwys Traum*, das den Träumer in eine unerträglich hässliche und schmutzige Wirklichkeit stellt, schildert dieser Traum eine Welt von reiner Schönheit, in der die Frau eine zentrale Stellung einnimmt. Dabei ist es ein „Wahrtraum" in dem Sinn, dass der Träumer, der Eingebung des Traumes zwanghaft folgen muss, wenn er nicht alle Lebensfreude verlieren will. Auch das ist ein echt keltisches Motiv. Wir finden es in der irischen Sage vom *Traum des Oengus*, einer Geschichte aus dem achten Jahrhundert:

Hier eine Zusammenfassung:

Oengus, der Sohn des Dagda und der Göttin Boann, träumte einst von einem Mädchen, der schönsten in ganz Irland. Aber als er sie küssen wollte, verschwand sie. Der Traum wiederholte sich jede Nacht, und Oengus wurde immer schwächer vor Liebe. Alle Ärzte Irlands wurden um Rat gefragt, und einer erriet die Ursache seines Leidens. Ein ganzes Jahr verging mit der vergeblichen Suche nach dem Mädchen, bis Bodh, der Elfenkönig von Munster, an der Suche teilnahm. Er fand sie mit noch hundertfünfzig anderen Jungfrauen in einem See badend. Sie hiess Caer und war die Tochter Ethals, des Elfenkönigs von Connacht. Oengus erfuhr, dass sie sich jedes zweite Jahr in einen Schwan verwandelte, und es gelang ihm, sie zu finden. Er verwandelte sich ebenfalls in einen Schwan und brachte sie in sein Haus, den berühmten Elfenhügel von Brugh Boyne, wo sie für immer bei ihm blieb.[75] -

Wie Oengus, der irische Liebesgott, die verjüngte Gestalt des Gottes Dagda ist, so ist Macsen Wledig die Personifizierung des idealen Herrschers: „Er war der schönste und weiseste aller Männer, und von allen Männern am besten zum Kaiser geeignet."[76] Der Ruf des Schicksals ergeht an ihn, wie an den jungen Pwyll im *Ersten Zweig des Mabinogi*, aber auf Macsen wartet weder eine mythische Hirschjagd noch ein Arawn aus der Anderswelt. Es scheint, als seien diese Mythen vergessen. Dagegen ist Macsens Traumreise, und wie er seine Traumfrau findet, in einem Stil geschrieben, der uns das Ganze visuell miterleben lässt, so dass auch wir wie aus einem Traum erwachen, wenn der Kaiser durch den Lärm seiner Umgebung geweckt wird. Hier, in der Schilderung des Traumes, zeigt sich der keltische Dichter am stärksten, und es fällt ihm schwer, das weitere Geschehen auf dem gleichen stilistischen Niveau zu halten. Es ist als ob er uns zu verstehen gibt, dass Macsen zwar ein grosser Träumer, aber kein praktischer Tatmensch ist. Deshalb braucht er seine Traumfrau Helena, Elen von den Heerscharen, deren Klugheit und Tüchtigkeit in Verbindung mit ihren tapferen Brüdern das Weltreich beherrschen. So scheint der Schwerpunkt der Geschichte im Kontrast zwischen dem im wahrsten Sinne des Wortes verträumten Imperator und seiner pragmatischen Kaiserin zu liegen, einer Kaiserin, die er durch einen geheimnisvollen Wahrtraum an der entferntesten Grenze seines Reiches fand: am Fluss Seint in Snowdonia. Hier ist es vielleicht angebracht, daran zu erinnern, dass auch Peredur/Parzival aus dieser Gegend stammt. Und gewiss ist es kein Zufall, dass auch Peredur am Ende seiner Abenteuer die Kaiserin von Konstantinopel zur Frau gewinnt - die Kaiserin der Stadt, die Elens Sohn Konstantin gründete.

Zusammenfassend lässt sich über Elen von den Heerscharen sagen: Die Erzählung steht im Gegensatz zu der Artusgeschichte von *Culhwch und Olwen*. Ist dort König Artus der patriarchale Herrscher par excellence, vor dessen Autorität selbst Königinnen verblassen, so dürfen wir vielleicht im Fürsten Macsen die letzte Traumvision eines matriarchalen Herrschers sehen, dem eine starke Kaiserin vom Schlag Boudiceas zur Seite steht. Hier scheint die Gestalt der Göttin Sovereignty einerseits mit der Erinnerung an die Weltmacht Rom verschmolzen zu sein, andererseits weiss der Autor um die historische Gestalt einer grossen Britin, Helena Augusta, die Mutter des einzigen britischen Kaisers Konstantin des Grossen, der seinem Chronisten Eusebius erklärte: „Mein Anfang war in Britannien!" Dies war für die damalige Zeit ein trotziges und zugleich stolzes Bekenntnis. Es heisst soviel wie: „Ich komme aus einem Land, das Rom barbarisch nennt. Mein Vater war Römer, aber meine Mutter eine britische Königin und ihm deshalb ebenbürtig." In Geoffrey von Monmouth liest es sich so: „Nach König Coels Tod griff Constantius nach der britischen Krone und heiratete Coels Tochter. Ihr Name war Helen, und ihre Schönheit übertraf die aller Frauen des Landes. Ihr Vater hatte keine anderen Kinder als Thronerben, und er tat deshalb alles, was in seiner Macht stand, seine Tochter so zu erziehen, dass sie nach seinem Tod das Land auf das Beste regieren konnte."[77] Damit stellt Geoffrey ein Ideal auf, das selten befolgt wurde. Er will damit sagen: In den regierenden Familien Britanniens wurden Königstöchter zu Regentinnen erzogen. Dasselbe Ideal erfüllt den Dichter dieser Erzählung: Die britische Königin Helena Augusta, die mit einem römischen Heer nach Rom und sogar nach Jerusalem gezogen war, diese Frau inspirierte den walisischen Dichter, und nicht die Heilige Helena. Ob sie wirklich das „wahre Kreuz Christi" in Jerusalem gefunden hatte, war ihm gleichgültig. Sie hatte Festungen und Heerstrassen gebaut, sie hatte Legionen angeführt und dem Kaiser Rom und Reich zurückerobert. Und dass sie ihm im Traum erschienen war, um ihn nach Aber Seint zu rufen, war für den Dichter der unwiderlegliche Beweis, dass sie die Göttin Lady Sovereignty war.

10

YWEIN, PARZIVAL, EREC

Den letzten Teil der Mabinogion-Sammlung in der gegenwärtigen Fassung bilden die sogenannten Drei Ritterromanzen: *Die Gräfin vom Brunnen, Peredur Sohn des Efrawg* (Peredur von York) und *Gereint und Enide* (Gereint Sohn des Erbin). Dies sind die drei Erzählungen die Chrétien de Troyes, Hartmann von Aue und Wolfram von Eschenbach in erweiterter Form und mit veränderten Namen auch in Frankreich und Deutschland bekanntmachten: Yvain/Iwein, Perceval/Parzival sowie Erec und Enite.

Das ursprünglich mythologische Motiv der drei Erzählungen finden wir im Mythos von der Göttin und ihrem Heros, wie Heide Göttner-Abendroth ihn in ihrem gleichnamigen Buch strukturell nachgewiesen hat.[78] Es handelt sich also in diesen drei Geschichten um das Problem des gestörten Verhältnisses der Göttin zu ihrem Heros, der seiner kosmisch-mythischen Aufgabe nicht mehr gerecht wird oder nicht mehr gerecht werden kann, weil seine patriarchale Erziehung eine Einweihung in seinen Dienst an der Göttin verhindert. Diesen Zusammenhang vermutete schon die englische Germanistin Jessie Weston (*From Ritual to Romance*). Allerdings standen ihr in den 1920er Jahren nur spärliche Grundlagen aus der Volkskunde, wie Feld- und Waldkulte, zur Verfügung, und sie konnte mit ihrer Meinung nicht durchdringen. In neuerer Zeit hat sich besonders Glenys Goetinck mit Peredur beschäftigt und kommt zu ähnlichen Ergebnissen wie Göttner-Abendroth.[79] In den walisischen Erzählungen erscheint die Göttin in der Gestalt der Lady Sovereignty, also der souveränen Herrin und Manifestation des Landes. Äussere Feinde wie Iren, Pikten, Sachsen und Normannen bedrohen sie von allen Seiten, doch der erwählte Held zeigt sich seiner Aufgabe nicht gewachsen, verlässt sie in ihrer Bedrängnis oder ist blind dafür geworden.

Dies ist das grundlegende Problem, das in den drei Romanzen ursprünglich in drei verschiedenen Variationen dargestellt wurde.

Durch walisische und bretonische Conteurs wurden diese Erzählungen an die grossen Höfe auf dem Festland, nach Aquitanien, Frankreich und Burgund gebracht. Dort war ihr Grundanliegen unbekannt, und sie wurden den politischen und sozialen Problemen des Hochmittelalters angepasst. Daher ist es bezeichnend, dass Chrétien seinen Perceval nicht vollenden konnte: Das tiefste Gralsgeheimnis, die Göttin Sovereignty, war ihm und seinen Nachfolgern fremd. Cluniazensische Mönche unternahmen die Umfunktionierung der Gralssuche zum Geheimnis der Eucharistie, das damals gerade auf dem Konzil zu Rouen zum Dogma erklärt worden war. Doch das Ergebnis, die *Queste del Saint Graal*, blieb nur ein frommes Erbauungsbuch, das weder den Elan noch die verborgene Tragik der *Drei Romanzen* wiedergibt. Dies ist wohl auch der Grund, warum sich Wolfram von der Gralssuche im Sinne Percevals distanzierte und das Gralsgeheimnis im alchemistischen Stein der Weisen suchte. Es wird unsere Aufgabe sein, die walisische Fassung der *Drei Romanzen* zu besprechen und auf die Unterschiede zwischen keltischer, französischer und mittelhochdeutscher Ausformung einzugehen, sowie den politischen und wirtschaftlichen Hintergrund der walisischen Versionen aufzudecken. Dabei ist es bezeichnend, dass Mediävisten die walisischen Fassungen lange für Versionen jüngeren Datums hielten, weil sie naiver und gröber in Syntax, Stil und Struktur sind. Sie hielten diese für „Kulturschwund", was in Wirklichkeit den umgekehrten Vorgang darstellt: Die höfischen Fassungen in Frankreich und Deutschland bauen auf viel älteren, archaischen Formen auf und verwässern sie durch Umformungen und Ansammlungen, die einer ganz anderen Glaubenswelt und Kulturauffassung entstammen. Mit anderen Worten: Matriarchal-kosmische Gesetzmässigkeiten werden zu sinnlosen Anstandsregeln umgebogen, die sich „kulturell hochstehende, höfische Kultur" nennen.

Inzwischen ist der Gelehrtenstreit über das mutmassliche Alter der Erzählungen dahingehend geschlichtet, dass alle drei Geschichten auf eine archaische Fassung X zurückgehen, die britischen Ursprungs ist. Dies ist umso wahrscheinlicher, als es sich bei sämtlichen Protagonisten um Persönlichkeiten handelt, die entweder in der britischen Geschichte nachweisbar sind oder in den britischen Sagenzyklen erstmalig genannt werden. Nicht immer waren sie auch Zeitgenossen König Arthurs, wie es der Erzähler darstellt. Doch erscheint die Tatsache wichtig, dass Owein/Iwein und Peredur aus den entferntesten Gegenden Britanniens stammen, wo sich der Glaube an die Göttin am längsten erhielt und der Widerstand gegen die angelsächsischen Kleinkönige am erbittertsten war. Zur Zeit der letzten Fassung dieser Erzählungen, also einige Jahrhunderte später, verbanden nämlich die walisischen Erzähler damit auch einen politischen Zweck: Die drei Helden Owein, Gereint und Peredur sollten die Erinnerung an das heroische Zeitalter der Sachsenkämpfe wachrufen und so die Widerstandskraft des Landes gegen die fremden Eindringlinge zu gleichem Heldenmut anfeuern. Dabei darf nicht vergessen werden, dass die Göttin auch damals noch als das personifizierte Land betrachtet wurde. Es bestand also ein grosser Unterschied in der Tendenz der walisischen und der französischen bzw. mittelhochdeutschen Fassungen.

Chrétien schrieb im Auftrag der Gräfin Marie de Champagne, einer Tochter der Eleanor von Poitiers, deren Reich als spätere Königin von England von der Grenze Schottlands bis ans Mittelmeer reichte. Obwohl es verschiedene Ethnien umfasste, rühmten sich doch alle ihre Untertanen eines keltoromanischen Erbes, wie es auch Eleanor von jeher getan hatte. Es wird behauptet, dass Chrétien seinen *Yvain* im Auftrag Eleanors schrieb, um ihre rasche Wiederverheiratung mit Heinrich II. von England, kurz nach ihrer Scheidung von Ludwig VII. von Frankreich, politisch zu rechtfertigen. Eleanor war auf der Reise vom französischen Hof nach Poitiers zweimal von landlosen Adeligen überfallen worden, die sie mit Gewalt entführen und heiraten wollten, um dadurch in den Besitz ihres reichen Erbes zu gelangen. Einer davon war Geoffrey von Anjou, der spätere Heinrich II. von England, ihr zweiter Gemahl.[80] Weiter ist von Eleanor bekannt, dass sie den Vorsitz von sogenannten Minnegerichten führte, in denen das Verhältnis vom Ritter zu seiner Dame genau festgelegt wurde. Chrétiens Romane erfüllen also denselben kulturpolitischen Zweck wie das Buch *Über die Liebe* des zeitgenössischen Kaplans Andreas, der als Sekretär von Marie de Champagne mit Chrétien (1170-1228) am gleichen Hof lebte.

Auch Eleanor wusste noch von der symbolischen Vermählung des Landesfürsten mit der Landschaft als göttlicher Frau. Als sie ihren Sohn Richard Löwenherz mit seinem Herzogtum belehnte, tat sie das in Form einer symbolischen Vermählung Richards mit der Landespatronin, der Heiligen Valerie als christianisierte Vertretung der Göttin. Aber bei ihr war dieses Bewusstsein schwächer und nicht so nahe und dringend wie bei den Walisern, die um ihr Land, dem Inbegriff der Göttin, um ihr Volkstum und ihre Sprache als deren einzig möglicher Ausdruck kämpften. Das war, abgesehen vom verfeinerten Hofleben in Frankreich, ein grosser Unterschied. Wahrscheinlich haben Eleanor bzw. ihre Tochter, Marie de Champagne, Chrétien zur Abfassung der drei Erzählungen angeregt, um jungen Rittern und Edelfrauen ihrer Umgebung Beispiele für das gegenseitige höfische Verhalten von Ritter und Dame zu geben, in demselben Sinn, aber auf unterhaltsamere Weise, wie es auch ihr Kaplan Andreas getan hatte. Dazu kommen politische und soziale Verhältnisse, die hier zum besseren Verständnis kurz zu besprechen sind.

Die kirchliche Tätigkeit in Britannien

Wir haben gesehen, dass während der Römerzeit durch die Protektion des Statthalters Constantius die von Diokletian befohlene Christenverfolgung in Britannien nur sehr milde oder überhaupt nicht durchgeführt wurde. Die Folge davon war, dass die vorchristlichen Gottheiten auf den britischen Inseln bis zur Reformation bekannt blieben, weiterhin verehrt und nicht so verteufelt wurden, wie es im Frankenreich und besonders unter der Herrschaft Ludwigs des Frommen in Deutschland geschah. Über das Fortleben des alten Glaubens und die daraus entstehenden Feenmärchen schrieb Laurence Harf-Lancner eine wertvolle Studie. Darin heisst es: „Vom siebten bis zum zwölften Jahrhundert finden wir fast keine Hinweise (auf Feen). Doch die wertvollste Quelle erscheint um das Jahr 1000 mit dem Decretum des Bischofs Burchard von Worms. In Buch X, *De Incantantoribus et Auguris* und Buch XIX *De Poenitentia* findet sich ein langer Katalog der noch überlebenden heidnischen Kultbräuche in der westlichen Welt im feudalen Zeitalter.“[81]

Aus diesem Dekret geht hervor, dass der Glaube an nächtliche „Hexenritte“ mit Diana und Herodias, der Baum- und Steinkult, das Opfer an vorchristliche Gottheiten sowie Zauberei und Wahrsagerei in dieser Zeit noch sehr lebendig waren. Insbesondere spricht Burchard von „übernatürlichen Frauen“, die er parcae et sylvaticae, also Feen und Waldfrauen nennt. Harf-Lancner vermeidet es, diese Wesen als ehemalige Göttinnen zu bezeichnen, sondern spricht vielmehr von der „Entstehung einer neuen mythischen Gestalt“, die dann im Laufe der Studie an Hand der französischen mittelalterlichen Literatur analysiert und in „positive“ und „negative“ Feen unterteilt wird. Dabei sind „positive Feen“ diejenigen, die dem Ritter auf seiner Queste behilflich sind und ihn mit ihrer Liebe belohnen, wenn er ihnen gefügig und gehorsam ist; negative Feen dagegen sind diejenigen, die den Ritter bestrafen oder gefangen halten, wenn er sich ihnen widersetzt oder ihnen seine Liebe verweigert. Harf-Lancners Studie ist interessant und reichhaltig, doch vermissen wir darin die mythische Struktur der Göttin und ihres Heros, besonders aber die Lady Sovereignty der Landschaft. Es scheint hier also ein grundlegender kultureller Unterschied zu bestehen.

Dieser Unterschied wird deutlich, wenn wir zum Beispiel die Sage des schottischen Thomas of Erceldoune (Thom the Rhymer) und die des deutschen Minnesängers Tannhäuser vergleichen. Während Tannhäuser wegen seines Aufenthalts im Hörselberg auf ewig verdammt wird, finden britische Erzähler das Erlebnis des Reimers wunderbar und schliessen daraus, dass Thomas ein begnadeter Sänger gewesen sein muss, da er die Liebe der Elfenkönigin erringen konnte. Und sind die schottische Elfenkönigin und Frau Venus nicht etwa dieselbe Gestalt, die einstige Göttin? Wieso heisst dann die Elfenkönigin in Deutschland „Frau Venus", wenn sie doch in einem „Hörselberg" (gleichklingenden „Rösselberg") ihr unterirdisches Reich hat? (vgl. Hroswitha, d.h. weisses Pferd. Der Name hat nichts mit „Rose" zu tun, wie oft fälschlich angenommen wird). Sprechen nicht die ähnlich lautenden Hörsel und Rössel eindeutig von der einstigen Pferdegöttin Epona (der walisischen Rhiannon), der in Schwaben und entlang des Rheins zahlreiche Altäre geweiht waren? Kaiser und Kirche waren sich in Deutschland einig, dass der alte Glaube nur mit vereinten Kräften zu vernichten war. Dagegen gab es in Wales weder Burchardsche Dekrete noch einen Ludwig den Frommen, der alles dransetzte, die Erinnerung an heidnische Bräuche auszulöschen. Deshalb scheuten sich die walisischen Dichter nicht, von geheimnisvollen Frauen zu sprechen, die über wetterbeherrschende Brunnen und sonstigen Erdzauber verfügen, und mittellosen Rittern zu Ruhm und Reichtum verhelfen konnten.

Wir dürfen hinzufügen, dass die Unterdrückung von heidnischen Bräuchen vor der Reformation auf den britischen Inseln so gut wie unbekannt war. Dafür war sie unter Heinrich VIII. und Cromwell umso grausamer und radikaler. So entstand dort im Mittelalter ein repressives Klima, das die Rückkehr der Göttin unter anderem Namen ermöglichte. Sie erschien jetzt als Fee, englisch fairy, ein Wort, das in der deutschen Märchenliteratur zunächst unbekannt ist und erst über das Französische eingeführt wurde. In den ehemaligen keltischen Gebieten wie Süddeutschland, Schweiz und Österreich war das gebräuchliche Wort für diese übernatürlichen Wesen „Salige Fräulein" oder einfach „die Saligen"[82], die bezeichnenderweise immer als eine Dreiheit, seltener als dreimal drei Salige erscheinen. Christianisiert erscheinen sie als die Drei Bethen, die Drei Jungfrauen und die „drei heiligen Madeln" Katharina, Margarethe und Barbara. Auch der Kult der heiligen Ursula, die sich historisch nicht nachweisen lässt, deren Namen aber mit „Bärin" und in einem gewissen Sinn phonetisch auch mit „Rössl" zusammenhängt, gehört in diese Reihe. Ein bekannter anglikanischer Geistlicher und Volkskundler schreibt über sie: „Ursula ist niemand anders als die schwäbische Göttin Ursel oder Hörsel (Hürsel)."[83]

Die wirtschaftliche Notlage

Der Ruhm eines im Turnier und auf dem Schlachtfeld siegreichen Ritters ist die eine Seite, der Erwerb von Reichtum oder auch nur einer bescheidenen wirtschaftlichen Existenz ist die andere. Vom wirtschaftlichen Notstand der jungen Ritter schreibt Stephen Knight eingehend in *Arthurian Literature and Society*. Die Dynamik der Konstellation von Herrin und Heros erhält in der patriarchalen Feudalgesellschaft eine unerwartete Wendung durch das von der Kirche befohlene römische Erbrecht der Primogenitur und die dadurch bedingte Notlage jüngerer Söhne. Für diese jungen Adeligen gab es wenig Möglichkeiten, sich eine Existenz zu schaffen, denn ausser dem Kriegshandwerk hatten sie nichts gelernt. Handel oder gar ehrliche Arbeit aber verbot die „ritterliche Ehre". Die einzige Existenzgrundlage des Mittelalters, bebaubares Land und Hintersassen, besassen sie nicht und hatten auch keine Gelegenheit, sie zu erwerben. Als „fahrende Ritter" konnten sie sich zu Kriegsdiensten verdingen, oder sie konnten die von ihnen meist verachtete klerikale Laufbahn einschlagen und Mönche werden. Die dritte und beste Möglichkeit aber war, eine bedrängte adelige Witwe oder Waise zu beschützen, für ihre Rechte im Zweikampf, d.h. in einem Gottesurteil, Leib und Leben einzusetzen und dann durch Heirat in ihren Grundbesitz zu kommen. Dies war der Wunschtraum der meisten landlosen Ritter, die als jüngere Söhne kein väterliches Erbe zu beanspruchen hatten und dadurch in eine wirkliche Notlage geraten waren. Im walisischen Peredur lesen wir zum Beispiel, dass sich der Held von einem Müller Geld als Turniereinsatz borgt, wobei er hoffte, durch seinen Siegespreis nicht nur das Geld zurückzahlen zu können, sondern auch die Kaiserin von Konstantinopel zu gewinnen.

Die Lage der jungen Frauen war noch schlechter. Dies erfahren wir in *Erec und Enide*, wenn Enides Onkel dem Erec nicht genug dafür danken kann, „dass er geruhe, eine Braut ohne Mitgift heimzuführen", oder in Yvains *Pesme Avanture*, wo junge Mädchen, die geschickte Stickerinnen sind, von einem tyrannischen Grafen als hungernde Arbeitsklavinnen gehalten werden. In Anbetracht der romantischen Aura, in der das Mittelalter von zeitgenössischen Dichtern beschrieben wird, sind solche Hinweise auf die harte Wirklichkeit notwendig. Sie sind aber öfter in walisischen Erzählungen und besonders in *Peredur* zu finden, vielleicht weil die Geschichtenerzähler als unterste Klasse freischaffender Künstler ihre Geschichten in Wirtshäusern und auf Jahrmärkten zum Besten gaben und nicht auf die Gnade reicher Mäzene zurückgreifen konnten. Denn wir dürfen nicht vergessen, dass Dichter wie Chrétien, Hartmann und Wolfram im Auftrag von Fürsten schrieben, die nicht gesonnen waren, die soziale Not ihrer Leute zu lindern, und allzu klar ausgesprochene Kritik von Seiten der Autoren nicht geduldet hätten. Damals wie heute waren Dichter vom Wohlwollen ihrer Auftraggeber abhängig und hüteten sich, diese zu kritisieren. Nur im Hinblick auf den Klerus stellen wir hie und da eine beissende Kritik fest, besonders in Chrétiens *Yvain*, seltener in den walisischen Romanzen.

YWAIN UND DIE GRÄFIN VOM BRUNNEN

In Britannien scheint das Andenken an die Göttin beim Adel noch besonders lebendig. So wird dort zum Beispiel die Gräfin vom Brunnen in der gleichnamigen Geschichte nie bei Namen genannt. Chrétien nennt sie Laudine, was entweder mit der Fee Undine oder mit König Loth von den Orkney-Inseln in Verbindung gebracht wird. Gemäss Gwyn Jones, der Übersetzer der Mabinogien, als auch Glyn Ashton, ein bekannter walisischer Gelehrter, heisst ihr walisischer Name Llew-din. Die Bedeutung des Namens „Laudine“ wäre demnach Llew = Licht und din/dinas = „Burg“, „Festung“, „Stadt“ im modernen Sprachgebrauch. Die Gräfin heisst also „Lichtburg“, ein Name, der uns bereits bei Arianrhod begegnet ist und eine ganz andere Bedeutung hat als Chrétiens „Laudine“, das heisse „Frau des Loth von Lothian“, wie die meisten Mediävisten meinen.

Die langen Monologe, die Chrétien einschiebt, um Yvains Liebe und Laudines Zuneigung zum Mörder ihres Gatten verständlich zu machen, fehlen im Mabinogion vollkommen. Hier ist die pragmatische Notwendigkeit eines Verteidigers für den regenspendenden Brunnen klar herausgearbeitet. Die Unterredungen der Gräfin mit Lunet und mit ihrem Seneschall machen klar, dass die Heirat mit Owein nicht eine Herzenssache, sondern eine absolute Notwendigkeit und daher die moralische Pflicht der Gräfin ist. Als einzige Zusage zum christlichen Mittelalter wird die Trauung von Owein und der Gräfin durch Bischöfe vollzogen, die die Herrin eigens zu diesem Zweck herbeibefiehlt. Da dies die einzige Stelle in den Mabinogien ist, wo eine Trauung kirchlich gefeiert wird, geschieht dies vielleicht, um den heidnischen Hintergrund der Geschichte zu übertünchen. Auch dass Owein schon vor seinem Auszug von Arthurs Hof einen goldenen Löwen als Mantelschnalle trägt, bezeichnet ihn als Sonnenhelden, lange bevor er den Löwen als Kampfgenossen gewinnt.

Doch die Rolle, die er als Nachfolger des Sturmritters und Verteidigers des Brunnens in der walisischen Fassung spielt, zeigt deutlich die Preisgabe seiner einst kosmischen Rolle. Hier heisst es: „Von nun an verteidigte Owein die Quelle mit Schwert und Speer. Er besiegte alle Ritter, die sich der Quelle näherten, und hielt sie gefangen, bis sie ihr volles Lösegeld bezahlt hatten. Die so erzielten Gelder verteilte er unter seinen Baronen und Rittern, so dass auf der ganzen Welt kein Landesherr bei seinen Vasallen beliebter war als Owein."[84] Der einstige Heros der Göttin ist also ganz ungeniert zum Raubritter geworden und erfreut sich dafür noch grosser Beliebtheit bei seinen Untertanen.

Nachdem König Arthurs Besuch im Land der Gräfin beendet ist, sendet er Boten an sie, um sie in aller Form zu bitten, Owein Urlaub zu geben. Sie erlaubt ihm eine Abwesenheit von drei Monaten. Owein aber bleibt drei Jahre bei Arthur, und erst jetzt schickt ihm die Gräfin die Botin, die ihm den Ring abnimmt und ihn wegen seiner Pflichtvergessenheit tadelt, worauf ihn der Wahnsinn trifft, von dem wir so oft in keltischen Sagen lesen. Die Kelten nennen diesen Zustand *geilt,* und sowohl Merlin wie auch Parzival litten zeitweise darunter. Es scheint sich um eine tiefe Depression zu handeln, in welcher der Leidende alle menschliche Gesellschaft flieht und in grösster Primitivität wie ein Tier im Wald lebt. Nackt und zum Skelett abgemagert wird Owein schliesslich von einer Gräfin und ihren Mägden im Wald gefunden und geheilt. Der walisische Dichter beschreibt, wie die Gräfin eine ihrer Mägde mit einer kostbaren Salbe zu ihm schickt, und wie die Magd den ganzen Salbentiegel über dem Bewusstlosen ausgiesst. Die geheimnisvolle Dame, die Owein von seinem Liebeswahnsinn heilt, hat im Mabinogion keinen Namen. Aber Chrétien weiss, wie sie heisst: la dame de Noiroison, die Dame der Schwarzen Vögel. Diese Dame kann nur Morgane sein, die in anderem Zusammenhang als Oweins Mutter eingeführt wird. Die „schwarzen Vögel" sind Morganes und Oweins Totemvögel, wie wir dem letzten Satz der *Gräfin vom Brunnen* entnehmen können: „Und Owein blieb an Arthurs Hof als Hauptmann seiner Kriegsmacht... Dort waren die Dreihundert Schwerter von Cenferchyn (seines Grossvaters), und der Rabenschwarm. Und wo immer Owein hinging, solange sie bei ihm waren, war er siegreich." (Raben waren die Totemvögel Oweins, Dohlen die Totemvögel Arthurs).

In der walisischen Fassung fehlt die grosse Versöhnungsszene, mit der Chrétien die Erzählung beendet. Es heisst einfach, dass Owein nach Lunetes Befreiung in das Land der Gräfin vom Brunnen zog: „Und von dort ging er an Arthurs Hof und die Gräfin mit ihm und sie war seine einzige Frau, solange sie lebte." Oweins literarische Laufbahn ist aber noch nicht beendet. In der Studie *From Ritual to Romance* schildert Jessie Weston die Weiterbildung des Ritters Owein zum christlichen Heiligen in einer mittelenglischen Ballade *Owain Miles*, d.h. Ritter Owein. Hier unterzieht sich der Held einer regelrechten mystischen Einweihung mit innerer Reinigung, Fasten und einem Hinabsteigen in die Unterwelt, von wo er dann, wie Dante, das Paradies erreicht und nach den drei kanonischen Tagen auf die Erde zurückkehrt. Statt der Liebesvereinigung mit der Göttin findet hier eine vollkommene imitatio Christi statt. Leider nennt Weston kein Datum für diese mittelenglische Ballade, aber es ist klar, dass *Owain Miles* die Weihe eines Helden zum heiligmässigen Leben nach christlichen Grundsätzen darstellt. Hier wie nirgends sonst ist die Göttin vollkommen überflüssig geworden, denn Owein der Heilige lebt selbstverständlich in monastischer Ehelosigkeit wie die Tempelritter.

Peredur von York

In keiner der drei Epen ist der Unterschied zwischen walisischer und französischer bzw. mittelhochdeutscher Fassung so gross wie bei *Peredur*. Chrétien schuf aus dem Stoff seinen *Perceval*-Roman, der mit der Grals-Prozession endet. Leider starb der Dichter bevor er seine Lösung des Gralsgeheimnisses darlegen konnte. Wolfram schuf aus demselben Stoff den ersten deutschen Bildungsroman. Auch in Peredur ist eine Art keltischer Bildungsroman angelegt, dessen Lösung aber weniger die Bildung des Helden zum vollkommenen Ritter, sondern vielmehr die Lösung seiner vom Schicksal gestellten Aufgabe ist: die Erlösung des Landes vom Banne der Verwüstung (Wasted-Land-Motiv) und die Rache an den Mördern seiner Verwandten. Als letzter Spross der bis auf ihn ausgelöschten Königsfamilie von Nordwales ist er der Held, dem beide Aufgaben schicksalsmässig zufallen. Dabei bedeutet die Lösung dieser beiden Aufgaben gleichzeitig die Befreiung des Landes von fremder Unterdrükkung, die Heilung seiner politischen und wirtschaftlichen Nöte und die Feier der Heiligen Hochzeit von König und Göttin, wie sie der alte keltische Mythos vorsah.

Um die walisische Fassung der Geschichte zu verstehen, ist es notwendig, Parallelen aus anderen keltischen Sagen zu Hilfe zu nehmen, sowie die politische Lage von Wales im zwölften Jahrhundert zu kennen. Wie W. J. Gruffydd in *Math vab Mathonwy* schreibt, ist Peredur nur eine phonetische Abweichung von Pryderi, dem Sohn Rhiannons. Dabei bemerkt Gruffydd auch, dass Pryderis erster Kindername „Gwri“ lautete. Gwri aber war der Prototyp des Helden Gwalchmei, d.h. „Maifalke“, der traditionelle Name für den Sommerkönig, der auch Gawain genannt wird. Es handelt sich also ursprünglich um die beiden Helden, von denen Graves schreibt, dass sie unzertrennlich waren, weil sie sich gegenseitig als geopferte Jahreskönige ablösten. Andererseits ist bekannt, dass es sich bei Peredur um eine historische Persönlichkeit handelte, und zwar um einen der sieben Söhne von Eliffer, eines Stammeshäuptlings von Nordbritannien, welcher den *Annales Cambriae* zufolge um das Jahr 580 starb. Nun erbt nach keltischem Volksglauben immer „der siebente Sohn eines siebenten Sohnes“ die paranormalen Gaben, die sich im Erbgut einer Familie finden, in diesem Falle die Gabe des Heilens. Im *Schwarzen Buch von Carmarthen* fand man folgende Eintragung: „Das Grab von Mor, des herrlichen und tapferen Herrn, Sohn des Peredur, des besten aller Heilkundigen.“[85]

Wir dürfen annehmen, dass Peredurs Familie im frühen Mittelalter mit einem bestimmten Heilkult in Verbindung stand: entweder durch eine bestimmte Örtlichkeit (Quelle, Stein) oder durch eine Familie von „Heilern“, wie z.B. die walisische Erzählung der Fee von Lyn Fan Fach berichtet. Diese Fee heiratete einen Hirten aus der Umgebung des Sees Fan Fach und verliess ihn, weil er sie schlug. Ihren Söhnen aber hinterliess sie als Erbe ihre Heilgabe.[86] So könnte auch Peredur der letzte Spross und Erbe einer Familie sein, die geborene Heiler waren und deren Heilkraft in der mütterlichen Linie vererbt wurde. Übrigens gab der Name Mor (gross, hochgewachsen) zu dem Missverständnis Anlass, Parzifals Vater Gamureth habe mit einer schwarzen Königin einen Mohren gezeugt, nämlich Parzivals Halbbruder Feirefiz. Doch Feirefiz (fair fils), d.h. „schöner Sohn“, war der Name, mit dem Percevals Mutter ihren Sohn in Chrétiens Roman nannte, weshalb er seinen richtigen Namen nicht kannte. Die Geheimhaltung des Vaternamens war in der damaligen Zeit bei Söhnen von Vätern, denen Blutrache drohte, eine notwendige Vorsichtsmassnahme, wie wir z.B. aus der irischen Finn-Sage wissen. Peredur stammt aus der Gebirgsgegend von Snowdonia im Norden von Wales. Dies trug dazu bei, dass Perceval/Parzival auf dem Festland als naiv und unwissend geschildert wird. Dagegen beschreibt ihn Geoffrey von Monmouth in seiner *Vita Merlini* als Herzog von Gwynedd (dux Venetodorum), also als einen bedeutenden walisischen Stammesfürsten. Loomis fasst seine Geschichte wie folgt zusammen: „Der halb mythische Pryderi, Fürst von Südwales, war der ursprüngliche Held der Sage, einschliesslich des gefährlichen Berges (Arberth), des Wüsten Landes und der Burg mit der Schale an der Kette (in Manawydan und in Perlesvaus). Auch einige Motive aus den irischen Heldensagen von Cuchullain und Finn spielen hier herein. Durch die phonetische Ähnlichkeit der Namen wurde die Pryderi-Sage mit der (pseudo-) historischen Überlieferung von Peredur, des Fürsten von Nordbritannien vermischt. Die vermengte Geschichte, die sich jetzt nur noch auf Peredur bezog, brachten bretonische conteurs nach Frankreich, wo sie als Perceval-Roman bekannt wurde. Eine Spielart der französischen Fassung gelangte zurück nach Wales, wo sie von einem walisischen Dichter wieder auf den historischen Helden bezogen wurde und den Titel Peredur Son of Efrawg (York) erhielt."[87]

In der walisischen Geschichte lesen wir, dass Peredurs Vater seinen Besitz, seine Söhne und schliesslich sein Leben durch Kampf, Turniere und Kriege verloren hatte. Um ihren jüngsten Sohn vor dem gleichen Schicksal zu bewahren, bringt ihn seine Mutter in die Waldeinsamkeit und versucht zu verhindern, dass auch er ein Ritter wird und das Schicksal seines Vaters und seiner Brüder teilt, ein Vorgehen, das den Beifall des Dichters findet. Wir erinnern uns an Culhwchs Tante, die ebenfalls ihren Jüngsten in einer Truhe verbirgt, um ihn vor der Rache des Riesen zu bewahren. Der Name von Peredurs Mutter ist zwar nirgends erwähnt, doch wenn Loomis mit seiner Meinung recht hat, wäre seine Mutter Rhiannon. Die Schilderung ihres Charakters passt aber kaum auf das, was wir von Rhiannon hören. Dagegen gibt Wolfram Parzivals Mutter den treffenden Namen Herzeloyde und stellt sie damit in die Reihe der um ihre Söhne trauernden Mütter, zu denen ja auch Rhiannon gehört.

Was die Identität von Peredurs Vater betrifft, so ist es Helaine Newstead gelungen nachzuweisen, dass der mythologisch-literarische Prototyp seines Vaters der Gott Bran ist, von dem der *Zweite Zweig des Mabinogi* berichtet.[88] Einer der Gründe für diese Annahme ist die Tatsache, dass sowohl Peredurs Vater, der in Chrétiens *Perceval* Bans oder Brans de Gamoret genannt wird, wie auch Bran der Gesegnete, ständig mit dem Motiv des Wüsten Landes in Verbindung gebracht werden. Zugegeben, Peredur/Perceval ist in erster Linie der „Sohn der Mutter". Doch wenn jemand für die Vaterschaft in Frage kommt, so ist es immer der „lahme König": Der König, der mit einem Speer verwundet wurde und ständig zwischen Leben und Tod schwebt, wobei seine Verwundung und die Verwüstung des Landes in engem Zusammenhang stehen. So eine Gestalt ist Bran, der Gott des Lebenden Hauptes, wie wir aus dem *Zweiten Zweig des Mabinogi* wissen. Brans Haupt ist es, das in dieser Geschichte den Vorsitz beim Festmahl seiner Krieger führt, genau wie in der Peredur-Geschichte ein blutendes Haupt durch den Festsaal getragen wird, ohne dass Peredur darüber eine Erklärung gegeben wird, während er es unterlässt, nach der Bedeutung des blutenden Hauptes zu fragen. Doch am Ende der Geschichte, als Peredur schon ein allgemein geehrter Krieger ist, erscheint ein Knappe, der vor ihm niederkniet und ihm folgende Erklärung gibt: „Ich war es, der mit dem blutenden Haupt auf der Schüssel und mit dem bluttriefenden Speer kam. Das Haupt war das Haupt deines Vetters, und die Hexen von Caer Loyw haben ihn getötet."[89]

Pryderi/Peredur wird am Ende der Geschichte darüber belehrt, dass das blutende Haupt, das er in seines Onkels Burg sah, das Haupt seines Vetters war, den er zu rächen habe. Es scheint hier, dass der Erzähler das Haupt König Brans mit dem seines Sohnes Caradoc verwechselt hat. Nicht seinen Vetter solle Peredur rächen, sondern seinen Onkel Bran, den Bruder seines Freundes und Stiefvaters Manawydan, der auch der Bruder (ursprünglich vielleicht der Gemahl) Branwens, der „Matriarchin" Britanniens war. Bei der Enderklärung des Knappen fallen zwei Dinge sofort auf: das blutige Haupt und der bluttriefende Speer. Beide Motive erinnern an das Ende des *Zweiten Zweiges des Mabinogi*: Brans Haupt und der Speer, der ihm die tödliche Wunde beibrachte. Aber erstens ist Bran nicht Peredurs Vetter, sondern sein Onkel mütterlicherseits (sein „Vater" im matriarchalen Sinn), und zweitens ist er nicht von „den Hexen von Caer Loyw" getötet worden.

Der letzte König von Wales, Gruffydd ap Llywelin, hatte von seiner Thronerhebung im Jahre 1039 bis zu seinem Tod im Jahre 1063 heldenhaft gegen die Engländer und die normannischen Invasoren gekämpft. 1063 war er verraten, ermordet und sein Kopf als Friedenspreis an König Harold von England geschickt worden. Doch seine Taten waren im Volk unvergessen, und als der englische König Heinrich I. im Jahr 1135 starb, regte sich der Widerstand der Waliser erneut. Dies ist der politische Hintergrund, auf dem wir nicht nur Peredur, sondern alle drei Ritterromanzen zu betrachten haben. In dieser Notlage, in der das Volk dringend auf seinen befreienden Helden wartet, ist klar, dass dieser Held die Rache und die Lösung vom Bann des Wüsten Landes gleichzeitig vollbringen muss. Die Erfüllung beider Aufgaben würde die Befreiung der Lady Sovereignty von fremder Unterdrückung und die Heilung des Landes von allen Übelständen bedeuten.

Die Reise in die Anderswelt

Es muss gesagt werden, dass der Erzähler der *Peredur*-Geschichte eine klare Struktur verlässt und den Helden auf eine geradezu schamanenhafte Reise in die Anderswelt begleitet, wohin zu folgen uns heute schwerfällt. Auf dieser Reise reiht sich ein Abenteuer nach dem anderen, und sie setzen sich alle aus archaischen Komponenten zusammen. So zum Beispiel die Episode der „Söhne des Leidenskönigs", die täglich von einem Ungeheuer getötet und allabendlich von ihren Frauen in einem Bad wieder zu neuem Leben erweckt werden. Peredur darf an diesem Abenteuer nicht teilnehmen, „weil er keine liebende Frau hat, die ihn zu neuen Leben erwecken könnte.“[90] Diese Episode erinnert an den *Pair Dedani*, den Kessel des Lebens, der ursprünglich zu Branwens Heiratsgut gehörte und der tote Krieger wieder zum Leben erweckte.

Peredur tötet Drachen, Schlangen und das Ungeheuer Addanc, einen riesigen Biber. Die Symbolik des Bibers liegt darin, dass er gleichzeitig im Wasser und auf dem Land leben kann - also ein Grenzgänger zwischen zwei Elementen ist. Grenzgebiete und Grenzzeiten wie Morgen- und Abenddämmerung haben das keltische Gemüt stets beeindruckt. Peredur selbst wird als Grenzgänger dargestellt, als er den Fluss erreicht, der Diesseitswelt und Anderswelt trennt. An dieser Stelle heisst es: „Und er sah einen Baum am Flussufer, dessen eine Hälfte von den Wurzeln bis zur Krone lichterloh brannte, während die andere Hälfte in frischem Grün prangte.“ Mit diesem wirkungsvollen Bild drückt der Erzähler aus, dass sein Held in zwei Welten lebt: Diesseitswelt und Anderswelt. Gleichzeitig ist das Bild eine Aufforderung an alle Zuhörer, sich stets der beiden Welten bewusst zu sein. Ebenso wichtig ist die Tatsache, dass auch hier der Held auf all seinen Wegen stets von übernatürlichen Frauengestalten geführt wird, deren Ratschläge, Bitten und Befehle er fraglos annimmt. Der Umschwung in Peredurs Heldencharakter ist ferner dadurch gekennzeichnet, dass er zwar wie Cuchulainn sein kriegerisches Training von Frauen, eben den Hexen von Gloucester erhält, diese aber am Ende der Geschichte als Feinde des Landes bezeichnet werden, und er sie deshalb tötet, wie dies auch in *Culhwuch und Olwen* geschieht. Stephen Knight bezeichnet diese krass beschriebenen Hexenmorde als Zeichen für den endgültigen Sieg des Patriarchats. Diese ehemaligen Priesterinnen und Lehrmeisterinnen der Heroen als „Hexen“ zu bezeichnen, ist einer der Tricks, mit denen sich das Patriarchat rechtfertigt, denn es handelte sich offensichtlich um hochstehende Frauen, die die Aufgabe hatten, die zu Helden erwählten Männer heranzubilden.

Jean Markale schreibt, dass alle Frauen, mit denen Peredur eine Liebesbeziehung eingeht, Manifestationen der „Kaiserin von Gross Konstantinopel“ seien, die Lady Sovereignty und Gral in einer Person darstellt. Dies sei auch der Grund, warum der Gral, in welcher Form auch immer, in dieser Erzählung nicht gezeigt oder erwähnt wird: Das Sinnbild ist unnötig, wenn das Versinnbildlichte selbst erscheint. Eine Vorform des Grals begegnet Peredur bereits kurz nach dem Abschied von seiner Mutter, als er das Zelt betritt, das er für eine Kirche hält. In der französischen und mittelhochdeutschen Fassung scheint es, als habe er sich Essen und Trinken, Ring und Kuss mit Gewalt genommen. Doch die walisische Fassung beschreibt die Begegnung ganz anders, und es ist wichtig, den Unterschied festzuhalten. Nachdem Peredur vor dem Zelt sein Vaterunser gebetet hat, geht er hinein, sieht das schöne Mädchen und erklärt ihr: „Meine Mutter hat gesagt, wenn ich irgendwo etwas zum Essen und Trinken sehe, soll ich es nehmen.“ „Geh’, Chieftain (Häuptling), es sei dir vergönnt.“ Peredur isst die Hälfte von dem, was er vorfindet, und überlässt ihr das Übrige. Als er damit fertig ist, nähert er sich ihr mit den Worten: „Meine Mutter hat gesagt, wenn ich ein Kleinod sehe, soll ich es nehmen.“ „Nimm den Ring, mein Freund, ich will ihn dir nicht neiden.“ Peredur nimmt den Ring, kniet vor ihr nieder und küsst sie.[91]

Diese Szene ist von einer so kindlichen Naivität, dass es schwer ist, sich die Veränderung vorzustellen, die Chrétien und Wolfram damit vornahmen. Hier begegnet Peredur zum ersten Mal einer fremden Frau. Er befolgt Schritt für Schritt, was ihm seine Mutter befohlen hat, und sagt ihr das auch. „Das Mädchen“, wie es im walisischen Text heisst, fürchtet sich nicht vor ihm, sondern scheint eher fraulich überlegen, etwa wie eine Burgfrau, die einen neuen Pagen in ihre Dienste nimmt. Es ist bedeutsam, dass sie ihm Wein, Kuss und Ring willig überlässt, denn das waren die sakralen Elemente, die in keltischen Königssagen seit ältester Zeit den Helden als den Partner der Lady Sovereignty auswiesen. Für Eingeweihte erscheint Peredur hier bereits als der Erwählte. Und wie einst Rhiannon dem Fürsten von Dyfed, so begegnet auch die Kaiserin Peredur auf einem besonderen, schicksalshaften Hügel; wie Lunet Owein, so gibt auch sie Peredur einen Zauberring, der ihn unsichtbar macht, so dass er den Addanc töten kann. Nach vielerlei Abenteuern wird Peredur schliesslich der Gemahl der Kaiserin, und es heisst, dass „er mit ihr vierzehn Jahre lang regierte.“ Doch dann geht die Geschichte noch über zwölf Seiten weiter, mit neuen Abenteuern und neuen Aufgaben, die die Kaiserin für ihn bereit hält.

Nachdem er vierzehn Jahre mit ihr gelebt und regiert hatte, hat er den Kriegernamen Peredur Longspear erworben. Wir finden ihn mit seinen Kameraden in Arthurs Halle sitzend. Und erst jetzt, gegen Ende der Geschichte, kommt die hässliche, schwarze Jungfrau und wirft ihm vor, es unterlassen zu haben, die richtige Frage zu stellen, als er das blutende Haupt und die bluttriefende Lanze sah. Jetzt erst begibt sich Peredur auf die Suche nach der Burg, wo er die bluttriefende Lanze sah. Jetzt erst tötet er das Einhorn und wirft das verzauberte Brettspiel, dessen Figuren von selbst spielen, zum Fenster hinaus, weil „seine Seite das Spiel verlor.“ Erst am Ende dieser zweiten Queste erscheint der erwähnte Knappe, der ihm erklärt, dass er den Tod seiner Verwandten zu rächen habe. Er begegnet wieder Gwalchmei, der mit ihm ausgezogen war, aber einen anderen Weg eingeschlagen hatte, und sie beschliessen beide, zur Rache an den Hexen von Gloucester die Hilfe Arthurs in Anspruch zu nehmen, wie dies auch Culhwuch getan hatte. Arthur und seine Krieger ziehen mit ihm, aber Peredur vollzieht die Rache an den Hexen selbst, nachdem er sie, die einst seine Waffenmeisterinnen und Wohltäterinnen waren, dreimal gewarnt hatte, ihre Angriffe auf Arthur zu unterlassen.

Diese ambivalente Behandlung der „Hexen" in Wales gibt zu denken. In Wales gab es nie die Gestalt der hässlichen, kinderfressenden Hexe, des Teufels Grossmutter, wie wir sie zum Beispiel aus den deutschen und russischen Märchen kennen. Walisische Hexen tragen auch in heutigen Darstellungen noch den hohen schwarzen Hut, der einst die Priesterin kennzeichnete. Man mochte sie fürchten, aber man hasste sie nicht, denn sie hatte nichts mit dem Teufel zu tun. Was sie war, war sie aus eigener Kraft und eigenem Wissen. Arthur ist der Archetypus des patriarchalen Herrschers. Der ursprünglich matriarchale Held steht also hier am Wendepunkt zwischen den Zeiten. Wir wissen nicht, wann sich der endgültige Übergang vom Matriarchat zum Patriarchat im keltischen Bereich vollzog. Sicher war auch hier der Vorgang ein jahrhundertelanger, geschichtlicher Prozess. Aber es scheint, dass er auf den britischen Inseln, und besonders dort, wohin die römische Rechtsordnung erst spät kam, länger dauerte und tiefere Spuren hinterliess als auf dem Festland.

Der Schicksalsweg Pryderi/Peredurs unterscheidet sich weitgehend von dem Percevals/Parzifals. Trotz seiner „Kaiserin von Konstantinopel" ist dieser Held ein Heide bis in die Fingerspitzen, und als solcher dient er der Göttin, von einem Leben zum nächsten. Doch die Zeiten haben sich geändert und verlangen andere Bilder. Nicht Peredur tötet eigentlich die Hexen, der Erzähler tut es, muss es tun, wenn er seine Brotherren nicht verlieren will.

Gereint und Enide

In dieser Romanze von *Gereint und Enide* hat die einstige Göttin endgültig alles Numinose verloren und erscheint nur noch als getreue, geduldige und christliche Ehefrau. Von den Drei Ritter-Romanzen gilt Chrétiens und Hartmanns *Erec* als die patriarchalste. Hier setzt sich das Patriarchat endgültig durch. Doch auch Gereint wird noch stets von der Göttin geführt, wenn es auch äusserlich nicht den Anschein hat. Dies jedenfalls ist die Meinung von R.S. Loomis, der behauptet, die sanfte, scheue Enide sei niemand anders als die patriarchal getarnte Morgaine. Diese Tarnung sei notwendig geworden, weil die Kirche strenger gegen ketzerische Meinungen vorging - und dazu gehörte das stereotype Paar von Held und Göttin, Ritter und Lady Sovereignty. Für den oberflächlichen Leser ergibt sich klar und deutlich: Hier wird jungen Rittern beigebracht, dass es nicht angeht, sich zu sehr den Freuden der Liebe hinzugeben. Wenn sie ihre *prouesse* bewahren wollen, dann gilt es, auch der schönsten und liebenswürdigsten Frau gegenüber Kühle zu bewahren und ihr zu zeigen, wer der Herr ist. Wieder einmal wird eine Frau bestraft - aus keinem anderen Grund, als dass sie existiert und erotische Anziehungskraft besitzt. Der einzige Unterschied ist der, dass in der walisischen Fassung die arme Enide noch härter angefasst wird und noch mehr zu leiden hat als am verfeinerten französischen Hof. Dabei wird manches klar, was in der geschliffenen Sprache Chrétiens im Unklaren gelassen wird.

Hier eine kurze Zusammenfassung in der walisischen Fassung:

Gereint, Sohn des Erbin und Fürst von Cornwall, einer der besten Ritter an König Arthurs Hof, verlässt den Hof, um eine Beleidigung zu rächen, die ein fremder Ritter der Königin, ihrer Zofe und ihm selbst zufügte. Er besiegt den Schuldigen und gewinnt dabei die schöne, aber arme Enide zur Frau. Er bringt sie an Arthurs Hof und heiratet sie. Dann wird er von seinem Onkel in sein Reich Cornwall zurückgerufen, um dessen Grenzen zu schützen. Nachdem diese Aufgabe erfüllt ist, widmet er sich einzig und allein seiner Frau und vernachlässigt dadurch seine Pflichten als König und als Anführer seiner Kriegerschar. Nun wendet sich sein Vater, der alte König, nicht etwa an seinen Sohn mit entsprechenden Ermahnungen, sondern an seine Schwiegertochter mit taktlosen Vorwürfen. Enide gerät dadurch in einen schweren Konflikt, weil sie nicht weiss, wie sie Gereint den Rüffel ihres Schwiegervaters erklären soll. Er missdeutet ihre schüchternen Erklärungen und glaubt, sie liebe einen anderen. Um sie zu bestrafen, zwingt er sie, ihn als Knappe auf einer Abenteuerfahrt zu begleiten. Sie bestehen viele gefährliche Abenteuer, bis Gereint endlich von der Liebe und Treue Enides überzeugt ist und sie beide versöhnt an seinen Königshof zurückkehren. -

Wie in *Prinz Pwyll von Dyfed* und in *Branwen Llyrstochter* wird auch hier wieder einmal eine Frau bestraft, nur dass es sich in den beiden ersteren Fällen um Verleumdungen handelt. Hier ist das Motiv dahin geändert, dass die Frau „unschuldig schuldig“ für die Liebesexzesse ihres Mannes verantwortlich gemacht wird. Enide wird weder als Frau aus der Anderswelt wie Rhiannon, noch als „britische Matriarchin“ wie Branwen eingeführt. Sie ist arm, „ohne Mitgift und Aussteuer“. Es muss für den Erzähler schwierig gewesen sein, einen Konflikt für so ein harmloses Mädchen wie Enide zu finden. Aber er fand ihn, und das Patriarchat hat einen neuen Grund zur Verurteilung der Frau: Enide ist so schön, dass Gereint sie zu sehr liebt. Da sie nichts zum Besitz ihres Mannes beitrug, ist ihre Schönheit ihr einziger Vorzug. Also wird sie zum Sexualobjekt degradiert und für die erotische Anziehungskraft, die sie auf ihren Mann ausübt, verantwortlich gemacht. Während Rhiannon durch ihre Mutterschaft und Branwen durch die Heiratspolitik ihrer Brüder leidet, ist Enide das Opfer ihrer Schönheit. Der alte König von Cornwall macht sie für die Verliebtheit seines Sohnes verantwortlich. Dies ist typisch für einen patriarchalen Monarchen. Natürlich sind für ihn Frauen nur da, um für einen Thronerben zu sorgen. Dabei soll die Heirat des Sohnes möglichst auch etwas einbringen: die Braut soll eine ordentliche Mitgift haben. Bei Enide fehlt beides. Kein Wunder, dass er verärgert ist.

Die Unterredung von Schwiegervater und Schwiegertochter sowie das Eifersuchtsmotiv sind in Chrétiens *Erec* nicht enthalten. Doch hier spielt noch ein anderes Motiv herein: Wie in *Culhwch und Olwen* gezeigt wurde, ist es einem Mann jederzeit erlaubt, eine reiche Frau zu gewinnen. Das Umgekehrte ist nicht der Fall. Damals wie heute wird eine Frau ohne Mitgift, die einen reichen Mann „einfängt", gnadenlos als Opportunistin verurteilt, was Enides Lage noch schwieriger macht. Wie Chrétien die Geschichte darstellt, wird nicht klar, warum Erec seine Frau auf die gefahrvolle Queste mitnimmt. Dagegen lässt der walisische Dichter seine Leser nicht im Zweifel darüber, dass es sich bei dieser Fahrt eindeutig um einen Racheakt Gereints und Bestrafung Enides handelt, und es besteht auch kein Zweifel darüber, dass ihm der Dichter dieses Recht als Gatte zugesteht. In allen drei Fassungen zeigen sich die Autoren nicht schokkiert über Gereints/Erecs Handlungsweise, tun aber ihr Möglichstes, um Enides Sanftmut, Geduld und treue Gattenliebe rührend zu beschreiben. Man versuche, sich Rhiannon oder Arianrhod in einer ähnlichen Lage vorzustellen!

Der mythologische Hintergrund

Obwohl sich Loomis viel mehr mit der Geschichte von Erec und Enide in französischer und in mittelhochdeutscher Fassung auseinandersetzt, benützt er doch meist die walisischen Quellen, insbesondere *Die Vier Zweige* sowie die anderen Erzählungen der Sammlung. So kommt er zu dem Schluss, dass Gereint eine Verschmelzung der beiden Helden Pryderi und Gweir Sohn des Llwch darstellt. Was Enide betrifft, so seien die

Quellen für ihre Gestaltung schwieriger zu finden, aber ebenfalls mythologisch. Der Name Enide, behauptet Loomis, sei das altwalisische Wort für „Waldlerche". Wir wollen es ihm glauben. Was aber seine weitere Behauptung betrifft, so sind wir darüber mehr als überrascht. Enide, sagt Loomis, sei nämlich niemand anders als Morgaine la Fee in christlicher Verkleidung. Loomis verteidigt seine Behauptung in einer längeren Abhandlung, von der hier nur das Endergebnis zitiert sei: „Wollte ein Romancier nämlich die Morgaine-Überlieferung für eine lange und wirklichkeitsnahe Geschichte verwenden, so hatte er vor allem drei Bedingungen zu erfüllen: 1. Er musste alle Spuren von der feenhaften und zauberkundigen Erscheinung entfernen, auf dass seine Heldin nicht in den Verdacht von Beziehungen zum Teufel gerate. 2. Alle Hinweise auf ihren ursprünglich wollüstigen und herrschsüchtigen Charakter mussten sorgfältig entfernt werden. 3. Er musste ihr einen Namen geben, der keine unpassenden oder abstossenden Assoziationen hatte."[92]

Hier scheint Loomis auszudrücken, was mit der Gestalt der Göttin im Allgemeinen geschah. Die geschichtlichen Daten über Enides mythologischen Ursprung waren unterdrückt worden oder vergessen, und ein neues Frauenbild entstand: das Paradigma der selbstlosen, liebend-leidenden, masochistischen Ehefrau. Enide liebt Gereint trotz seiner Fehler. Sie sieht seine ritterlichen Taten als das Wichtigste in seinem und in ihrem Leben an. Und sie wagt nicht ihn zu tadeln, aus Angst, falsch verstanden zu werden. Nicht nur, dass sie ihm fraglos treu ist, sie erleidet ihre ungerechte Bestrafung ohne Widerrede, in Anerkennung des Gattenrechtes ihres Eheherrn. In der keltischen Literatur stellt Enides Geschichte eine völlig neue Entwicklung dar, und unser Verdacht fällt dabei auf die Kirche und die „Bussbücher" keltischer Geistlichkeit. Es war „die Sünde Evas", deretwegen nun von der Frau Selbsterniedrigung verlangt wurde, wozu sich eine Rhiannon oder Arianrhod nie hergegeben hätte. Und nichts bereitet uns darauf vor, in Enide eine mythologische und literarische Nachfahrin der alten Göttin zu erkennen, die in den Artussagen den irischen Namen Morgaine, d.h. Mor Rigan (Grosse Königin) trägt.

In dieser Geschichte ist die Heldin in die Rolle der christlichen Ehefrau gezwängt, wie sie die Handbücher kirchlicher Moraltheologie seit Paulus und den Kirchenvätern vorschreiben. Die keltische Kirche mag fünf Jahrhunderte gegen Rom gekämpft haben, hier jedenfalls war ein Punkt, in dem sie mit Rom einig war: Frauen müssen unterdrückt und streng in Zaum gehalten werden. Deshalb überrascht es uns auch nicht, dass die Romanze von Gereint wie keine andere der Mabinogion-Geschichten mit einer Beschreibung Arthurs in seiner Rolle als „Schützer des Glaubens" beginnt, die sich durch eine grosse Zahl von Kirchen an seinem Hof kundtut.

Einer Dame als Ritter zu dienen und gleichzeitig ihr Ehemann zu sein, ist gegen die patriarchalen Gesetze von Rittertum und Kirche. Der Konflikt wird offenbar, als sich Gereint und Enides Liebe entfaltet und die tiefe Veränderung zutage tritt, die die feudale Gesellschaft im alten Paradigma von der Göttin und ihrem Heros hervorgerufen hat. Dabei dürfen wir auch das andere Liebespaar nicht vergessen. Gleichzeitig mit seinem Jagdvogel haben Sir Edern und seine Dame auch ihre gesellschaftliche Stellung verloren: Sie wurden an Arthurs Hof „einverleibt" und effektiv zu einem Leben als Gefangene des Hofes verurteilt. Dieses Schicksal muss die Dame, die keinen Anteil an Sir Ederns Arroganz hatte, besonders hart treffen und zeigt Enide, wie sehr ihre Stellung von Gereints Kampfkraft abhängt. Im weiteren Verlauf der Erzählung unterstreicht der Autor diesen Punkt mehrere Male: Ohne die kämpferische Überlegenheit ihres Ritters sind Freiheit und sexuelle Integrität einer Frau stets in Frage gestellt. Enide erlebt dies mehrmals: zweimal, als sie von Raubrittern angegriffen werden, und zweimal durch ihre Bekanntschaft mit Grafen, die sich als Lüstlinge erweisen. Der erste dieser Herren plant Gereint zu ermorden und Enide zu entführen; der zweite hält Gereint für tot und will Enide mit Gewalt heiraten, ja er schlägt sie, als sie sich gegen ihn wehrt. Diese Episoden sind sicher der Wirklichkeit entnommen, und sie zeigen die Gefahren, denen Frauen, selbst Edelfrauen in einer Zeit ausgesetzt waren, die Historiker als die „Hochblüte höfischer Kultur" bezeichnen.

Enide wird Gereints Knappe und Dienerin, die ihm „in ihrem zerlumpten Gewand" voranreiten muss und der es nicht erlaubt ist, auch nur mit ihm zu sprechen und ihn vor Gefahren zu warnen. Als „Jagdfalke" dient sie ihm, indem sie ihn trotz seines Verbotes vor Gefahren warnt, ihn auf Jagdbeute aufmerksam macht und sein Schelten wie ein unfolgsames Tier schweigend hinnimmt. In der damaligen Gesellschaft, in der die Falknerei allgemein geübt wurde, wusste man auch, dass weibliche Jagdvögel besser zur Jagd geeignet sind - wenn es gelingt, sie zu zähmen. Derlei Anspielungen wurden also von den Zuhörern wohl verstanden. Dem männlichen Publikum gaben sie wichtige Hinweise, wie eine Frau nach der Hochzeit zu behandeln ist: die Falkin muss gezähmt werden.

Zwerge und Mabonagrain

Die Geschichte beginnt mit einem ekelhaften Zwerg, der als Knappe von Sir Edern die Handlung in Gang bringt. Seine Haltung ist ganz untypisch für die allgemeine Schilderung von Zwergen in den Mabinogien. Wir begegnen ihnen in *Culhwch und Olwen,* in *Peredur* und in *Gereint.* Das Zwergenpaar, das in Peredur den Helden am Hofe Arthurs als „Blüte der Ritterschaft" begrüsst, und dafür von Cei brutal niedergeschlagen wird, muss als Vertreter einer älteren, unterdrückten Bevölkerung betrachtet werden. Dieses Zwergenpaar kennt Peredurs Familie besser als er selbst, und er schwört ihre Misshandlung zu rächen.

Was bedeutet diese widersprüchliche Behandlung der Zwerge in den Ritterromanzen? In den Epen versucht der Erzähler, eine ältere Bevölkerung am Vorabend ihres Verschwindens, d.h. ihrer Ausrottung darzustellen. Dieses Volk ist älter, ihre Vertreter scheinen archaisch, aber sie haben Gefühle der Menschlichkeit, Anstand und eine saubere Haltung, die der zeitgenössischen Gesellschaft vielfach fehlt. Möglicherweise spielt hier die Erinnerung an eine ältere Völkerschaft mit, die kleiner von Statur war. Wir denken dabei an das Paar Llasa Laes Gyfbewid und Cymidei Cymeinfoll in der Branwen-Geschichte und an die verschiedene Behandlung, die ihnen vonseiten Brans und Matholuchs zuteil wird. Die Fähigkeit, mit Angehörigen einer alten, eroberten Bevölkerung menschlich umzugehen und sie richtig in den Stamm zu integrieren, wird im Mabinogion stets als Massstab von echtem Adel gewertet. Darüber hinaus werden Zwerge in den Artus-Zyklen immer als besonders lebenskräftige Individuen geschildert. Loomis geht sogar soweit, ihren Stammbaum vom Zwergenkönig Bilis abzuleiten, den er mit dem britischen Beli (Pelles, Belinor oder Beli Mor, d.h. Beli der Grosse) verbindet, und Belis Schwester war bekanntlich Morgaine la Fee.

Gereints letztes und grösstes Abenteuer besteht er am Hof von Graf Ywein/Owain, was ihn wiederum bedeutungsvoll mit der Gräfin vom Brunnen verbindet. Wie wir sahen, war Ywein/Owains Kampf um den regenspendenden Brunnen ursprünglich ein mythischer Kampf um das Recht, der Heros der Göttin zu werden. Hier erscheint nun Graf Ywein als Initiator eines ähnlichen „verzauberten" (andersweltlichen) Zweikampfes, den einer seiner Ritter ausführt. In Chrétiens Version heisst der Begründer des Zweikampfes König Evrain, und Helaine Newstead ist der Meinung, dass es sich auch hier wieder um die Gestalt von Bran handelt.[93] Dementsprechend herrscht er über ein andersweltliches Reich, auf einer Insel, die von einem tiefen Fluss umgeben ist. Der Kampfplatz liegt laut Chrétien hinter einer undurchdringlichen Luftmauer, nach dem Mabinogion hinter einer Nebelwand. Die Köpfe der unglücklichen früheren Bewerber sind auf Pfähle gesteckt, um abenteuerlustige Ritter zu warnen. Beide Versionen beschreiben einen verzauberten oder bezaubernden Apfelgarten, über den eine Frau von wunderbarer Schönheit herrscht.

Ein weiteres Requisit dieses Zauberreiches ist ein Jagdhorn. Bei Chrétien hängt es an einem Pfahl neben den abgeschnittenen Köpfen, im Mabinogion ziert es den Zweig eines Apfelbaumes. Wir erfahren, dass das Jagdhorn ertönen wird, wenn einer der herausfordernden Ritter über den Verteidiger des Gartens den Sieg davontragen sollte. Der Erzähler der Mabinogion-Geschichte nennt den Namen des Verteidigers nicht, aber bei Chrétien lesen wir, dass er eine rote Rüstung trägt und sehr gross ist. Sein Name ist Mabonagrain, also „Mabon“ und „Grain“. Wir haben den Namen bereits gedeutet: Es handelt sich um Mab ap Modron, d.h. Sohn der Grossen Mutter, wobei Grain „Sonne“ bedeutet. Der Verteidiger ist also der Sohn-Geliebte und Sonnenheros der Grossen Muttergöttin.

Aber nichts von alledem steht in der Mabinogion-Fassung. Das Ende der Romanze in der walisischen Fassung ist von lakonischer Kürze. Gereint betritt das Zelt und findet darin „ein Mädchen auf einem goldenen Stuhl sitzend.“ Er setzt sich ihr gegenüber, und sie warnt ihn vor diesem Sitz. Da kommt auch schon der Verteidiger des Gartens, schilt Gereint, dass er es wagt, auf seinem Platz zu sitzen und fordert ihn zum Zweikampf. Die Recken besteigen ihre Rosse, legen ihre Lanzen ein und rennen gegeneinander an, bis Gereint seinen Gegner vom Pferd stösst und dieser um Gnade bittet. Gereint verspricht, ihn zu schonen, unter der Bedingung, dass „diese Spiele“ in Zukunft aufhören, dass die Nebelhecke verschwindet und aller Zauber ein Ende hat. Nun stösst Gereint ins Horn, Hecke und Nebelwand verschwinden, und alles löst sich in Wohlgefallen auf. Der Gegensatz zu Chrétiens langen Erklärungen und „Tröstungen der verlassenen Dame“ könnte nicht grösser sein. Im Mabinogion heisst es kurz und bündig: „Gereint kehrte in sein Reich zurück, und von nun an regierte er mächtig, glücklich und glanzvoll und gewann Ruhm, Ehre und Preis für sich und Enide für alle Zeiten.“ Die Gegenüberstellung der beiden Paare mit dem opernhaft kontrapunktischen Finale fehlt also beim walisischen Dichter. Doch das bedeutet nicht etwa, dass er auf ein lehrhaftes Ende verzichtet. Auch hier wird klar, dass die Zeit der Göttin und ihres Heros endgültig vorüber ist.

11

CERIDWEN UND TALIESIN

Vom spirituellen Standpunkt aus betrachtet, ist die Geschichte von Ceridwen (Kerridwen) und Taliesin eine der wichtigsten Erzählungen im Mabinogion. Vielleicht ist dies der Grund, warum Lady Guest sie 1848 in ihre erste englische Mabinogion-Übersetzung aufnahm, obwohl die Manuskriptsammlung, in welcher sie enthalten ist, erst aus dem frühen sechzehnten Jahrhundert stammt, also um dreihundert Jahre jünger ist als die übrigen Mabinogien.[94] Zeitlich spielt die Geschichte im sechsten Jahrhundert, also zur Zeit König Arthurs und des historisch nachweisbaren Königs Maelgwn (sprich Melgun) von Gwynedd in Nordwales. Ellis Gruffydd schreibt, dass ihm der Stoff von mündlichen und schriftlichen Wiedergaben her bekannt sei, doch drückt er ihm sowohl im Stil als auch in seinem Kommentar einen persönlichen Stempel auf. Dies ist der Grund, warum gerade diese Erzählung in der mittelalterlichen Literatur von Wales eine Sonderstellung einnimmt. Denn während andere Erzählungen immer wieder in der gleichen Form von den Kopisten abgeschrieben wurden, haben wir hier das persönliche Werk eines Autors vor uns, der uns als weitgereister Kosmopolit mit dieser Geschichte sein eigenes Verständnis, seine Sachkenntnis und nicht zuletzt seine Sozialkritik vor Augen führt. Das Hauptinteresse des Keltologen Ford liegt dabei erstens im Verhältnis des walisischen Barden zur Göttin Ceridwen und zweitens im Initiationsritus, dem sich, alten Berichten zufolge, jeder echte Barde unterziehen musste.[95]

Wie konnte es geschehen, dass das Kind Gwion zu Taliesin, dem grössten Dichter des walisischen Mittelalters wurde? Denn Klein Gwions Wiedergeburt aus dem Schoss der Göttin und sein weiteres Tun und Dichten machen ihn nicht nur zum Nationaldichter von Wales, sondern legitimieren gleichzeitig das gesamte walisische Bardentum als Retter des Volkes vor den Übergriffen der Kleinkönige und ihrer Höflinge, der „falschen Barden". Hier eine gekürzte Übersetzung der Handlung, die in zwei Teile zerfällt. Der erste Teil behandelt die Geschichte von Klein Gwion, der zweite die Taten des wiedergeborenen Gwion, der jetzt Taliesin, d.h. „Leuchtende Stirn" heisst und ein grosser Barde geworden ist.

Die Geschichte von Klein Gwion

In jenen Tagen als Arthur zu regieren begann, lebte ein Graf mit Namen Tegid Foel. Sein Lehen war die Gegend um den See Pen Llyn, und sein Gut hiess Llyn Tegid (Balasee im Norden von Wales). Seine Frau hiess Ceridwen, und sie hatte die drei Künste der Zauberei erlernt, nämlich Magie, Verwandlung und Prophezeiung. Nun hatten Tegid und Ceridwen einen Sohn Morfran, d.h. Grosser Rabe, der war so hässlich, dass sie ihn Afagddu, der Grosse Dunkle, nannten. Weil er so schrecklich anzusehn war, sorgte sich seine Mutter um ihn und war im Herzen traurig, denn sie sah voraus, dass er mit seinem Aussehen niemals Freunde unter dem Adel des Landes finden würde. Schliesslich verfiel sie darauf, ihn durch ihre Kunst zum weisesten aller Menschen zu machen. Sie kannte die Zauberkräuter, die dazu nötig waren, und machte sich an die Arbeit. Sie begann an den rechten Tagen des Jahres und zur rechten Stunde des Tages die rechten Kräuter zu sammeln und sie in einem grossen Kessel aufs Feuer zu stellen. Der Weisheitstrank musste ein ganzes Jahr gebraut werden, und das Feuer durfte dabei Tag und Nacht nicht ausgehen. Nach Jahr und Tag würden drei Tropfen aus dem Kessel springen, und wen immer sie trafen, der würde der weiseste Mensch der Welt und ein grosser Prophet sein. Doch der Rest des Kräutersaftes würde ein so starkes Gift sein, dass es den Kessel zersprengen und sich über das ganze Land ergiessen würde.

Ceridwen berief einen blinden Alten, das Feuer zu hüten, und bestellte einen Jungen namens Gwion Bach, d.h. Klein Gwion, zu seiner Hilfe. Also hatte jeder seine Arbeit: Gwion und der Blinde schürten das Feuer und rührten den Kessel, während Ceridwen die Kräuter suchen ging, die sie das ganze Jahr über nach und nach in den Kessel warf. Nach Jahr und Tag holte Ceridwen Morfran herbei und stellte ihn neben den Kessel, dass er die drei Tropfen Weisheitstrank empfinge, wenn es an der Zeit war. Dann setzte sie sich daneben und schlief ein. Doch als die drei Tropfen aus dem Kessel sprangen, fielen sie auf Gwion, der Morfran schnell zur

Seite geschoben hatte. Dann zersprang der Kessel mit lautem Knall, und Ceridwen erwachte. Sie sah Gwion vor sich und erkannte sofort, dass er alle Weisheit in sich aufgenommen hatte. Er dagegen war nun allwissend und sah, dass sie ihm in ihrer Wut nach dem Leben trachtete. Also rannte er davon, so schnell er konnte, und sie ihm nach. Er verwandelte sich in einen Hasen und sie sich in einen Jagdhund. Er verwandelte sich in einen Fisch und sie sich in ein Otterweibchen. Er verwandelte sich in einen Vogel und sie sich in einen Falken. Schliesslich verwandelte er sich in ein Weizenkorn, das auf dem Dreschboden lag, und Ceridwen verwandelte sich in ein schwarzes Huhn und pickte es auf. Nach neun Monaten brachte sie Gwion wieder zur Welt, und das Kind war so schön, dass sie ihm nichts zu leid tun konnte. Sie legte es in ein mit Leder bezogenes Körbchen und liess es im Fluss (andere sagen in der See) vom Wasser forttragen.

Die Geschichte von Taliesin

Nun ändert sich der Ort der Handlung. Wir hören, dass in jener Zeit der gefürchtete König Maelgwn Gwynedd in der Burg Caer Deganwy im Norden von Wales Hof hielt. Ganz in der Nähe lebte ein Edelmann mit Namen Gwyddno Garanhir, d.h. Gwyddno der Kranich. Dieser besass am Strand von Conway ein Fischwehr, in dem jedes Jahr in der Nacht zum ersten November eine solche Menge von Lachsen gefangen wurde, dass sie gut zehn Pfund Silber wert waren. Nun hatte Gwyddno einen Sohn namens Elphin (Elffin), der König Maelgwns Vasall und ein rechter Verschwender war. Eines Tages erklärte Gwyddno seinem Sohn, dass er kein Geld mehr für ihn aufbringen könne. Doch Elphin erbat sich als letzte Gabe von seinem Vater den reichen Fischfang aus dem Wehr für seine Freunde, wie er das früher gehalten hatte, und Gwyddno gewährte es ihm. In der Nacht zum ersten November kam Elphin mit seinen Freunden an das Wehr. Sie hatten Packpferde mitgebracht und freuten sich auf den guten Fang. Doch kein einziger Lachs zeigte sich. Da sah Elphin ein ledernes Bündel und zog es aus dem Wasser. Geschwind schnitt er es auf, aber statt Gold- und Silbermünzen, wie er gehofft hatte, strahlte ihm ein liebliches Kindergesicht entgegen. Erstaunt rief er aus: „Schaut, was für eine leuchtende Stirn (*tal iesin*)!“ Und das Kind lachte und sagte: „Taliesin, das bin ich.“

Seine Freunde spotteten über ihn, dass er statt des reichen Fischfangs nur ein Findelkind heimbrachte, aber Elphin hatte ein gutes Herz und kümmerte sich nicht darum. Die Geschichte berichtet, dass das Kind Klein Gwion war, den Ceridwen neun Monate getragen und dann als ihren Sohn geboren hatte. Vom Anfang der Regierungszeit Arthurs bis zum Beginn der Regierungszeit Maeldwns war er in seinem Sack von den Wellen getragen worden - und das waren fast vierzig Jahre. Elphin nahm also das Bündel mit dem Kind auf sein Pferd und machte sich auf den Heimweg, wobei er sein trauriges Los beklagte. Als das Kind Taliesin seine Worte hörte, begann es ihm ein Trostlied zu singen, worin es seine eigenen dichterischen Gaben pries und versprach, ihm bald von grossem Nutzen zu sein. Also brachte Elphin das Kind seiner Frau, die es liebevoll aufnahm und treu pflegte. Von diesem Tag an ging es mit Elphins Besitz aufwärts, so dass er bald der reichste und geachtetste Mann am Hof des Königs war.

Nun geschah es nach einiger Zeit, dass der König zur Weihnachtszeit seine Vasallen zu einem Fest nach Deganwy einlud, und auch Elphin musste dazu erscheinen. Alle Geladenen priesen den König, seine Freigebigkeit, seinen Prunk, seine Kriegsmacht und seine Barden. In jener Zeit zählten Dichter zu den geehrtesten Männern im Lande. Bei diesem Hoffest geschah es nun, dass Elphin die Tugend seiner Frau und die Kunst seines Barden so hoch lobte, dass der König sich in seiner Eitelkeit gekränkt fühlte. Er liess Elphin gefangen setzen, bis es ihm gelänge, die Tugend seiner Frau und die Kunst seines Barden zu beweisen. Dann schickte er seinen Sohn Rhun, der als Weiberheld bekannt war, an Elphins Hof, um die Tugend seiner Frau zu prüfen. Doch Taliesin kannte seinen Plan und warnte seine Herrin. Elphins Frau tauschte nun ihre Kleider mit ihrer Küchenmagd. Dabei war sie so grosszügig, ihr auch Elphins Ring an den Finger zu stecken. Als Rhun an Elphins Burg kam, empfing ihn die Magd im Gewand ihrer Herrin, lud ihn zum Essen ein und plauderte freundlich mit ihm, während Elphins Frau die beiden als Magd bediente. Rhun aber schüttete ein Pulver in den Wein, der für die Burgherrin bestimmt war, so dass die verkleidete Magd bald einschlief. Dann tat er nach seinem Willen mit ihr und schnitt ihr den Finger ab, an dem Elphins Ring steckte, ohne dass sie dabei erwachte. Den Finger mit dem Ring brachte er dem König als Beweis dafür, dass er Elphins Frau verführt habe. Maelgwn war darüber sehr erfreut. Er liess Elphin aus dem Kerker holen, und in Gegenwart aller seiner Räte zeigte er ihm den Finger mit Elphins Siegelring als Beweis für die Untreue seiner Gemahlin. Elphin aber sprach: „Mit Verlaub, Herr König, dies ist in der Tat mein Siegelring, und ich kann es nicht leugnen. Aber der Finger, an dem er steckt, ist nicht der Finger meiner Frau. Und zwar sprechen dreierlei Gründe dagegen. Zum Ersten würde dieser Ring niemals auch nur an den Daumen meiner Herrin passen. Zum Zweiten ist seit meiner Verheiratung kein Samstag vergangen, an dem meine Gemahlin nicht ihre Fingernägel geschnitten hätte. Aber wie Ihr sehen könnt, wurde der Nagel dieses Fingers wohl über einen Monat nicht geschnitten. Zum Dritten könnt Ihr sehen, dass die Hand, von der dieser Finger kam, vor drei Tagen Roggenteig knetete. Aber ich versichere Euer Gnaden, dass meine Frau keinen Roggenteig geknetet hat, seit sie meine Frau wurde."

Der König war wütend über Elphins Worte. Er liess ihn sofort wieder einkerkern und verlangte von ihm den Beweis, dass sein Barde besser sei als die Barden am Königshof. Nun berieten Elphins Frau und Taliesin, wie ihm zu helfen sei, und Taliesin sprach: „Seid ohne Sorge, Herrin, denn ich selbst werde an Maelgwns Hof gehen und euren Gemahl befreien." Auf die Frage, wie er das tun wolle, antwortete er mit einem Gedicht, das mit einem Fluch auf König Maelgwn und den Prinzen Rhun endete. Darauf nahm er Urlaub von seiner Herrin und ging an den Königshof.

Maelgwn tafelte mit seinem Hofstaat in der Halle, wie es an hohen Festtagen der Brauch war. Taliesin mischte sich unter die Gäste und setzte sich in eine dunkle Ecke, nahe bei der Stelle, wo die Hofdichter und Spielleute vorüber mussten, wenn sie dem König ihre Aufwartung machen wollten. Denn es war üblich, dass sie an hohen Feiertagen vor den König traten und um eine Gabe baten. Als es an der Zeit war, erhoben sich die Barden und die Herolde, um des Königs Freigebigkeit zu preisen und ihren Lohn von ihm dafür zu empfangen. Einer nach dem anderen ging an der Stelle vorbei, wo Taliesin in einer Ecke kauerte. Wie sie vorübergingen, spitzte er die Lippen und machte mit seinem Finger drauf „blerum blerum", wie es die kleinen Kinder tun. Keiner achtete auf ihn, aber als sie alle vor dem König standen und vor ihm den vorgeschriebenen Kniefall taten, kam kein Wort über ihre Lippen. Statt dessen schnitten sie Grimassen und spielten „blerum blerum", wie es der Junge getan hatte, den sie kurz vorher gesehen hatten. Der König war darüber höchst erstaunt und meinte, sie hätten wohl zuviel getrunken. Er befahl einem der Herren seiner Umgebung, mit ihnen zu reden und sie an ihre Pflicht zu mahnen. Aber sie hörten nicht auf, ihren Unsinn zu treiben. Schliesslich befahl Maelgwn dem Kämmerer, den Oberbarden Heinin zu Verstand zu bringen. Der Kämmerer nahm eine der Speiseplatten und schlug den Barden aufs Haupt, so dass er der Länge nach hinfiel. Der Schlag tat seine Wirkung. Heinin stand auf und bat den König kniefällig um Gnade, indem er erklärte, dass er weder betrunken noch verrückt sei: „O glorreicher König, mag es Euer Gnaden gefallen uns Glauben zu schenken. Wir sind weder toll noch betrunken. Aber es ist ein Kobold hier im Saal. Er hat die Gestalt eines Männleins und sitzt dort in jener Ecke." Also befahl der

König, Taliesin zu holen und vor ihn zu bringen. Er fragte ihn, wer er sei und woher er komme, und Taliesin anwortete ihm in Versen: „Wohlbestallter Oberbarde, An Elphins Hof bin ich. Und mein Wohnsitz, Ist das Land der Cherubim.“ Der König fragte ihn, wie er heisse, und er antwortete: „Merlin nannte mich Prophet Johannes, Aber jetzt nennen mich alle Könige Taliesin.“ Und als ihn der König weiter fragte, woher er komme, erzählte er seine Geschichte mit einem langen Gedicht, in dem sich Christliches und Heidnisches merkwürdig mischen:

„Ich war mit meinem Herrn im Himmel,
Als Luzifer in die Hölle stürzte.
Ich war ein Banner vor Alexanders Heer.
Ich weiss die Namen der Sterne
Vom Norden zum Süden.
Ich war in Gwydions Burg, im Tetragrammaton...
Ich brachte Samen vom Tale Hebron.
Ich war an Danas Hof vor Gwydions Geburt.
Ich war Oberaufseher beim Bau von Nimrods Turm.
Ich war dreimal in Arianrhods Kerker...
Ich schöpfte Dichtergeist vom Kessel der Ceridwen...
Neun Monate lag ich im Schoss der Hexe Ceridwen.
Einst war ich Klein Gwion, jetzt bin ich Taliesin.“

Taliesin erklärte dem König und seinem Hofstaat in einem anderen Lied, weshalb er gekommen sei und was er zu tun beabsichtige. Danach sang er ein Bittgebet und sofort erhob sich ein mächtiger Sturm, so dass der König und seine Leute glaubten, die Burg stürze über ihnen zusammen. Deshalb liess Maelgwn Elphin eiligst aus dem Kerker holen. Nun sang Taliesin wieder ein Lied, und Elphins Fesseln fielen von selbst ab. Nicht genug damit, sang Taliesin die Verse, die später „Die Befragung der Barden“ genannt wurden, und liess Verse folgen, worin die Hofbarden in ihrer Einbildung, ihrem Schmarotzertum und in ihrer schmeichlerischen Heuchelei blossgestellt wurden.

Nachdem nun Taliesin die Tugend seiner Herrin sowie seine Überlegenheit als Barde bewiesen und seinen Herrn aus der Haft befreit hatte, riet er ihm, mit dem König zu wetten, dass auch sein Reittier schneller sei als die Pferde des Königs. Der König nahm die Wette an und brachte vierundzwanzig seiner besten Pferde ins Rennen. Taliesin suchte den Rennplatz aus und bevor das Rennen begann, befahl er dem Jungen, der

Elphins Pferd ritt, an jener Stelle, an welcher er des Königs Pferde überholen würde, seine Mütze abzuwerfen. Natürlich gewann Elphins Pferd das Rennen, und der Junge tat wie ihm befohlen. Danach brachte Taliesin Elphin an die Stelle, wo die Mütze lag. Dann bestellte er Leute und hiess sie dort zu graben. Als sie eine Weile gegraben hatten, fanden sie einen grossen Kessel voll Goldstücke. Taliesin übergab ihn Elphin mit den Worten: „Hier ist der Dank und der Lohn dafür, dass du mich aus dem Wasser gezogen und so lange getreulich für mich gesorgt hast." Der König aber liess Taliesin zu sich rufen und befragte ihn über den Anfang der Welt und alles, was sich in Zukunft zutragen würde. Was er Maelgwn sagte, sind „die Prophezeiungen Taliesins", und sie sind in alten Büchern aufgezeichnet worden.

Ceridwen

Soweit die Geschichte von Klein Gwion und dem Barden Taliesin. Was Ford daran interessiert, ist die Verwandlung des Jungen Gwion in den weisen und rechtsbewussten Barden, der mit seiner Wortkunst alles Unrecht mutig bekämpft. Damit erreicht der Barde einen Status, der dem der Propheten vergleichbar ist, besonders wenn wir bedenken, dass die Dichtung der Barden Vortragskunst und Predigt zugleich war. Diese Verwandlung wird einstimmig dem Einfluss Ceridwens zugeschrieben, obwohl Ceridwen in dieser Geschichte längst nicht mehr als Göttin, sondern als zauberkundige Hexe beschrieben wird.

Allein die Tatsache, dass Ceridwen an einem See wohnt, einen Zauberkessel besitzt und Kräuter kennt, die Inspiration verleihen, kennzeichnet sie als überirdische Frau. In einem berühmten Gedicht Taliesins, *Die Schätze von Annwn*, erfahren wir, dass dieser Kessel der Inspiration von einem Perlrand umgeben ist und der inspirierende Trank in Annwn, der Anderswelt, durch den Atemhauch von neun heiligen Jungfrauen erwärmt wird.[96] Weiter hören wir, dass Ceridwen neben aller Gelehrsamkeit auch ein mütterliches Herz hat: Sie macht sich um ihren hässlichen Sohn Sorgen, und sie bringt es auch nicht über sich, dem wiedergeborenen Gwion etwas zuleid zu tun. Die Aussetzung im Wasser - ein uraltes Motiv - wird von einigen Autoren als ein unabwendbarer Teil der spirituellen Einweihung betrachtet. So nennt sich auch Taliesin an anderer Stelle einen „dreimal Geborenen": geboren aus seiner Mutter, geboren aus der Göttin und geboren schliesslich aus dem Rundboot anlässlich seiner höchsten Weihe. Diese Art von Taufe als spirituelle Reinigung scheint eine Aufnahmebedingung in den druidischen Bardenorden gewesen zu sein. Dazu kam noch eine gewisse Mutprobe, denn Davies schreibt, dass junge Dichter, die die höheren Weihen der Göttin Ceridwen anstrebten, in einem Korakel, einem Rundboot, an besonders gefährlichen Stellen im Meer ausgesetzt wurden. Aus alten Handschriften geht hervor, dass diese Art von Einweihung in Wales noch im vierzehnten Jahrhundert von adeligen Dichtern angestrebt wurde.[97] Allgemein wird zwar Brigit als Göttin der Dichtkunst verehrt. Doch vielleicht war es so, dass Brigit für die irischen Barden, Ceridwen dagegen für die Barden in Wales zuständig war.

In manchen Schilderungen hat Ceridwen nicht nur einen hässlichen Sohn, sondern auch eine wunderschöne Tochter Creirwy (Cordelia). In der Geschichte *Culhwch und Olwen* wird erzählt, dass Creirwy von zwei Helden umworben wird, die bis ans Ende der Welt an jedem ersten Maientag um sie kämpfen müssen.[98]

Dass Ceridwen ausser der Dichtkunst noch andere Kompetenzen hat, geht aus dem *Vierten Zweig des Mabinogi* hervor, wo sie in ihrem dunklen Aspekt als das Mondtier, die Weisse Sau, erscheint. Wir erinnern uns, dass Gwydion seinen ermordeten Sohn/Neffen, den Stammeshelden Llew Llaw Gyffes (Lugh mit der langen Hand) auf der ganzen Welt sucht. Schliesslich führt ihn die Weisse Sau von Menawr Bennard nach Nant Lleu, d.h. in das Mondtal. Dort findet er Llew in Gestalt eines Adlers auf dem Gipfel einer Eiche sitzend, während die Weisse Sau die Maden und das faule Fleisch auffrisst, das von Llew auf die Erde fällt. Die Sau ist eine der Tiergestalten, die die Göttin in ihrem Aspekt der Wandlung annimmt. Man sagt der Sau nach, dass sie manchmal ihre Jungen frisst, ein Symbol für das Werk der Todesgöttin, die ihre Kinder am Ende ihres Lebens wieder in sich zurücknimmt.

Robert Graves leitet den Namen „Ceridwen" (wen = weiss) von Cardea ab, d.h „die weisse Cardea". Dieser römischen „Göttin der Türangeln" stand die Funktion des „Öffnens und Schliessens" zu. Sie entschied über Anfang und Ende des Lebens. Ursprünglich, schreibt Graves, sei Ceridwen die paneuropäische Korngöttin gewesen und war als Göttin des Gerstenanbaus mit der griechischen Demeter identisch, wie sie auch verwandte Züge mit Epona/Rhiannon aufweist. Lewis Spence, der die Riten der Druiden aus alten Manuskripten zu rekonstruieren versucht, behauptet sogar, dass die Bardenweihe, wie sie in Wales bis ins 14. christliche Jahrhundert gebräuchlich war, Parallelen mit den eleusischen Riten aufweist, soweit sie uns bekannt sind.[99] Er beruft sich dabei auf die Schriften des Antiquars Davies, der in der Jagd Ceridwens auf Klein Gwion nicht, wie die meisten Interpreten, den Wettstreit von zwei Magiern sieht, sondern vielmehr die symbolische Darstellung der „ersten" oder „niedrigen" Bardenweihe. Hier wird der Postulant von der Göttin durch verschiedene Grade der Vervollkommnung „gejagt“, bis er als „Samenkorn“ im Schoss der Göttin ruhen und wachsen kann. Der Ort, an dem diese Weihen stattfanden, war ein Tempel (ein Steinring?) in der Bergwildnis von Arvon in Eryri im Gebiet Snowdonia.

Die höheren Grade der Einweihung fanden am Meeresstrand in Conway statt, und hier wurden die Novizen, wie das Kind Taliesin, in einem Korakel oder Rundboot in der wilden Brandung ausgesetzt. Dies war nicht gefahrlos und wurde als eine Art Gottesgericht betrachtet. Doch es scheint, dass die leitenden Barden schon vor der Prüfung der Kandidaten ihre Auswahl unter den Novizen getroffen hatten und diejenigen, die sie für würdig hielten, an solchen Stellen aussetzten, wo keine Lebensgefahr zu befürchten war. Sicher wurde diese Auswahl sehr elitär gehandhabt, so dass nur die Söhne aus führenden Familien dafür in Frage kamen. So erfahren wir, dass Hywel, der Prinz von Nordwales, im Jahre 1171 die niederen Grade der Bardenweihe empfing und sich auf die höheren Grade vorbereitete. Er soll ein Danklied an Ceridwen verfasst haben, in welchem er die Göttin als „die Mondin“ preist.[100] Möglich, dass es gerade Klein Gwions niedrige Herkunft war, die der Erzählung ihren besonderen Reiz verlieh: Ein junger Hausknecht, der es zum weisesten aller Barden brachte, war sicher auch damals eine Seltenheit.

Über die Person Taliesins ist viel gerätselt worden. Einerseits halten ihn Mythologen wie MacCullogh für einen keltischen Apollo, was gut zu seinem Namen „Leuchtende Stirn“ passen würde. Robert Graves scheint der Wahrheit am nächsten zu kommen, wenn er schreibt: „Klein Gwion, Sohn des Gwraeng von Llanfair in Caereinion, ein ganz bedeutungsloser Mann, entdeckte durch Zufall gewisse uralte Bardengeheimnisse. Daraufhin wurde er Adept und begann die berufsmässigen Barden seiner Zeit zu verachten, weil sie die Grundzüge der bardischen Weisheit nicht kannten. Er machte sich zum Meisterpoeten und nannte sich fortan ‚Taliesin‘, genau wie sich ein ehrgeiziger griechischer Dichter seiner Zeit Homer genannt haben könnte.“[101] Graves schreibt weiter, Gwion, Sohn des Gwreang, sei ebenfalls ein Pseudonym gewesen und zwar aus folgendem Grund: „‘Gwion’ ist die walisische Form des irischen Heldennamens ‘Fion’ oder ‘Finn’ (walisisch gw für irisch f), und vom irischen Finn wird eine ganz ähnliche Einweihungsgeschichte erzählt: Finn, der Sohn Mairnes, der Tochter des Erzdruiden, wurde von einem Druiden gleichen Namens beauftragt, ihm einen Lachs zu braten, den dieser aus einem tiefen Weiher am Boyneflusse gefischt hatte. Dabei wurde ihm streng befohlen, nichts von dem Fisch zu kosten. Aber als Finn den Fisch in der Pfanne umdrehte, verbrannte er sich den Daumen. Schnell steckte er den Daumen in den Mund und erhielt dadurch die Gabe der Weisheit; denn der Lachs war der berühmte Weisheitssalm, der viele Jahre hindurch die Haselnüsse geschluckt hatte, die von den neun heiligen Haselstauden der Dichtkunst in den Weiher gefallen waren. Der Name 'Gwreang' ist gleichlautend mit Fearn, die Erle. Mit diesem Vaternamen beruft sich Gwion auf die Gabe der Prophetie, die dem Erlengott Bran (Frean) eignet."[102]

Der Göttin Ceridwen widerfuhr das typische Schicksal der Frau in unserem Zeitalter. Einerseits erhielt sich ihr Kult bei walisischen Dichtern bis ins hohe Mittelalter. War sie doch die Göttin der bardischen Inspiration und daher die Beschützerin aller derjenigen, die sich berufsmässig mit Wortkunst befassten. Die walisischen Fürstenfamilien verstanden es, Götterkult und Christentum zu verbinden, und wie wir aus Taliesins Gedichten ersehen, war dies besonders dem Einfluss der Barden zu verdanken. Dabei war gerade Taliesin einer der wenigen, die den Adel immer wieder an seine moralischen Pflichten gemahnten, ja ihnen das Wohl des Landes durch eine gute, gerechte Regierung als Dienst an der Göttin zur Pflicht machten. Nach und nach setzte sich aber das Christentum durch, und diese sozialpolitische Aufgabe der Barden wurde vom Klerus übernommen. Mit dem Aussterben der Fürstenhäuser erlosch auch das Bardentum und der Kult ihrer Göttin.

Bei den unteren Volksschichten war es anders. Diese hart arbeitenden Frauen und Männer konnten sich nicht mit Inspiration und Dichtkunst befassen, denn ihr schweres Leben liess keine Zeit und Kraft für höhere Bedürfnisse übrig. So war es hier besonders die Furcht vor der Zauberin, vor der „Hexe" Ceridwen, die den Ausschlag gab. Die walisische Volkssage erzählt zwar, dass Ceridwen im Frühling die Bauern mit Saatgerste, mit jungen Ferkeln und Bienenschwärmen beschenkte, doch die Furcht vor ihr blieb bestehen. Die Verehrung des Volkes wandte sich den christianisierten Göttinnen wie der heiligen Brigid und der heiligen Madrun zu. Von Ceridwen blieb nur ihr Aspekt als Todesgöttin in der Erinnerung der ländlichen Bevölkerung, und so wurde sie, wie anderswo, zur „Weissen Frau", deren gespenstisches Erscheinen stets den Tod eines Familienmitglieds ankündigte. Mit Ceridwen entschwindet der Glaube und die Verehrung der Göttin endgültig aus dem Gedächtnis des Volkes und verwandelt sich in sein Gegenteil: die Hexenfurcht. Die Gestalt der Hexe mit dem spitzen Hut der Priesterin ist vor allem in Wales zuhause. Doch gerade nach Wales, und besonders in die Abgeschiedenheit des Nordens, nach Snowdonia und an Pen Llyn, den Balasee, zieht es heute viele Menschen.

12

GAWAN UND DIE GÖTTIN

Für den unbefangenen Leser der Artusepen ist Parzivals Freund und Kampfgenosse Gawan (Gawain) sicher der Unwürdigste aller Gralssucher: ein unverlässlicher Frauenheld. Doch im reichen Repertoire der Gralsdichtungen gibt es auch andere Schilderungen. So zum Beispiel das Epos *Diu Crone* (1215-1224) des Kärtners Heinrich von dem Türlin. Was literarische Qualität betrifft, kann dieser Autor freilich Wolfram von Eschenbach nicht das Wasser reichen. Doch dieser ist es, der Dinge über Gawan weiss, die in keiner anderen Dichtung zu finden sind. Er könnte also mit Quellen gearbeitet haben, die Wolfram und andere nicht kannten. Vor allem ist er der Einzige, der davon berichtet, dass auch Gawan der Gralserscheinung gewürdigt wurde.

Hier eine Zusammenfassung[103]:

Gawan hatte lange nach dem Gral gesucht und war von seinen Abenteuern müde geworden. Schliesslich kam er in ein herrliches Land, das so gut bebaut war, dass es darin an nichts fehlte: Korn, Wein und Obst wuchsen hier so reichlich, dass man das Land für ein irdisches Paradies halten konnte. Er kam an ein Gebäude, dessen Wände aus Glas gefügt waren. Ein feuriges Schwert verwehrte den Zutritt, aber es schien unbewohnt und verlassen, so dass Gawain vorüberritt. Nachdem er zwölf Tage durch einen Wald geritten war, fand er die beiden anderen Gralssucher, Lancelot und Calogreant, unter einem Baum schlafend. Es gab ein freudiges Wiedersehen, und die Ritter erzählten sich ihre Abenteuer. Gegen Abend kam ein Edelmann vorüber, der sie einlud, auf die Burg seines Herrn zu kommen, wo sie ein herzliches Willkommen erwarte. Sie folgten der Einladung und fanden die herrlichste Burg, die sie je gesehen hatten.

Im Rittersaal war der Fussboden mit Rosenblättern bestreut. Der reichgekleidete Burgherr lag auf einem Ruhebett und begrüsste sie freundlich, ohne sich aber von seinem Lager erheben zu können. Er lud sie ein, neben ihm auf seidenen Kissen Platz zu nehmen, und sie unterhielten sich mit ihm aufs Angenehmste. Nach und nach begann sich der Saal mit Rittern und Edelfrauen zu füllen, Spielleute und Kämmerlinge waren zu ihrem Dienst bereit. Der Wirt behielt die Gäste in seiner Nähe.

Als alle ihre Plätze eingenommen hatten und das Mahl beginnen sollte, erschien ein herrlicher Jüngling im Saal. Er hielt ein Schwert in den Händen und legte es vor dem Wirt auf die Tafel. Gawan überlegte, was dies wohl zu bedeuten habe. Dann erschienen Edelknaben, die allen Wein einschenkten. Doch der Burgherr ass und trank nicht, und als Gawan dies bemerkte, hielt auch er sich zurück. Lancelot und Calogreant aber waren so durstig, dass sie viel tranken, obwohl er sie warnte, und sogleich fielen sie in einen tiefen Schlaf. Der Burgherr nötigte Gawan zum Trinken, aber dieser lehnte höflich ab und blieb auf der Hut. Nun sah Gawan eine wunderbare Prozession:

Zwei schöne Mädchen traten in den Saal, von denen jede einen Leuchter trug, und hinter ihnen kamen zwei junge Männer. Diese beiden Jünglinge trugen eine scharfe Lanze. Dann kamen wieder zwei Mädchen, schön und reich gekleidet. Auf einem seidenen Tuch trugen sie eine goldene Schale, die mit Edelsteinen verziert war, und hinter ihnen schritt feierlich „das schönste Wesen, das Gott seit Erschaffung der Welt in Frauengestalt gebildet hatte". Sie war vollkommen von Gestalt und Angesicht und herrlich gekleidet. Auf weissem Samtkissen trug sie eine goldene Platte und darauf ein Gefäss von Gold und Edelsteinen, das einem Reliquar glich. Die Jungfrau trug eine goldene Krone, und hinter ihr schritt eine andere, die ebenso schön war, aber laut klagte und weinte. Keine der Frauen sprach ein Wort. Sie näherten sich dem Burgherrn und verneigten sich tief vor ihm.

Erstaunt verfolgte Gawan diese Vorgänge, denn er erkannte in der gekrönten Jungfrau das Mädchen, das ihm schon einmal begegnet war. Auch erinnerte er sich, was sie ihm über den Gral gesagt hatte: Sollte er sie je wiedersehen, wenn sie von fünf Jungfrauen umgeben war, dann solle er ja nicht verfehlen zu fragen, was dies bedeute. Wie er darüber nachdachte, traten die vier jungen Leute, die Lanze und Schale trugen, vor den Burgherrn, legten die Lanze auf die Tafel und die Schale darunter. Dann geschah ein grosses Wunder: Vor seinen Augen fielen drei Tropfen Blut von der Lanze in die Schale, und der Burgherr nahm sie sogleich zu sich. Dann kam das Mädchen, mit dem er gesprochen hatte, und setzte den Reliquienschrein auf die Tafel und - Gawan sah das genau

- das Reliquar enthielt ein Stück Brot, wovon der Burgherr ein Drittel abbrach und ass.

Nun konnte sich Gawan nicht länger enthalten zu fragen, was dies alles zu bedeuten hätte. Die Ritter und Frauen, die dies hörten, sprangen erregt von ihren Sitzen, und Lancelot und Calogreant erwachten von ihren Freudenrufen. Doch als sie die Gesellschaft und die wunderbaren Gegenstände erblickten, fielen sie sofort wieder in einen noch tieferen Schlaf. Der Burgherr aber befahl Ruhe. Er wandte sich an Gawan allein und erklärte ihm die Bedeutung: „Herr Gawan, dieses Wunder, das Gott gesandt hat, ist nicht für alle, sondern muss geheim gehalten werden. Doch da Ihr, mein lieber Verwandter und Gast, danach gefragt habt, so will ich Euch die Wahrheit nicht vorenthalten. Es ist der Gral, den Ihr hier seht. Damit habt Ihr den höchsten Ruhm der Welt errungen, denn Ihr habt bewiesen, dass Ihr ein Mann seid und den rechten Mut habt, diese Queste zu bestehen. Vom Gral selber darf ich nicht mehr sagen, als was Ihr hier gesehen habt, und Eure Frage hat (hier) grosse Freude ausgelöst. Denn nun sind viele von grosser Not befreit worden, in der sie lange litten und von der sie kaum hofften, je erlöst zu werden. Wir hatten alle auf Parzival vertraut und gehofft, dass er das Gralsgeheimnis erfahre, doch er ritt davon wie ein Feigling, der nichts wagte und nichts fragte. Deshalb blieb seine Queste erfolglos, und er erfuhr nichts von dem, was er erfahren sollte. Er hätte mancher Mutter Sohn von schwerem Leid erlösen können und viele von denen, die leben und doch tot sind. Das Unglück entstand durch einen Bruderkrieg, als ein Bruder gegen den anderen um das Land kämpfte. Dies war der Grund, warum Gottes Zorn auf ihn und auf seine ganze Sippe fiel, so dass sie alle untergingen (verloren waren). Das war sein Unglück, denn die Lebenden wurden verjagt, die Toten aber müssen in diesem Scheinleben verharren und bitter leiden. Doch dies sollt Ihr wissen: Hätten sie die rechte Gottesliebe und Hoffnung auf Seine Gnade, so könnten ihre Leiden beendet werden... denn sollte je ein Mann ihres Geschlechts nach dem Sinn dieser Wunder fragen, so wären sie am Ziel ihrer Wünsche und am Ende ihrer Leiden. Alle die, die jetzt tot sind und doch leben, würden wieder in Freuden leben und Gott danken, (genau wie) alle, die tot waren und jetzt leben und Gott danken und Euch, denn durch Euch sind sie jetzt erlöst. Diese Lanze und diese Nahrung, sie nähren nur mich allein, denn ich bin schuldlos an der Tat, und Gott hat mich nicht verdammt. Ich bin tot, aber ich gleiche nicht einem Toten, und diese meine Leute sind tot mit mir. Wie immer das auch sei, wenn Ihr es auch nicht begreifen könnt, so haben wir doch Reichtümer in Menge und darben nicht. Doch diese Jungfrauen sind nicht tot, noch ist ihnen eine andere Busse auferlegt, als dass sie eben hier sind, wo ich bin. Denn es ist Gottes

Wille, dass ich durch sein Geheimnis, das Ihr gesehen habt, einmal und nur ein einziges Mal im Jahr gespeist werde. Und wisset wahrlich, dass die Abenteuer, die Ihr erlebt habt, vom Gral kamen, aber jetzt ist der Busse Genüge getan und eure Queste hat ein Ende."

Dann gab er Gawan das Schwert, das vor ihm lag, und erklärte ihm, dass es ihm gut dienen und nie brechen werde. Er wiederholte, dass seine Gralssuche jetzt beendet sei, was aber die Jungfrauen anging, so waren sie durch ihre unbefleckte Reinheit und nicht durch eine Missetat an den Gralsdienst gebunden; aber jetzt sei ihr Dienst beendet, und sie waren nur betrübt, weil sie wussten, dass der Gral nie wieder von einem Menschen gesehen würde, seit Gawan sein Geheimnis erfahren habe. Damit begann es zu tagen. Die ganze Gesellschaft verschwand, und nur Gawan, seine beiden Gesellen und die Jungfrauen blieben zurück. Herr Gawan war betrübt, dass er seinen Wirt nicht mehr sah, aber er freute sich, dass die Mädchen mit ihm redeten. Sie erklärten ihm, dass seine Queste nun zu Ende sei, denn er habe alles erfüllt, was zur Gralssuche nötig war, und nirgends auf der Welt als nur in jener Burg hätte er den Gral finden können. Das Land sei verwüstet gewesen, aber durch sein Kommen und Gottes Gnade sei es nun erlöst, und darüber wären sie froh. Gawan, Lanzelot und Calogreant blieben noch den nächsten Tag in der Burg und wurden wohl verpflegt. Gawans Gesellen waren betrübt, als sie hörten, was geschehen war, während sie schliefen. Und die Jungfrauen segneten Gawan, auf dass er viele Jahre in Freuden und Wonne lebe, weil er sie befreit hatte. -

Heinrich von dem Türlin ist heute in deutschen Landen fast unbekannt. Fachleute halten nicht viel von ihm. Es ist daher dankenswert, dass uns John Matthews gerade diesen Text wieder nahebringt. Denn hier erscheint die Gralssage in einem ganz anderen Licht als in der landläufigen Darstellung. Bezeichnend ist, dass auf die Ursache der Verwundung des Königs nicht näher eingegangen wird, ja dass er sich für unschuldig am „verwüsteten Land" und an der Gottesstrafe hält, die sein Volk trafen. Diese Gottesstrafe sei „auf einen Bruderkrieg" zurückzuführen, und Gawan habe durch seine Frage Land und Leute erlöst. Dabei bemerken wir, dass es die Gralskönigin selbst war, die Gawan gelehrt hatte, die rechte Frage zu stellen.

In der ausführlichen Erklärung des Gralskönigs ist Vorchristliches, Christliches und sicher auch Zeitgeschichtliches unentwirrbar verwickelt, und es scheint, dass die Vorgänge dem Dichter selbst keineswegs klar sind. Am merkwürdigsten ist, dass hier Parzival als gefühlloser Feigling bezeichnet wird, der die Hoffnungen seines Volkes bitter enttäuschte.

Sollte es sich um ein politisch motiviertes Tendenzstück handeln? Das ist durchaus möglich, wenn wir bedenken, dass der Beginn des dreizehnten Jahrhunderts, also die Zeit der Abfassung von *Diu Crone*, eine Zeit war, in der die süddeutschen Fürsten sowohl mit dem englischen als auch mit dem französischen Königshaus verfeindet waren.[104]

GAWAN, RITTER DER GÖTTIN

Schon zu Beginn des zwölften Jahrhunderts finden wir Gawan in einem Relief über dem Seitenportal der Kathedrale von Modena. Hier wird er als Befreier der entführten Ginevra gefeiert, eine Rolle, die im allgemeinen Lancelot zugesprochen wird.[105] Das Tympanon von Modena beweist nicht nur, dass Gawan auf dem Festland schon sehr früh als Ritter Ginevras bekannt war, sondern dass dieser Held auch in der Lombardei grosse Verehrung genoss. Ob wir annehmen dürfen, dass ihn diese Rolle auch als matriarchalen Helden ausweist, ist eine Frage, der Matthews in seiner Studie nachgeht, um sie endgültig zu bejahen.

Gawan ist der Sohn des schottischen Orkneykönigs Loth und der Königin oder Göttin Morgaine (Morgan la Fay), was ihn von vornherein für eine Heldenlaufbahn bestimmt. Wir erinnern uns, dass er sowohl in der Romanze *Die Gräfin vom Brunnen (Ywein)* als auch in *Peredur, Son of Efrawg (Perceval)* als beliebter und berühmter Artusritter auftritt. Durch seine Mutter Morgaine ist er (wie Culhwch) Arthurs Neffe und nach matriarchaler Erbfolge käme er also als Arthurs Nachfolger in Betracht. Auch ist es bezeichnend, dass im Artus-Zyklus nur Mordred als Sohn des Königs erwähnt wird. Da dieser durch Inzest gezeugt und daher gleichzeitig des Königs Neffe ist, wäre er also sowohl nach patriarchaler wie nach matriarchaler Thronfolge erbberechtigt.

In den Mabinogien trägt Gawan den sprechenden Namen Gwalchmei, d.h. Maifalke, was ihn sofort als Erwählten der Göttin in ihrer Rolle als Maienkönigin und daher als Sommerkönig ausweist. Wir dürfen also annehmen, dass Gawan lange vor dem französischen Lancelot der Geliebte der Königin Ginevra war, nicht als Ehebrecher im patriarchalen Sinn, wie Lancelot und Tristan dargestellt werden, sondern als der mythische Heros der Göttin. Dafür gibt es hinreichende Beweise: Wie Jean Markale sehr richtig bemerkt, dürfen wir auch in König Arthurs Gemahlin Ginevra eine Gestalt der Göttin sehen, und zwar aus folgenden Gründen: Zum Unterschied vom Prosa-Lancelot, wo Ginevra als Tochter des Königs Leodagan eingeführt wird, berichten die walisischen Triaden, dass Arthur dreimal verheiratet war und jede seiner Frauen den Namen Gwenhwyfar trug. Gwenhwyfar ist also der ursprüngliche Name dieser Königin. Er bedeutet soviel wie „Weisser Schatten“, was wir als „Weisse Frau aus der Anderswelt“ zu verstehen haben. Auch verweist diese Triade auf die vorkeltische dreifache Göttin. Auf dem Festland erfuhr der Name verschiedene Anpassungen: französisch Guinievre, englisch Guinevere, italienisch Ginevra. Auf dem Tympanon von Modena heisst Ginevra Winlogee (vom Bretonischen Winlogen) und in der lateinischen Erzählung von Gawans Geburt heisst sie Gwendolen. In allen diesen Namen finden wir die Wurzel *gwen* „weiss“, die auch als *wen, win* oder *guin* erscheint und das brytonische Äquivalent des Gälischen *finn* ist. Die Farbe Weiss war bei den Kelten synonym mit Schönheit. Das gälische Wort *finn* „weiss“ ist lautverwandt mit dem gälischen *fhine* „Sippe“ und verweist auf Sippenverbände und Souveränität.[106] Ginevra ist die personifizierte Göttin des Landes, Lady Sovereignty. Als solche hatte sie nach vorkeltischem und noch nach keltischem Brauch das Recht, sich an den Kultfesten des Jahres nach eigenem Gutdünken ihren Partner zu wählen. Weit entfernt von romantischer Verliebtheit, wie französische Autoren es darstellen, ist Ginevras Verhältnis zu Gawan und Lancelot ein Akt göttlicher Gnadenwahl.

Weiters können wir anführen, dass Gawan ein weisses Pentagramm auf rotem Grund im Wappen führt. Der schon in Ägypten gebräuchliche fünfzackige Stern, der Drudenfuss, galt bei den Kelten als das Zeichen der Göttin und als das Siegel Morganes, der Mutter Gawans. Dazu wissen wir, dass Gawan der erwählte Ritter und Champion Ginevras war, lange bevor der französische Lancelot auftrat.[107] In der Episode, in der Ginevra von Melagreant entführt wird, machen sich beide Ritter auf, sie zu befreien. Melagreants Burg hat nur zwei Zugänge: eine Schwertbrücke und eine „unterirdische“ Wasserbrücke. Lancelot wählt die Schwertbrücke, Gawan die Wasserbrücke. Nach dem Epos *Lancelot* von Chrétien de Troyes gelingt Lancelot die Befreiung der Königin. Doch im *Chevalier à la Charette* schreibt derselbe Autor, dass es gerade Gawan war, dem die Befreiung Ginevras gelang.[108]

In Chrétiens *Perceval* finden wir eine Szene, die von Mythologen meist übersehen wird, die uns aber ein genaues Bild von Gawans Meinung über Ginevra gibt. Im Château Merveille fragt Arthurs Mutter Ygraine den Ritter Gawan nach der Königin. Gawan antwortet ihr: „Seit Gott das erste Weib aus Adams Rippe schuf, hat es nie eine Frau gegeben, die es verdient, so berühmt zu sein wie sie, denn wie ein guter Lehrmeister kleine Kinder, so lehrt und unterrichtet sie jedes Lebewesen. Alles Gute in der Welt fliesst aus ihr und hat in ihr seinen Ursprung. Niemand kann ungetröstet von ihr gehen, denn sie weiss, was ein jeder braucht, und wie sie die Wünsche eines jeden erfüllen kann. Niemand kann den rechten Weg gehen und Ehre gewinnen, es sei denn, er habe es von meiner Herrin gelernt."[109] Gawan ist also in jeder Hinsicht der Heros der Göttin und versteht sich als solcher.

Gawan in den Epen

Sowohl in der Erzählung *Die Gräfin vom Brunnen* als auch in *Peredur, Sohn des Efrawg* sehen wir, wie Gawan oder Gwalchmei den Titelhelden berät und beeinflusst. Nur in Chrétiens *Yvain* ist sein Rat manchmal negativ. So zum Beispiel, wenn er Yvain davor warnt, sich bei Laudine zu „verliegen". Bezeichnend ist Gawans Freundschaft mit Peredur, die dadurch entstand, dass er als einziger Artusritter Peredurs Trance zu unterbrechen vermochte, in die der Held durch die Betrachtung der Farben Weiss, Rot und Schwarz geraten war. Es sind dies die heiligen Farben der Göttin, die Peredur „an seine geliebteste Frau" erinnern. In dieser Episode besiegt Peredur nacheinander fünfundzwanzig Artusritter, die sich ihm bewaffnet nähern, ohne aus seiner Trance zu erwachen. Als letzter kommt Cei, dem Peredur Arm und Schlüsselbein bricht. Darauf entschliesst sich Gwalchmei, den Versuch zu unternehmen, Peredur aus seinem Trancezustand zu bringen. Tatsächlich gelingt es ihm, Peredur mit freundlichen Worten zu wecken, allerdings nicht wie bei Chrétien und Wolfram durch das Bedecken der Farben mit einem Tuch. Gwalchmei und Peredur werden sofort Freunde und bleiben es auch in fast allen späteren Behandlungen des Stoffes. Im letzten Teil des walisischen Peredur finden wir die beiden als Waffenbrüder in Arthurs Halle in dem Augenblick, in dem die hässliche schwarze Jungfrau auf ihrem Maultier erscheint und Peredur wegen seines Stillschweigens auf der Gralsburg verflucht. Es ist dieselbe Gestalt, die wir in Wolfram als Kundry wiederfinden. Gleichzeitig berichtet sie von einer bedrängten Maid in einer belagerten Burg. Gwalchmei ist sofort bereit, dem Mädchen zu Hilfe zu kommen, aber ein fremder Ritter erscheint, verklagt ihn des Mordes an seinem Lehnsherrn und fordert ihn zum Zweikampf.

Die Wege der beiden Freunde trennen sich hier: Gwalchmei zieht zum Zweikampf aus, während Peredur sich aufmacht, um die Gralsburg wieder zu finden. Im Mabinogion steht kein Wort davon, dass ihm dies gelingt. Wohl aber kommt er nach vielen Abenteuern zu einer Burg, wo Gwalchmei auf ihn wartet. Ein Page erscheint, der vor Peredur niederkniet, ihn über seine schicksalsmässigen Aufgaben aufklärt und um seine Freundschaft bittet. Es folgt ein harter Kampf mit den „Hexen", die sich erbittert wehren und Arthurs beste Leute erschlagen. Peredur, der diese Frauen als seine Waffenmeisterinnen und Wohltäterinnen wiedererkennt, bleibt dem Kampf zunächst fern und versucht nur, die „Hexen" durch Worte vom Kampf abzuhalten. Dies geschieht weniger aus Dankbarkeit, sondern weil es nach patriarchaler Sitte als unehrenhaft gilt, gegen Frauen zu kämpfen. Als dies vergeblich ist, schlägt er einer der Frauen aufs Haupt, dass ihr Helm zersplittert, worauf sie fliehend ihren Gefährtinnen zuruft, dies sei Peredur, der bei ihnen die Reitkunst gelernt habe. Am Ende ist es wieder Arthur, der mit seinen Männern die „Hexen von Gloucester" ausrottet (Kap. 8). Dabei ist es bezeichnend, dass der letzte Satz der Erzählung lautet: „Dies wird erzählt von der Burg der Wunder."

Bedeutet dies vielleicht, dass der Endkampf zwischen Arthur und den vorchristlichen Priesterinnen auf derselben Burg stattfand, die Gawan laut Chrétien und Wolfram durch seinen Kampf gegen Klingsors Zauber „erlöste"? Im *Mabinogion* wird Gawan/Gwalchmei nach dieser Episode nicht mehr erwähnt, aber es ist klar, dass die „Burg der Wunder" mit dem berühmten Château Merveille identisch ist, das sich laut Wolfram im Besitz des Zauberers Klingsor befindet. Der Forscher G.R. Phillips hat versucht, diese Burg zu lokalisieren. Seiner Meinung nach liegt sie nicht in Gloucester, sondern bei Ingleton im nordwestlichen York, hart an der Grenze des heutigen Yorkshire Dale Nationalparks. Dort befindet sich ein Hügel, Ingleborough Hill, der ein vorkeltisches Fort trug, das in römischer Zeit Rigdunum, d.h. Königsburg hiess. Phillips zufolge finden sich in dieser Gegend alle topographischen Gegebenheiten, die auch Wolfram in Gawans Abenteuern beschreibt.[110] Klingsor der Zauberer tritt zwar nirgends in der Geschichte selbst auf, sondern wird immer nur mit Schaudern erwähnt. Im Volksmund heisst diese Gegend heute noch „Klingsors Reich". Vielleicht war Klingsor (oder Clinshor) ein Druide, der besonders verbissen gegen den alten Glauben an die Göttin, „die Stolze von Brigantia", kämpfte. Aber es könnte auch sein, dass Klingsor viel älter ist als die Druiden, denn gerade in den Yorkshire Dales ist, wie in den Alpen, noch eine sehr deutliche matriarchale Haltung bei der Bevölkerung zu spüren. Jedenfalls scheint es sich bei Rigdunum um ein vorkeltisches Heiligtum zu handeln, das dem Kult der Göttin geweiht war. Und gerade dies ist der Ort, wo Gawan laut Wolfram nach seinen Abenteuern die Erfüllung seiner Liebe mit Orgeluse findet. Einerseits „befreit" er sie aus der Macht des Zauberers, welchem sie, nach späterer Deutung, als Lockmittel für gralsuchende Ritter dienen musste. Andererseits gelten die Abenteuer, die Gawan dort besteht: das Zauberbett, die selbst-schiessenden Pfeile und der Kampf mit den Löwen, als Symbole für alte Initiationsriten. Die

Überschichtung verschiedener Glaubensvorstellungen und Kultbräuche wird hier deutlich sichtbar.

Wolfram erzählt die Geschichte als Parallele zu Parzivals Liebe zu Conduiramour. Auch Parzival hatte Orgeluse ihre Gunst geboten, doch dieser hatte sie mit dem Hinweis auf seine eigene schöne Gemahlin zurückgewiesen. Die beiden Episoden werden von späteren Autoren dahingehend ausgelegt, dass Gawan gerade wegen seiner Leidenschaft zu Orgeluse des Grals nicht würdig gewesen sei. Liest man aber Wolframs Werk in einer guten Übersetzung, so scheint dies durchaus nicht der Fall zu sein. Im Gegenteil: Wolfram gilt Gawans Liebe zu Orgeluse ebensoviel wie Parzivals Liebe zu Conduiramour. Trotzdem besteht ein bezeichnender Unterschied. Der Name *Conduir amour*, d.h. „zur Liebe führen", ist eine freie Erfindung des Dichters. Dagegen ist *Orgeluse de Logrois* eine mythische Bezeichnung und einer der vielen Decknamen der Göttin. Der Name bedeutet „die Stolze von Logres", und Logres ist, wie wir wissen, der walisische Name für das Gebiet des heutigen England ohne Wales, Cornwall und Schottland. Er gilt besonders für das alte Brigantium, das Stammland der vorkeltischen Priteni und der späteren keltisierten Britanni. Dieser Stamm hatte sich der Göttin Brigantia geweiht, einer Göttin also, die einer grossen Anzahl europäischer Ortsnamen nach zu schliessen auch auf dem Festland verehrt wurde. Orgeluse de Logrois, „die Stolze von Brigantia", ist also niemand anders als die Göttin Brigantia oder Brigid in menschlicher Gestalt. Und als solche hatte sie ja allen Grund *orgueilleuse*, d.h. stolz zu sein und von dem Ritter, der ihr dienen wollte, höchste Heldentaten zu fordern.

Wie wir in Kapitel 10 sahen, ist die Bezeichnung „die Hexen von Gloucester" auf die politischen Verhältnisse der Zeit, nämlich auf die Bedrohung von Wales seitens der Engländer, zurückzuführen. Die ursprüngliche Aufgabe der heidnischen Priesterinnen, der Elite des Adels in allen Kriegskünsten den letzten Schliff zu geben, war längst vergessen. Diese Frauen werden jetzt, da sich ihr Zentrum ausserhalb der Grenzmarken von Wales befand, zu politischen Feinden umfunktioniert und ihre Ausrottung als heldische Tat gefeiert. Im walisischen *Peredur* sind sowohl Gwalchmei/Gawan als auch Peredur/Parzival am Mord von „Hexen" bzw. Priesterinnen beteiligt, obwohl diese vorher ihre Wohltäterinnen waren. Gawans Pferd Gringolet, ein weisses Pferd mit roten Ohren, ist einwandfrei ein Pferd aus der Anderswelt, ein Feenpferd, das ihm von der Göttin selbst geschenkt wurde, und auch Peredur/Parzival wird von seinen Waffenmeisterinnen mit Pferd und Waffen beschenkt. Beide Männer sind von ursprünglichen Helden der Göttin zu patriarchalen Artusrittern geworden. Und dies trotz der Tatsache, dass Gawans Mutter Morgaine eine ehemalige Göttin war. Daher Morgaines tödlicher Hass auf Arthur, der in fast allen Artuszyklen betont wird. Doch sowohl bei Chrétien als auch bei Wolfram erringt Gawan nach schwersten Prüfungen die Liebe Orgeluses, also der Göttin selbst. Aber „die Stolze von Logres“ ist jetzt zu einer zweifelhaften Dame herabgesunken, die einem bösen Zauberer als Lockmittel dient und deren Gunst einem Ritter wie Gawan keine Ehre einbringt. Dass am Ende beide Ritter im Dienste Arthurs stehen, beweist den endgültigen Sieg des Patriarchats. Den damaligen Dichtern und Meinungsmachern blieb schon aus wirtschaftlichen Gründen keine andere Wahl: Die einstigen Helden der Göttin mussten als Rollenmuster für die patriarchale Ritterschaft umgekrempelt werden. Dazu gehörte auch die Verleumdung Orgeluses und die brutale Vernichtung ihrer ehemaligen Waffenmeisterinnen. Zum Schluss wird den Opfern zur Rechtfertigung der Tat noch eine „alte Weissagung“ in den Mund gelegt: „Es war vorhergesagt, dass er (Peredur) uns vernichten wird.“

Gawan in der Volksdichtung

Bezeichnend ist der Gegensatz von Gawan in der englischen Volksdichtung - besonders im Gebiet des alten Brigantia - und im höfischem Artusroman *Morte d'Artur,* wo Gawan eine sehr unehrenhafte Rolle spielt. In der mittelenglischen Volksdichtung dagegen überlebt Gawan sowohl den walisischen Peredur/Perceval als auch den bretonischen Lancelot. Hier sind vor allem zwei Erzählungen zu erwähnen, die weder in der französischen noch in der mittelhochdeutschen Epik bekannt sind: *Gawan und der Grüne Ritter* und *Gawans Hochzeit mit Lady Ragnell.* Es ist bezeichnend, dass beide Geschichten in Mittelengland, also im Stammland der Göttin Brigantia spielen, wo die verschiedenen Schauplätze der Erzählungen genau bekannt sind. Sie müssen dort jahrhundertelang im Umlauf gewesen sein, bevor sie in die spätmittelalterliche englische Dichtung wie z.B. in Chaucers *Canterbury Tales* aufgenommen wurden.

Hier eine Zusammenfassung:

Die Erzählung *Gawan und der Grüne Ritter* beginnt in Camelot. Während den Vorbereitungen für das Weihnachtsfest erschien plötzlich eine riesenhafte Gestalt an Arthurs Hof: Ein Ritter, grüngekleidet und grün von Haut und Haaren, ritt auf grünverhängtem Ross in die Halle. Er trug eine gewaltige Streitaxt und einen Zweig der Stechpalme zum Zeichen, dass er in friedlicher Absicht kam. Er erklärte, dass er gekommen sei, die

Artusritter zu einer Mutprobe herauszufordern. Er sei bereit, einen tödlichen Axthieb hinzunehmen, wenn derjenige, der den Hieb tat, bereit wäre, nach Jahr und Tag den Gegenstreich zu empfangen. Keiner der Ritter wagte, die Herausforderung anzunehmen. Als Arthur selbst sich dazu bereit erklärte, erhob sich Gawan und bat, den gefährlichen Axthieb tun zu dürfen. Er nahm die Streitaxt in beide Hände und enthauptete den Grünen Ritter. Zum Entsetzen aller setzte sich der Grüne Ritter sein Haupt wieder auf die Schultern und befahl Gawan lachend, sich nach Jahr und Tag in der „grünen Kapelle" einzufinden, um den Gegenstreich zu empfangen. Das Jahr verging viel zu schnell für Gawan. Schliesslich kam die Zeit, da er ausziehen sollte, um die Grüne Kapelle zu suchen. Er irrte viele Wochen in der „Wildnis von Wirrell" umher und kam endlich zur Burg von Herrn Bercilak. Dieser empfing ihn freundlich, und er erfuhr, dass die gesuchte Kapelle nur wenige Reitstunden von Bercilaks Burg entfernt war. Gawan lernte die schöne Burgherrin kennen, dazu eine hässliche alte Frau, die aber in der Burg eine sehr ehrenvolle Stellung einnahm.

Am nächsten Morgen lud Bercilak Gawan ein, mit ihm auf die Jagd zu gehen. Doch dieser lehnte ab, um sich von seiner langen Reise auszuruhen. Die beiden Herren vereinbarten, alles was sie während des Tages gewinnen oder erbeuten würden, abends gegenseitig auszutauschen. Als der Burgherr gegangen war, erschien seine Frau in Gawans Schlafkammer und trug ihm ihre Gunst an. Gawan aber erlaubte ihr nur einen Kuss, den er am Abend getreulich Bercilak weitergab, als dieser mit reicher Beute von der Jagd heimkehrte. Dasselbe Spiel wiederholte sich an den nächsten beiden Tagen, nur dass sich die Verführungskünste der Burgherrin immer steigerten. Als sie sah, dass sie bei Gawan kein Glück hatte, schenkte sie ihm einen grünen Gürtel, der ihn vor allem Schaden beschützen sollte.[111] Gawan aber verbarg das Geschenk vor Herrn Bercilak, weil er sich damit Schutz vor dem grünen Ritter erhoffte.

Am nächsten Tag machte er sich auf, nach der Grünen Kapelle zu reiten, und Herr Bercilak gab ihm einen seiner Leute als Führer mit. Unterwegs erbot sich der Mann Gawan in Sicherheit zu bringen, aber Gawan widerstand auch dieser Versuchung. Die Grüne Kapelle war eine Art bemooste Felsengrotte oder Grabkammer, und Gawan hörte schon von weitem, dass dort eine Axt gewetzt wurde. Der Grüne Ritter begrüsste Gawan mit höhnischen Worten. Aber dieser kniete ruhig und gelassen nieder, um den tödlichen Streich zu empfangen. Zweimal berührte der Grüne Ritter Gawans Nacken mit der Axt. Beim dritten Mal verwundete er ihn nur leicht. Dann sprang Gawan auf und erklärte, damit sei der Abmachung Genüge getan. Nun gab sich der Grüne Ritter als Herr Bercilak zu erkennen und erklärte, dass ihn die alte Frau in seiner Burg in diese Gestalt gebannt habe. Sie sei niemand anders als die Göttin Morgane, und sie habe das gewagte Spiel erdacht, um die Artusritter zu prüfen. Gawan aber habe die Prüfung glänzend bestanden, nur hätte er den grünen Schwertgurt nicht vor ihm verbergen sollen. Um vieles weiser und bescheidener kehrte Gawan nach Camelot zurück. Dort wurde er von allen Rittern hochgeehrt, und sie beschlossen, ihm zu Ehren alle einen grünen Schwertgurt zu tragen.[112] -

Dies die Zusammenfassung eines Gedichtes in Stabreimen, das ein unbekannter Dichter um das Jahr 1400 in mittelenglischer Sprache verfasste. Das Motiv ist irisch, denn eine ähnliche Geschichte wird auch vom irischen Helden Cuchulainn in der Sage *Das Fest des Bricriu* erzählt. Hier wie dort erscheint der Riese, der offensichtlich gegen jede Enthauptung gefeit ist, mit seiner Streitaxt und fordert die Helden zur Mutprobe auf. Vielleicht handelt es sich dabei wieder um den keltischen Gott des Hauptes, den wir in der britischen Archäologie sooft abgebildet finden und der im *Zweiten Zweig des Mabinogi* in der Gestalt des Bran Llyrssohn erscheint. Die Sagen gehen wahrscheinlich auf ein altes Opferritual zurück, das schliesslich aufgegeben und in eine Mutprobe verwandelt wurde. Dabei ist es bezeichnend, dass im Mittelalter die Darstellung des Johanneshauptes, wie es die biblische Salome König Herodes präsentiert, zum Mittelpunkt grösster Verehrung wurde, besonders durch Frauen. Es ist anzunehmen, dass hier, wie es öfters geschah, Heidnisches durch Biblisches erklärt und dargestellt wurde. Morganes Feindschaft gegen Arthur und den Artushof ist wieder klar herausgestellt, und die Erscheinung der Göttin als hässliche Alte wiederholt sich noch ausgeprägter in der zweiten Geschichte von *Herrn Gawan und Lady Ragnell* oder *Herrn Gawans Hochzeit*:

Hier eine Zusammenfassung:

Auf einer Jagd gerät König Arthur unversehens in das Revier des Riesen Gomer Somer Jour. Dieser droht, ihn zu erschlagen. Arthur kann sich nur loskaufen, indem er verspricht, dem Riesen innerhalb von Jahr und Tag die Lösung eines Rätsels zu bringen. Das Rätsel aber lautet: „Was ist der grösste Wunsch aller Frauen?“ Auf dem Heimweg begegnet Arthur eine hässliche Alte, die ihm die Lösung des Rätsels verspricht, wenn sein Ritter Gawan bereit sei, sie zu heiraten. Um Arthurs Leben zu retten, sagt Gawan zu. Nun wird die Hochzeit des ungleichen Paares mit grossem Pomp gefeiert. In der Hochzeitsnacht ist Gawan sogar bereit, die hässliche Alte zu küssen. Und siehe da: plötzlich verwandelt sie sich in eine wunderschöne junge Frau. Sie erklärt ihm, dass sie von ihrem bösen Stiefbruder Gomer Somer Jour in diese hässliche Gestalt gebannt worden war, bis der edelste Ritter von England bereit sei, sie zu seiner Frau zu nehmen. Nun sei es aber an Gawan zu wählen, ob sie tagsüber vor allen Leuten schön sein solle und des Nachts hässlich, oder tagsüber hässlich und nachts schön für ihn allein. Gawan ist verwirrt und antwortet schliesslich, da diese Frage sie allein betreffe, so möge sie auch nach ihrem eigenen Willen wählen. Beglückt schliesst sie ihn in die Arme und spricht: „Das ist die Antwort auf das Rätsel, das mein Bruder dem König zu lösen aufgab: Der grösste Wunsch aller Frauen ist, nach ihrem eigenen Willen zu handeln.“ Als Arthur mit dieser Antwort zu dem Riesen zurückkehrt, ist dieser zornig und verflucht seine Schwester Lady Ragnell, weil sie ihm die Lösung des Rätsels verraten habe. Gawan und Lady Ragnell aber leben noch viele Jahre glücklich und in Freuden.[113] -

Matthew schreibt, dass beide Erzählungen ein Prüfungsritual für den von der Göttin erwählten Helden darstellen und folglich zusammengehören. Die erste Prüfung besteht in der Rätselfrage, deren richtige Beantwortung die Souveränität der Göttin bezeugt. Die zweite Prüfung besteht in der Bereitschaft des Helden, sein Leben für sein gegebenes Wort, also für die Wahrheit, einzusetzen. Der Riese Gomer Somer Jour, der Grüne Ritter und Herr Bercilak sind ein und dieselbe Gestalt.[114] Die Geschichte von Lady Ragnell ist eine späte Parallele zu den Prüfungen des Helden durch die Göttin in Gestalt der hässlichen Alten, wie sie schon die irische Heldensage kennt. Es ist die Prüfung, in welcher der Held die Göttin in ihrer abstossenden Erscheinung akzeptieren muss, um sich mit ihr in der alles umfassenden Gestalt der Lady Sovereignty, der Souveränität des Landes, vereinigen zu können. Im patriarchalen Umfeld ist diese Prüfung unvorstellbar und sinkt durch eine Umwertung zum humorvollen und oft obszönen Schwank herab.

Über dieses Buch

Es war eben mein Pech, als Mädchen geboren zu sein. Dazu war ich fremd im Land, als *ethnic German* in Australien der 50er Jahre sogar „feindliche Ausländerin“. Heimweh nach Europa und nach meinen Bergen machte mich krank. Im ultra-englischen Melbourne war ich in die Einsamkeit und Langeweile der Vorstadt verbannt. Das war wie Einzelhaft. Mein einziger Trost waren Bücher. Ich las und las, um meiner traurigen Umwelt zu entfliehen. Eines Tages lieh mir eine Australierin vier zerlesene Taschenbücher aus, von denen sie mir stolz erklärte, es seien die Sagen ihrer walisischen Heimat. Sagen aus Wales? Ohne diese Erklärung hätte ich die schmuddligen Bändchen mit den schreienden Titeln sicher nicht angerührt. Aber alte Sagen, noch dazu aus dem geheimnisvollen Wales, das war etwas anderes. Als Südtirolerin, die in der Schule das Verbot ihrer Muttersprache durchlitten hatte, sah ich in den Walisern Leidensgenossen, denen dasselbe Sprachverbot von den Engländern angetan worden war. Mit den Walisern konnte ich mich identifizieren.

Tatsächlich erinnerten mich diese Geschichten irgendwie an die Sagen der Dolomiten: Es waren Heldensagen und Zaubermärchen zugleich. Obwohl im Mittelalter niedergeschrieben, waren sie ursprünglich viel älter und archaischer. Diese Menschen kamen aus einer anderen Welt - aus der Anderswelt. Mindestens die Frauen waren, wie man bei uns sagt, „Antrische“, und daher den Saligen Fräulein unserer Bergwelt zum Verwechseln ähnlich. Sie waren im Besitz eines alten Rechts- und Weisheitssystems und wurden von Männern bedrängt, die es ihnen entreissen wollten. Gelang das, so folgten Katastrophen von kosmischen Ausmassen.

Diese Erzählungen waren keine amerikanischen Stories. Sie hatten Tiefgang, Wucht und ein unentrinnbares Schicksal. Plötzlich begriff ich: Wie bei den verschollenen Sagen der Ladiner in den Alpen ging es auch hier in Wales um den Kampf zwischen einer matriarchalen Sozialordnung und patriarchalen Invasoren. Die Autorin Evangeline Walton hatte mit ihrem Weitblick das Grundproblem der alten Mythen erfasst und in eine moderne Sprache gekleidet. Die Romanform machte klar, was in der Urfassung nur dunkel angedeutet war: Auch hier handelte es sich um den Untergang einer matriarchalen Kultur, nämlich derjenigen der vorkeltischen und alteuropäischen Stämme Britanniens durch die Invasion der patriarchalen Kelten auf den britischen Inseln.

In den Siebziger Jahren erschien eine ganze Lawine von Büchern, die um das Thema „Matriarchat" kreisten. Die Fachwelt begann widerwillig zur Kenntnis zu nehmen, dass die Glaubenswelt unserer Ahninnen und Ahnen seit Jahrtausenden falsch tradiert worden war. Die archäologischen Funde auf Kreta und in Anatolien zeigten auf, dass matriarchale Staaten einst eine hohe Kultur geschaffen hatten. Aber was die Bibel als laufenden Kriegsbericht vom Kampf der Israeliten gegen Aschera, die Göttin der Kanaaniter, berichtet, geschah auch in Kleinasien, auf dem Peloponnes und schliesslich im damals sehr entfernt gelegenen Europa.

Der konfliktreiche Übergang vom Matriarchat zum Patriarchat, der sich über Jahrhunderte hinzog und weltweit fast alle Kulturen erfasste, hat seither in zahlreichen Werken seinen Niederschlag gefunden. In der deutschsprachigen Forschung hat Dr. Heide Göttner-Abendroth mit ihrer grundlegenden Arbeit *Die Göttin und ihr Heros* das Problem strukturell dargestellt. Ich verdanke es ihrer Anregung und ihrer immer erneuten Ermutigung, dass ich mich mit diesem Vorgang in der keltischen Geschichte und Mythologie befasste und dieses vorliegende Buch schrieb. Dafür, sowie für ihre verständnisvolle Lektoratsarbeit sei ihr an dieser Stelle herzlich gedankt.

Meine Schwierigkeiten begannen damit, dass in der Märchenforschung irische und walisische Sagen kaum beachtet wurden. Diese Vernachlässigung der ältesten europäischen Erzählliteratur ist unverzeihlich, denn ein Grossteil sowohl der höfischen Epik wie auch unserer Volksmärchen geht auf sie zurück. Die meisten ihrer Motive enthalten den Grundkonflikt von Matriarchat und Patriarchat, wie ihn Robert von Ranke-Graves für die griechischen Mythen herausgearbeitet und für die gälischen und walisischen Sagen angedeutet hat. Aber Ranke-Graves, als Sohn einer deutschen Mutter und eines irischen Vaters, wie auch Jean Markale als gebürtiger Bretone, sind bei der englischen und französischen Akademie und „Wissenschaft" schlecht angeschrieben, weil universitäre „Objektivität" eben immer noch von politischen Tendenzen beeinflusst wird. Die Forschungsarbeiten beider Männer wurden im englischen Sprachbereich abgelehnt, trivialisiert und als Grundlage für Dissertationen nicht zugelassen. Ich beschloss jedoch, dies zu ignorieren. Dagegen fand ich drei Waliser Fachgelehrte, die mich grosszügig berieten, unterstützten und immer wieder ermutigten: Professor Gwyn Jones, der die walisisch geschriebenen Mabinogien ins Englische übersetzt hatte, Dr. Glyn Ashton, ein bekannter Waliser Schriftsteller und Bibliothekar, sowie Professor Stephen Knight, Ordinarius an der Universität Cardiff. Ohne die Hilfe dieser

Männer, speziell auch der meines Mannes Jack, hätte ich meine Arbeit kaum beenden können. Ihnen allen, wie auch dem Mythenforscher und Ethnologen Dr. Kurt Derungs gilt hier mein besonderer Dank.

Die Werke von Robert von Ranke-Graves und Jean Markale eröffnen einen Ausblick auf den ursprünglichen Status der Frau im keltischen und vorkeltischen Europa. Die Nacherzählungen der *Vier Zweige des Mabinogi* der Amerikanerin Evangeline Walton sind eine einfühlsame Beschreibung des Kulturschocks, der die matriarchalen Stämme der Pritani, der alteuropäischen Bevölkerung Britanniens, erfasst haben muss, als die keltischen Stämme vom Festland aus die Insel eroberten und die Frauen der autochthonen Bevölkerung patriarchalen Sitten unterwarfen.

Positive Mythen für Frauen sind im westlichen Kulturraum selten. Wir finden sie nur noch in den heutigen Randgebieten des Kontinents: An der atlantischen Küste, auf den britischen Inseln, in den Alpen und Pyrenäen und in der finnischen Kalewala. Die abrahamitischen Religionen mit der ideologischen Geschichte von der Sünde Evas haben Frauen als „schwaches Gefäss" objektiviert. Im griechisch-judäischen Patriarchat der Kirchenväter und Reformatoren wurden Frauen von ihren inneren Kraftquellen abgeschnitten und zu geistiger Atrophie verurteilt.

Der Bibelfanatismus führte dazu, dass in England Frauen jahrhundertelang juristisch mit Kindern, Wahnsinnigen und Kriminellen gleichgestellt wurden. Und dies trotz der Tatsache, dass das alte britische Recht ursprünglich von einer Frau, der keltischen Prinzessin Mercia, verfasst worden war. In den keltisch sprechenden Gebieten der britischen Inseln, sowie unter der ländlichen Bevölkerung Englands, blieb das weibliche Prinzip immer noch die Seele des Landes und die Quelle des Gefühlslebens. Dichter wie Blake, Yeates, Joyce, Graves und William Sharp (i.e. Fiona Macleod) lebten und wirkten aus dieser Tradition.

Leider wurde unter dem Einfluss des anglo-amerikanischen Pragmatismus nach dem Motto *No emotions* alles, was mit Gefühlen und Sensibilität zusammenhängt, verpönt. Doch Gestalten wie Rhiannon beweisen, dass sich weibliche Gefühlswerte sehr wohl mit *empowerment*, d.h. mit „innerer Ermächtigung" und Seelenstärke vereinigen lassen.

Das Studium der Göttin brachte mir Befreiung von Sachzwängen aller Art und weckte ungeahnte Energien. Deshalb wollte ich meine Ergebnisse niederschreiben und einen Beitrag zu einer anderen Kulturgeschichte leisten. Es sollen Frauen und Männer dadurch ermutigt werden, einen ähnlichen Grenzgang zu wagen. Der geschichtliche und kritische Weg zur nicht-patriarchalen Glaubenswelt unserer Vorfahren kann uns dabei helfen, heutige Probleme mit neuen Kräften anzugehen.

ANMERKUNGEN

1) Sjoestedt, M.-L.: *Celtic Gods and Heroes*, Berkeley 1982, S. 51.

2) Göttner-Abendroth, Heide: *Die Göttin und ihr Heros*, München 1996 (11. Auflage).

3) de Vries, Jan: *Die Religion der Kelten*, Stuttgart 1961, S. 139-140.

4) Eoin Macneill, zitiert in Patrick Powel: *Sex and Marriage in Ancient Ireland*, Dublin, S. 64 ff.

5) Hatt, J.J.: *Die keltische Götterwelt und ihre bildliche Darstellung in vorrömischer Zeit.* Ausstellungskastalog *Die Kelten in Mitteleuropa.* Amt der Salzburger Landesregierung, Salzburg 1980 S. 52 ff.

6) ebda. S. 54 und S. 68-70.

7) Graves, Robert: *The White Goddess*, New York 1972. S. 125-126. Deutsche Ausgabe: Ranke-Graves: *Die weisse Göttin*, Berlin 1981; Göttner-Abendroth, Heide: *Die Göttin und ihr Heros*, München 1996.

8) Hatt, J.J.: a.a.O. S. 53-54.

9) ebda. a.a.O., S. 68.

10) ebda. a.a.O. S. 70.

11) Graves, Robert: a.a.O. S. 125-126.

12) „Maria Reinigung“ bezieht sich auf die jüdischen und christlichen Frauen vorgeschriebene rituelle Reinigung nach der Geburt eines Kindes.

13) Später wurde er mit dem Elfenkönig Oberon, mit dem Erlkönig und sogar mit dem Erzengel Gabriel identifiziert. Noch bei Shakespeare finden wir ihn im Lustspiel „Die Lustigen Weiber von Windsor“.

14) Zitiert bei Graves, a.a.O. S. 284. Es wird vielfach angenommen, dass mit der Insel das heutige England und mit dem Rundtempel Stonehenge gemeint war.

15) MacCana, Proinsias: *Celtic Mythology*, Feltham 1983, S. 117-118.

16) Graves, R.: a.a.O. S. 384.

17) Hatt, J. J.: a.a.O. S. 68.

18) Vgl. Murray, Margaret: *The God of the Witches*, London 1974.

19) Spence, Lewis: *The Mysteries of Britain*, Erstausgabe 1928. Neudruck, Wellingborough 1979, S. 91-108.

20) Walton, Evangeline: *The Prince of Annwn*, New York 1974; *The Children of Llyr*, New York 1972; *The Song of Rhiannon*, New York 1972 ; *The Island of the Mighty*, New York 1972. Deutsche Ausgabe bei Klett, Stuttgart.

21) Tacitus, *Historia 5:22.* Zitiert aus: *Complete Works of Tacitus*, ins Englische übersetzt von A.J.Church u. W.J.Brodrib, New York 1942, S. 712, 717, 718, 728-731.

22) Markale, Jean: *Women of the Celts*, London 1975.

23) Weisweiler, Josef: *Die Stellung der Frau bei den Kelten und das Problem des „Keltischen Mutterrechts“.* Zeitschrift für keltische Philologie, Bd. 21, 1940, S. 205-279.

24) Owen, Morfydd E.: *Shame and Reparation: Women's Place in the Kin*, in *The Welsh Law of Women*, herausgegeben von Jenkins, Dafydd und Owen, Morfydd E., Cardiff 1980.

25) *The Laws of Hywel Dda* (*The Book of Blegyrwryd*) Übersetzt und herausgegeben von M. Richard, Liverpool 1954, S. 69.

26) Poirier, J.: *Le Statut de la Femme dans les Sociétés Archaiques*, „La Femme" Recueilles de la Société Jean Bodin XI Brüssel 1959, S.1 ff. M.E. Owen zitiert aus a.a.O. S. 60.

27) Williams, Sir Ifor: *Lectures in Early Welsh Poetry*, Dublin 1954.

28) Naddair, Kaledon: *Keltic Folk- and Fairie Tales, their hidden Meaning explored*. London 1987, S. 17.

29) Knight, Stephen: *Arthurian Literature and Society*, London 1983, S. 76; siehe auch G. Duby: *Youth in Aristocratic Society*, in *The Chivalrous Society*, London 1977.

30) Matthews, Caitlin: *Arthur and the Sovereignty of Britain*, London 1989, S. 250.

31) Bornemann, Ernest: *Das Patriarchat*, Frankfurt 1975, S. 120.

32) Sicher wurde diese Göttin auch in einem heiligen Hain in der Gegend von Stuttgart, d.h. Garten der Stute, verehrt. Ein ihr geweihter Altar aus Vaihingen zeigt sie thronend als Beschützerin der Lasttiere, Fahrzeuge, Fuhrleute, Händler und Handwerker. Das Stuttgarter Landesmuseum besitzt eine Sammlung von Epona-Stelen, auf denen sie als Reiterin im Frauensattel dargestellt ist und in einer Schale Gaben für ihre Gläubigen zu halten scheint.

33) Dieser Zaubersack ist ein uterines Symbol. In Furpach bei Neukirchen/Saar wurde ein Epona-Altar gefunden, der die Göttin als alte Frau mit Sack und Vulvasymbol zeigt. (Vgl. Fester/König/Jonas: *Weib und Macht,* Frankfurt 1980, Pl. 24) Hier ist Epona offensichtlich in ihrem Aspekt als Todesgöttin dargestellt.

34) Phonetisch wird Pryderi später mit Peredur von Efrawg (York) identifiziert, der im *Mabinogion* im Mittelpunkt der Dritten Ritterromanze steht. Der Name Peredur (sprich Peredir) wurde später, wahrscheinlich unter dem Einfluss bretonischer Conteurs in Perceval umgewandelt. (Vgl. Kap. 10)

35) Zum Beispiel in der Geschichte *Emers Eifersucht*: Die Göttin Fand hat sich in den Helden Cuchullain verliebt und ihn in die Anderswelt gelockt, wo er seine Frau Emer vergisst. Aber Emer nimmt den Kampf mit Fand auf, und Fand verzichtet schliesslich auf Cuchullain, der zu Emer zurückkehrt. Einsam und verlassen wird Fand schliesslich von ihrem früheren Gatten, dem Seegott Mannanan, zurückgeholt.

36) Das Wort Tanist war in allen keltischen Ländern (besonders in Schottland) lange für den erwählten Thronfolger, aber auch für den voraussichtlichen Erben des Familienbesitzes, gebräuchlich, ehe die von der Kirche empfohlene Primogenitur eingeführt wurde.

37) *The Mabinogion: Pwyll Lord of Dyved*, Übersetzung von J. Gantz, Harmondsworth, England, S. 53.

38) Giraldus Cambrensis (1145-1213), ein walisischer Bischof von Canterbury, berichtet voll Entsetzen von einer irischen Königsinthronisation, bei welcher der König „wie ein Tier auf allen Vieren kriechend" eine Vereinigung mit einer weissen Stute simulierte. (Zitiert in Myles Dillon u. Nora Chadwick, *The Celtic Realms*, London 1973, S. 126).

39) Gantz, J.: *The Mabinogion, Branwen Daughter of Llyr*, S. 67.

40) „Matriarchin" ist Gwyn Jones Übersetzung. Gantz übersetzt das walisische Wort *prifrieni* mit *queen, ancestor*, obwohl Branwen keine lebenden Nachkommen hat. Stammutter oder Ahnfrau im Sinn von *Genetrix* wäre vielleicht die beste Übersetzung. Es handelt sich um einen Titel, der Branwen von Geburt aus zustand und der ihren Sohn zum König vorausbestimmte. Nach den *Vier Zweigen* zu schliessen, waren die beiden anderen Stammütter Rhiannon von Dyfed (Pembrokeshire) und Arianrhod von Gwynedd, die Mutter Llews (siehe Kap. 7).

41) Vielleicht spielt hier eine ältere Sage herein, derzufolge Branwens Vater Llyr vor seiner Ehe mit Penarddun mit der irischen Königin Iweridd verheiratet war. Da Iweridd der walisische Name

für Irland ist, dürfen wir annehmen, dass Iweridd als Sovereignty von Irland aufzufassen ist und die Iren fürchteten, dass Branwen als Königin diese Tradition wieder einführen würde. Doch enthält der *Zweite Zweig* keinen Hinweis darauf.

42) MacCana, P.: *The Mabinogi*, Cardiff 1977, S. 59.

43) Graves, R.: *The White Goddess*, New York, S. 107-108, deutsch *Die Weisse Göttin*. Das Buch ist zum grossen Teil der Erhellung dieses Gedichtes gewidmet.

44) Botheroyd, S. u. P.: *Lexikon der keltischen Mythologie*, München 1992, S. 14

45) *Mabinogion, Branwen Daughter of Llyr,* Übersetzung von G. u. Th. Jones, S. 37, Übersetzung von J. Gantz, S. 79.

46) a.a.O. Übersetzung J. Gantz, S. 79.

47) Botheroyd S. u. P.: a.a.O. S. 46.

48) Gantz, J.: *The Mabinogion, Branwen Llyrsdaughter,* S. 82.

49) Gantz, J.: *The Mabinogion, Manawydan Son of Llyr,* S. 85

50) Der Legende nach war Eustachius (ursprünglich typischerweise Placidus genannt) ein römischer Feldherr, der durch Schicksalsschläge sein Vermögen und seine Familie verlor. Jahrelang arbeitete er unerkannt als Knecht bei einem Landmann, bis er von seiner Truppe wieder gefunden und in seinen alten Rang eingesetzt wurde. Auch seine Familie fand er wieder. Als getaufter Christ soll er im Jahr 118 unter Hadrian den Martertod erlitten haben. Da von ihm auch erzählt wird, Christus sei ihm auf einer Hirschjagd in der Gestalt eines Hirsches erschienen und habe ihn zu seiner Bekehrung bewogen, könnte es sich wohl um einen gallischen Fürsten gehandelt haben, der sich durch seine Bekehrung zum Christentum der Opferung auf einer Hirschjagd entzog. Vielleicht beabsichtigte der Autor auch hier eine Hirschjagd-Episode, behielt sich diese aber dann für den abschliessenden *Vierten Zweig* vor. Sicher wollte er dem Adel seiner Zeit durch die Gestalt des frommen Dulders ein neues Männerideal zeigen, denn weder der todesmutige Krieger, noch der weltferne Mönch schienen ihm zur Lösung der Tagesprobleme geeignet.

51) Zitiert von Graves in *The White Goddess*, New York, S. 56.

52) Der Name Dylan Eil Ton bedeutet „Meer, Sohn der Woge". Gwyn Jones' Mabinogion-Übersetzung, London 1949, S. 64.

53) Lord of Pen Llyn – Herr vom Grossen See. Der Gemahl der Göttin Ceridwen hat den gleichen Namen, was auf eine Verbindung von Blodeuedd und Ceridwen hinweist.

54) Gruffydd, W. J.: *Math vab Mathonwy*, London 1928.

55) Von „Branwens Turm", später Harlech genannt, bis zum Märchen von Rapunzel scheint die Welt damals voller Türme mit heiratsfähigen Jungfrauen gewesen zu sein. Ob es sich bei diesen „Türmen" nicht vielleicht um von Priesterinnen bewohnte Sternwarten gehandelt haben könnte? Auch die geschichtliche Weleda lebte in einem Turm.

56) Beli wird von manchen Autoren mit Bile, dem irischen Totengott, andererseits mit dem gallischen Belenus, dem Gott des Lichtes, gleichgesetzt.

57) Gruffydd, W.J., a.a.O.

58) ders., a.a.O. S. 94.

59) Vogh, James, *The Thirteenth Zodiac*, London 1977.

60) Knight, Stephen: *Arthurian Literature and Society*, London 1983, Kap. 1, S. 1-37.

61) ebda. S. 15.

62) *The Mabinogion, How Culhwch won Olwen*, übersetzt von J. Gantz. Harmondsworth 1976, S. 136.

63) ebda. S. 151-152.

64) ebda. S. 152-153.

65) ebda. S. 153.

66) Layard, John: *Stonemen of Malekula*, London 1942.

67) Layard, John: *A Celtic Quest*, Zürich u. New York 1975.

68) ebda.: S. 53.

69) ebda.: S. 17-18.

70) Für weitere Beispiele solcher „Perlen" vgl. die empfehlenswerte und kritische Arbeit von Kurt Derungs: *Der psychologische Mythos. Frauen, Märchen und Sexismus. Manipulation und Indoktrination durch populärpsychologische Märcheninterpretation:Freud, Jung & Co.* Bern 1996.

71) Caer Llion = Caerleon on Usk, das alte römische Castra Legionum; Caer Vyrddin = Carmarthen.

72) Geoffrey of Monmouth: *History of the Kings of Britain*, London 1965, S. 132.

73) ebda. S.138.

74) Stow, John: *The Survey of London*, Revidierte Ausgabe London 1956.

75) Rhys, Sir John: *Lectures on the Origin and Growth of Religion as illustrated in Celtic Heathendom*. London 1892, S.169-173.

76) *The Mabinogion, The Dream of Macsen Wledig*, S. 119.

77) Geoffrey of Monmouth, a.a.O. S. 132.

78) Göttner-Abendroth, Heide: *Die Göttin und ihr Heros*, München 1996, Teil 3.

79) Goetinck, Glenys Witchard: *Peredur, A Study of the Welsh Tradition of the Grail Legend*, Cardiff 1975.

80) Knight, Stephen: *Arturian Literature and Society*, London 1983, S. 76.

81) Harf-Lancner, Laurence: *Les Fees au Moyen Age*, Paris 1984; Harf-Lancner zitiert aus Burchard von Worms, *Decretum, Patrologie Latine*, 1, CXL, col. 831-854 u. 950-1014.

82) Vgl. Reiter, Martin, *Sprechen Sie Tirolerisch?* Wien 1995, S. 170; Die Ableitung von „Salweide" halte ich für falsch. Zum Thema auch: Sigrid Früh (Hg.): *Der Kult der drei heiligen Frauen,* Bern 1998.

83) Baring-Gould, Sabine: *Curious Myths of the Middle Ages*, London 1977 S. 103-105.

84) The Mabinogion, *Owein or the Lady of the Fountain*, a.a.O. S. 206.

85) Williams, Mary R.: *Essay sur la Composition du Roman Gallois de Peredur*, Paris 1909, zitiert bei Idris Llewellyn Forster, *Gereint, Owein and Peredur*, in R.S.Loomis (Hg.): *Arthurian Tradition and Chrétiens de Troyes*, New York 1949, S. 364. Mary Williams glaubte, dass sich diese Bezeichnung Peredurs auf dessen Heilung des Fischerkönigs bezog. Dagegen ist I. L. Foster der Ansicht, sie beziehe sich auf seinen Heimatort oder Heimatbezirk in Nord-Cardigan, der den Namen Penweddig trägt. Penweddig bedeutet wörtlich „Hauptheiler", oder „Haupt des Heilens" oder auch „heilendes Haupt". Bedenken wir, wieviele Bilderrätsel keltische Erzählungen enthalten, so ist es erlaubt, diesen Namen mit dem Hauptmotiv der Peredur-Erzählung, dem Blutenden Haupt, in Verbindung zu bringen, das in dieser Erzählung an Stelle des Grals gezeigt wird. Jedenfalls haben „Hauptheiler" und „Haupt des Heilens" ihren gemeinsamen Nenner im Verbum „heilen", ob es sich um physische Wunden und Krankheiten oder um soziale und politische Übel handelt.

86) Jones, Gwyn: *Welsh Legends and Folktales*, Harmondsworth 1979, S. 208-228.

87) Loomis, R.S.: *Arthurian Tradition and Chrétiens de Troyes*, New York 1949, S. 346.

88) Newstead, Helaine: *Romanic Review*, XXXVI, 1945, S. 3-33.

89) The Mabinogion, Peredur Son of Efrawg, S. 226 und 256.

90) ebenda, S. 243.

91) The Mabinogion, Peredur Son of Efrawg, a.a.O. S. 220.

92) Loomis, R.S.: *Arthurian Tradition and Chrétiens de Troyes*, New York 1949, S. 118.

93) Newstead, Helaine: *Bran the Blessed in Arthurian Romance*. New York 1939, pp. 106-120.

94) Patrick K. Ford bringt sie in seiner *Mabinogi*-Übersetzung an Stelle der drei Ritter-Romanzen mit der Begründung, dass sie inhaltlich älter und wichtiger als die Ritterromanzen sei. Der ursprüngliche Verfasser und Redaktor, Ellis Gruffydd, ein walisischer Autor des sechzehnten Jahrhunderts, war in erster Linie Historiker, und sein Hauptwerk war eine geplante „Weltchronik". Gleichzeitig sammelte er Reste der verschollenen mittelalterlichen Literatur von Wales und setzte sie an passender Stelle in seine Weltchronik ein.

95) Spence, Lewis, *The Mysteries of Britain,* Wellingborough 1928 u. 1979, S. 109-147 u. 193-213.

96) Spence Lewis, a.a.O. S. 122.

97) ebda., S. 204-205.

98) *The Mabinogion, How Culhwch won Olwen*, hgg. u. übersetzt. von J. Gantz, a.a.O., S. 168.

99) Spence, Lewis, a.a.O. S. 202.

100) ebda., S. 196.

101) Graves, Robert, *The White Goddess*, New York 1972, S. 92.

102) ebda., S. 75; Squire, Charles: *Celtic Myth and Legends,* Hollywood 1975, S. 210; Matthews, John: *Taliesin. Shamanism and the Bardic Mysteries in Britain and Ireland.* London 1991.

103) Matthews, John: *Gawain, the Knight of the Goddess,* London 1990, S. 148-151.

104) Es war die Zeit, als Heinrich II. von England, der Gemahl der Eleanor von Aquitanien, seinen Kanzler, Thomas Beckett, Erzbischof von Canterbury, ermorden liess. Thomas Beckett wurde von der Kirche heilig gesprochen. Als „St. Thomas von Kandelberg" (d.h. Canterbury) wurde er ein beliebter österreichischer Volksheiliger. Heinrichs Sohn, Richard Löwenherz, geriet auf einem Kreuzzug in Streit mit Herzog Leopold von Österreich und wurde auf seiner Rückkehr gefangen genommen. Nur durch ein ausserordentlich hohes Lösegeld konnte er sich loskaufen. Der Nachfolger Heinrichs II., sein Sohn Johann, Richards Bruder, soll sogar Sultan Saladin ein Bündnis gegen die christlichen Kreuzritter angetragen haben, was dieser empört zurückwies. Es ist also wohl möglich, dass in Österreich der „Anti-Perceval" willkommen war.

105) Loomis, R.S.: *Wales and the Arthurian Legend,* Cardiff 1956, zitiert in Matthews, a.a.O., S. 25.

106) Markale, Jean: *King of the Celts*, Rochester Vermont USA 1976, S. 150-151.

107) Vgl. Matthews, John, a.a.O., S. 99, 105, 107, 108, 159.

108) Markale, Jean: *Women of the Celts,* London 1975, S. 68

109) Chrétien de Troyes, *Perceval le Gallois*, übersetzt von Foulet, Stock 1947, S. 191, zitiert von Jean Markale in *Women of the Celts*, London 1975, S. 164.

110) Phillips, G.R.: *Brigantia, A Mysteriography*, London 1976.

111) Im Text steht *baldric*, d.h. Wehrgehenk oder Schwertgurt. Manche Übersetzungen sprechen von einem grünen Schleier.

112) Übersetzt nach John Matthews: *Gawain, Knight of the Goddess*, S. 64-65.

113) Phelps, Ethel J. (Hg.): *The Maid of the North. Feminine Folktales from around the World*, N.Y. 1981, zitiert aus Donald Sands (Hg.): *Middle English Verse Romances*, N.Y. 1966.

114) Vgl. Matthews, C.: *Arthur and the Sovereignty of Britain*, London 1998, S. 17; Matthews, J.: a.a.O., S. 105.

maerchenlexikon.de

edition amalia

Sehr geehrte Damen und Herren

Wir freuen uns, Ihnen ein einzigartiges Internet-Projekt vorstellen zu dürfen, das nach jahrelanger Arbeit nun seine Früchte trägt. Sie erhalten nicht nur ein umfangreiches und kostenloses Märchenlexikon, das Sie bequem online abrufen können, sondern auch ein attraktives Webportal mit Werbemöglichkeit, was besonders für Unternehmungen aller Art von Interesse sein wird.

Leistungsmerkmale des maerchenlexikon.de

- Weltweit erstes Märchenlexikon im Internet
- Übersichtlicher Aufbau nach internationalem Standard der Märchentypen AT
- Integration aller Zaubermärchen der Brüder Grimm KHM von 1857 in Hochdeutsch
- Integration der Deutschen Sagen DS der Brüder Grimm mit über 550 Sagen
- Informationen zu über 130 weltweit auffindbaren Märchentypen
- Verzeichnis mit nahezu 300 Märchentiteln mit abrufbarer Information
- Strukturiertes Lexikon der Zaubermärchen mit: Titel, Zusammenfassung, Anmerkung, Literaturhinweis, Märchenvariante, Hinweise und Variantenverzeichnis
- Integration der bekannten Anmerkungen zu den Kinder- und Hausmärchen der Brüder Grimm von Johannes Bolte und Georg Polivka BP
- Kulturgeschichtliche Hinweise der internationalen Märchenforscher Waldemar Liungman (Schweden) und Kurt Derungs (Schweiz)
- Weiterführende Literatur zu jedem Märchentyp für Studium und Beruf
- Umfangreiches elektronisches Verzeichnis eTexte mit internationalen Märchen, Mythen, Epen, Sagen in Deutsch, Englisch und Französisch
- Archiv mit Beiträgen von namhaften Personen der Mythen- und Märchenforschung
- Motivregister mit über 500 Stichworten und Referenz zum entsprechenden Märchentyp

- Stichwortreferenz zur Enzyklopädie des Märchens EM mit über 3000 Hinweisen
- Märchentyp-Literaturhinweise zu bekannten Märchensammlungen wie z.B. von Bechstein, Basile, Perrault oder Afanasjew etc.
- Verzeichnis von namhaften Forscherinnen und Forschern mit direkter Email-Adresse
- Verzeichnis von internationalen Organisationen der Mythen-, Märchen- und Folkloreforschung mit direkter Internet-Adresse (Homepage)
- Aktuelle Pflege der Homepage und modular ausbaubar, daher immer auf dem neuesten Stand
- Email-Kontaktfunktion zur Redaktion maerchenlexikon.de

Die Idee

Das Märchen verbindet Menschen verschiedener Herkunft. Es ist ein übernationales Kulturgut mit reicher, mündlicher und schriftlicher Tradition. Einer Region ohne Märchen und Sagen fehlt ein bedeutender Teil ihrer Kulturgeschichte. Ein verbindendes Medium ist heute auch das Internet, das ebenfalls Menschen aus verschiedenen Nationen miteinander kommunizieren lässt. Diese beiden Elemente zusammen zu fügen ist die Grundidee des Märchenlexikons im Internet.

Abenteuer Märchen

Wir haben uns bemüht, Ihnen ein attraktives und inhaltsreiches Lexikon in einem modernen Medium anzubieten, das wir je nach Bedarf ausbauen und ergänzen können. Gerne nehmen wir Ihre Mitteilungen und Anregungen entgegen und wünschen Ihnen ein entdeckungsreiches Märchen-Abenteuer.

Ihre Redaktion maerchenlexikon.de

Kurt Derungs (Hg.):

Keltische Frauen und Göttinnen. Matriarchale Spuren bei Kelten, Pikten und Schotten.

328 Seiten, DM 54.-

"Das vorliegende Buch zeigt in den Beiträgen namhafter Experten, dass die Faszination am Keltentum vor allem durch alteuropäisch-matriarchale Spuren bedingt ist. Der Sammelband bietet eine seriöse, mit Wissen angereicherte Fundgrube, die das Bewusstsein über die Kelten massgeblich erweitert." (Roman Schweidlenka)

Aus dem Inhalt:

- Kelten und Alteuropa
- Die Frau in der keltischen Gesellschaft
- Das Mutterrecht bei Pikten und Schotten
- Alteuropa und Matrilinearität
- Keltische Frauen. Matriarchale Spuren in einer patriarchalen Gesellschaft
- Die Göttin Eire. Die irische Landschaft und Herrschaft als Frauengestalt
- Die Göttin und ihr Heros im Märchenroman Iwein
- Die Göttin Brigit
- Irische Elfen und Feen
- Die Greisin der Göttin - Steinkult in der Bretagne
- Keltische Göttinnen der Schweiz
- The Goddess as Old Woman
- Die Göttin und ihre Namen

Sigrid Früh (Hg.):

Der Kult der drei heiligen Frauen. Märchen, Sagen und Brauch.

220 Seiten, DM 39.-

Der Kult der drei heiligen Frauen beschreibt die verdeckten Spuren der Grossen Göttin, die sich dreigestaltig in der weissen jungen Frau, in der roten reifen Frau und in der schwarzen weisen Greisin zeigt. Diese dreifaltige Göttin ist in unzähligen Kulturen nachweisbar und verweist auf eine matriarchale Zeit mit einer entsprechenden Ahninnen-Mythologie. Schwerpunkt des Buches ist der europäische Kulturraum, besonders der lebendige Brauch der Länder Deutschland, Österreich und Schweiz.

Aus dem Inhalt:

- Kultstätten der heiligen drei Jungfrauen
- Die Drei Ewigen
- Märchen von den heiligen drei Frauen
- Sagen von den heiligen drei Frauen
- Weibliche Heilige und Schicksalsgöttinnen
- Dreiköpfige Göttinnen

Kurt Derungs:

Landschaften der Göttin. Avebury, Silbury, Lenzburg, Sion. Kultplätze der Grossen Göttin in Europa.

204 Seiten, DM 42.-

Dieses Buch beschreibt ausgewählte Landschaftssysteme einer alten Göttinkultur in Europa. Vorgestellt und landschaftsmythologisch erklärt werden die Stätten Avebury und Silbury Hill in Südengland nördlich von Stonehenge sowie die mitteleuropäischen Kultplätze von Lenzburg westlich von Zürich und Sion im alpinen Wallis.
Allen Sakralstätten gemeinsam ist, dass sie archaische Landschaftstempel in einem vernetzten Landschaftssystem sind, in denen eine Grosse Göttin des Kosmos, der Erde und der Unterwelt verehrt wurde. Im kulturgeschichtlichen Vergleich werden die heiligen Hügel, Flüsse und Kultsteine der Grossen Ahnfrau dargestellt, die sogar selbst als liegende Landschaftsgöttin in Lenzburg als auch in Silbury Hill gegenwärtig ist.
An zahlreichen Beispielen führt das Buch durch eine faszinierende Kulturgeschichte einer mutterrechtlichen Zeit, die auch in Europa die mythologische und gesellschaftliche Grundlage war. Dazu bietet das Buch eine anschauliche und spannende Einführung in die moderne Landschaftsmythologie, um Landschaftssysteme einer grossartigen Göttinkultur zu bereisen oder auf eigenen Spuren vergessene Landschaftstempel wieder zu entdekken.

Aus dem Inhalt:

- Göttinkultur in Mitteleuropa
- Die dreifache Mondin von Lenzburg
- Malta und Gozo
- Orkney-Inseln und Shetland
- Göttinkultur von Silbury
- Steinkreis von Avebury
- Das Hologramm der Göttin
- Astronomie der Göttin
- Lenzburg als Observatorium
- Korngöttin und Kornkind
- Sagen und Mysterien
- Göttinkulturen zwischen Bodensee und Wallis
- Das Mond-Schossdreieck von Sarmenstorf
- Göttinkultur im Wallis uvm.